EMIR FETHI CANER
ERGUN MEHMET CANER

Más que un profeta

Respuestas a ciento cincuenta preguntas acerca de la fe musulmana y cristiana

PORTAVOZ

Dedicado a nuestros hijos, John Mark Caner y Braxton Paige Caner.

Deseando ser padres merecedores del respeto de ustedes, efusivos en nuestro amor y constantes en alentarlos.

Por eso, lo único que deseo es conocer a Cristo; es decir, sentir el poder de su resurrección, sufrir como él sufrió, y aun morir como él murió

—Filipenses 3:10, BLS

La misión de *Editorial Portavoz* consiste en proporcionar productos de calidad —con integridad y excelencia—, desde una perspectiva bíblica y confiable, que animen a las personas en su vida espiritual y servicio cristiano.

Título del original: *More Than a Prophet: An Insider's Response to Muslim Beliefs About Jesus & Christianity*, © 2003 por Emir Fethi Caner y Ergun Mehmet Caner y publicado por Kregel Publications, Grand Rapids, Michigan 49501.

Edición en castellano: *Más que un profeta: Respuestas a ciento cincuenta preguntas acerca de la fe musulmana y cristiana*, © 2006 por Emir Fethi Caner y Ergun Mehmet Caner y publicado por Editorial Portavoz, filial de Kregel Publications, Grand Rapids, Michigan 49501.

EDITORIAL PORTAVOZ

P.O. Box 2607

Grand Rapids, Michigan 49501 USA

Visítenos en: www.portavoz.com

ISBN 0-8254-1144-0

01 02 03 04 05 edición / año 10 09 08 07 06

Impreso en los Estados Unidos de América
Printed in the United States of America

CONTENIDO

8. Preguntas respecto de la ética y la política

9. Preguntas respecto de la cultura y el pluralismo

10. Preguntas respecto de la libertad religiosa

AGRADECIMIENTOS

LOS AUTORES ESTÁN EN DEUDA CON una gran cantidad de personas que han influido profundamente en nuestra obra en cuanto a apologética y religiones comparadas:

A Jim, Dennis, Paul y todo el equipo de Kregel, por su paciencia con nuestros calendarios de enseñanza, conferencias y con la familia. A Janyre Tromp, por su constante aliento y trabajo diligente como nuestra gerente y directora. Al equipo de Editorial Portavoz, en especial al director editorial José Luis Riverón, por la presente versión en castellano.

A Phyllis Jackson, por su vista de águila y su paciente edición del manuscrito.

Al Dr. Jim Sibley y a Diana Owen, por su experiencia en hebreo y en teología judía.

Al Dr. Harvey Solganick, profesor en la LeTourneau University, por su trabajo formidable en el terreno filosófico. Su trabajo específicamente sobre las cuestiones de la naturaleza de Dios y Alá es profundo.

A todo el equipo de answering-islam.org. Su trabajo es indispensable.

A nuestros pastores, Dr. Mac Brunson y el Reverendo Dan Main, por predicar al incomparable Cristo mediante la Palabra infalible.

A los presidentes de las instituciones en las que enseñamos, doctores Paige Patterson y C. Richard Wells.

A los Ledbetters, por su perdurable don de Bernabé.

A Steve Davidson, simplemente un amigo de veinte años en toda circunstancia.

A nuestros alumnos en el Southeastern Seminary y en el Criswell College, por hacernos profundizar en nuestros estudios y en nuestra comunicación.

Y como siempre, a nuestras esposas, que se han ganado coronas de gloria por soportarnos.

Introducción

Un manual apologético

ES MARTES. ESTO DEBE SER ATLANTA.

En el año en que publicamos nuestro primer libro, *Desenmascaremos el islam*,[1] hemos hablado más de cuatrocientas veces en conferencias, iglesias, convenciones, reuniones denominacionales estatales y conferencias de prensa nacionales. Nuestras voces se oyeron a través de pequeñas estaciones de radio en el medio de campos de trigo y en la televisión nacional. Nos hemos dirigido a públicos de nueve mil personas y a congregaciones de treinta y una. Con frecuencia dormimos en aviones, en aeropuertos y en extrañas camas de hotel. Enfrentamos preguntas, consultas, exigencias, hostilidades, enojo y corazones destrozados.

El esfuerzo ha valido la pena. Por primera vez en una generación de nuestra cultura, los cristianos están pensando seriamente acerca de llegar a mil millones de musulmanes. Está de más decirlo, no disfrutamos de una parte de la atención que hemos recibido en nuestro rincón de este nuevo discurso. En una iglesia de California, aparecieron más de cien musulmanes para acallar nuestras voces a los gritos. Los musulmanes comenzaron a pasar tratados islámicos durante la ofrenda en una iglesia en Virginia. Se nos llamó malignos e incitadores de prejuicios divisivos. El motivo es que, junto con otros 50 millones de cristianos evangélicos, creemos en el principio central del cristianismo: Jesucristo—el Dios que se hizo humano para participar de la vida nuestra y quitar el castigo por nuestros pecados— es la única esperanza de que podamos ser aceptables a los ojos de un Dios perfecto. Solo Jesús es digno de recibir toda nuestra confianza y nuestra completa lealtad. Testificamos que Él murió por el mundo, para que todos en el planeta puedan ser perdonados y puedan tener una relación eterna con Dios. Debemos comprender simplemente lo horrible de nuestra rebelión centrada en nosotros mismos y entregar nuestros fallidos esfuerzos a una nueva dirección. Jesús murió y luego resucitó de entre los muertos para comprar enemigos sin valor y darles valor eterno.

Luego de que las citas (y las citas equivocadas) de nuestro libro alimentaron un debate ya contencioso en el verano de 2002, *Desenmascaremos el islam* se convirtió en un libro cristiano de gran venta en el mercado de los libros religiosos. Desde entonces, hemos dedicado gran parte de nuestra vida a responder los tipos de preguntas que se encuentran en las siguientes páginas. Hemos respondido preguntas de cada locutor importante cristiano y casi de cada presentador de noticias. Hemos respondido preguntas en muchísimas estaciones locales de televisión. Los musulmanes escépticos, los musulmanes enojados y los musulmanes interesados, todos han formulado preguntas. Los liberales cristianos que desean unir el islam con el cristianismo hacen preguntas. Los reporteros parcializados preguntan porque quieren una cita incitante; los reporteros sinceros preguntas porque están comprendiendo la enormidad del tema.

A lo largo del camino, comenzamos a ver patrones en estas preguntas, ya provinieran de los medios seculares o de los *ulema* (eruditos) musulmanes. *Más que un profeta* nació mientras estudiábamos estos patrones de objeción y discusión. La pregunta siempre presente entre los cristianos comienza con la explicación: "Tengo un amigo musulmán... ¿Qué le respondo a mi amigo musulmán, que dice...?" Escribimos *Desenmascaremos el islam* para explicarle el islam a los cristianos. Los musulmanes y los cristianos necesitaban un libro diseñado para explicarles el cristianismo a los musulmanes. La mayoría de las preguntas y objeciones consideradas aquí han sido formuladas por estudiosos musulmanes como motivos por los cuales rechazan creer en Jesucristo como el Hijo de Dios y el Salvador de la humanidad. Aquí reside la base de los argumentos islámicos en contra de Cristo y los firmes puntos de contraste entre las dos religiones.

Preferimos participar de un diálogo constructivo en lugar de debatir sobre estos temas. De hecho, ya no participamos en interacciones con forma de "debate". Cientos de debates universitarios, entrevistas interpersonales y de televisión con pantalla dividida han demostrado por qué al debate le hace falta diálogo. El estilo de confrontación de Jerry Springer de gritar, abuchear y silbar impide el intercambio significativo de ideas. Los invitados se interrumpen unos a otros en las entrevistas de televisión hasta que la escena compite con lo que debe haber sucedido en la Torre de Babel. Los insultos se convierten en ataques al mensajero, en lugar de ser discusiones sobre los temas. El diálogo ya no es posible en el sentido masivo, puesto que los participantes pocas veces escuchan lo que están diciendo realmente sus oponentes. Este problema es lamentado por los cristianos sinceros y por los musulmanes al mismo tiempo. Incluso el encuentro intelectual cuidadosamente planificado de agosto de 1988 entre el erudito cristiano Anis A. Shorrosh y el erudito islámico Ahmed Deedat en el Royal Albert Hall en el Reino Unido degeneró en un alboroto, si bien las reglas se habían dispuesto para evitar tal anarquía.

En el interés de la justicia y la franqueza, revelemos algunos detalles de nuestros antecedentes.

En primer lugar, estamos orgullosos de provenir de ancestros turcos. Para muchos musulmanes de Oriente Medio, sin embargo, esto significa que somos "musulmanes seculares mestizos". En el siglo XIX, el Imperio Otomano, bajo el liderazgo de Mustafa Kemal Atatürk (1881-1938), abolió el califato y estableció un gobierno secular sin la reglamentación mulla. Así que muchos creen que el islam turco no es el islam verdadero, por lo que estamos descalificados para tratar del tema como ex miembros de la fe islámica. Aunque ambos fuimos criados para ser musulmanes dentro de la cultura turca, sin embargo nuestra educación y entendimientos religiosos fueron los de los devotos musulmanes *sunni* de cualquier parte. Estamos más influenciados en nuestra cultura turca por el horrible tratamiento en nuestra patria de los kurdos durante el siglo XX que por el Imperio Otomano después de la Primera Guerra Mundial. No provenimos de una herencia de habla árabe, pero solo una minoría de los musulmanes de mundo proviene de hogares donde el árabe era el idioma principal.

En segundo lugar, ambos nos convertimos al cristianismo antes de llegar a la adultez. Algunos musulmanes arguyen que abandonamos la fe mientras éramos demasiado jóvenes como para comprender plenamente el islam. Cualquier deficiencia que hayamos tenido en nuestro entendimiento ha sido compensada por más de veinte años de estudio del islam en el que hemos tratado de comprender el pensamiento musulmán.

En tercer lugar, somos ciudadanos de Estados Unidos y apreciamos la libertad de culto de la que gozamos. El concepto de libertad de culto como se practica en Estados Unidos y en Canadá es un concepto extraño para muchos musulmanes, así que seamos explícitos. La libertad de culto significa que los autores defenderían hasta la muerte el derecho de cualquier persona de adorar como les plazca. Defendemos el derecho de un musulmán de construir una mezquita y adorar a Alá. Del mismo modo, insistimos en el derecho de los cristianos a pararse en una esquina de la calle y contarles a esos mismos musulmanes sobre Jesús. Este es nuestro principio de libertad de conciencia. El islam no tiene tal concepto. La ley sharia establece la tolerancia religiosa, pero no la libertad de construir nuevos templos, hablar del evangelio sin temor o abandonar el islam por la fe en Cristo sin duras consecuencias. Los cristianos no piden poder ni favoritismo sino solo derechos de libertad de culto en otros países como los que se exponen en la Constitución de los Estados Unidos de América.

Si esa solicitud parece irreal en el escenario mundial actual, la intención de este libro también puede parecer inocente. Ofrecemos un manual que pueda impartir información útil tanto a los musulmanes como a los cristianos.

Para el cristiano, esperamos analizar y defender nuestra fe con sensibilidad respecto de los tipos de temas que están en la mente de los buscadores curiosos y sinceros de la verdad en la comunidad islámica. Sin apología, sugerimos a los cristianos que utilicen estos puntos para ofrecer más eficazmente una nueva vida en Jesucristo. Tal participación de uno a uno entre los cristianos y otras religiones ha estado sucediendo durante dos milenios. Es un manual y un libro de capacitación para el pastor o el líder de la iglesia que vive y trabaja en una cultura islámica, así como también lo es para el cristiano que está abrumado por sus vecinos musulmanes en una sociedad pluralista. Es un programa de educación cristiana que todos los cristianos deben dominar para comprender los asuntos mundiales, ya sea o no que hayan conocido alguna vez a musulmanes en el foro público.

Para el musulmán curioso, hemos organizado las preguntas, las notas en cuanto a las fuentes y los autores citados de manera que respondan a sus preguntas con la mejor de nuestras capacidades. Esperamos que los lectores musulmanes utilicen este libro para encontrar respuestas a preguntas u objeciones que puedan tener respecto del cristianismo. Con ese fin, hemos proporcionado respuestas a muchas de las preguntas que hemos oído repetidas veces provenientes de musulmanes en diferentes momentos y en diversos escenarios. En todo caso, hemos buscado responder estas preguntas de manera cuidadosa y respetuosa, y esperamos que nuestros lectores consideren nuestras opiniones de la misma manera.

Para hacer que el libro sea útil tanto para los musulmanes como para los cristianos, hemos organizado las casi 150 preguntas bajo doce títulos. Los tratamientos incluyen citas y notas al pie de página que tienen autoridad, pero hemos intentado mantener las respuestas sencillas y en un tono coloquial. Queremos abordar estos temas de la misma manera en que unos amigos pudieran hablar de ellos. Pudiéramos haber usado otro esquema de organización, pero optamos por la simplicidad, y otras personas pueden utilizar la información como les plazca.

Este libro no es una guía exhaustiva del islam. No es eso. Es el trabajo de dos profesores cristianos evangélicos de historia de la iglesia y de teología cristiana que son ex musulmanes y desean tender un puente para la brecha que existe entre los mundos cristiano e islámico. Algunos nos han llamado "expertos" en el tema. Nadie –ni siquiera un *ulema* musulmán– es un experto en todas las complejidades del islam. Muchas sectas y distinciones teológicas marcan esa religión, y ningún grupo habla por la totalidad. Seguimos creciendo en nuestro conocimiento de esta religión histórica.

Josh McDowell respondió a la ignorancia prevaleciente sobre la persona de Jesucristo en la década de los años 70 con una pequeña apología sencilla que tituló *Más que un carpintero.*[2] Nuestra variación sobre el título de McDowell, *Más que un profeta*, tiene el mismo propósito. También queremos simplificar las distinciones centrales entre el cristianismo y el islam. Mientras que los musulmanes respetan a Jesús como a un profeta en la línea que conduce hacia el profeta final Mahoma, la Biblia señala a Jesús como el Hijo de Dios redentor y la segunda persona de la deidad. Puesto que nadie va al Padre salvo a través de la fe en Jesucristo como Señor y Dios, no hay una pequeña diferencia.

Existe una dicotomía radical entre el cristianismo evangélico y la fe islámica. Algunos dicen que defendemos una visión espiritual de la realidad porque somos fanáticos. Aceptamos la acusación de que creemos en una verdad absoluta, pero negamos firmemente que esto sea una evidencia de fanatismo. En cambio, hemos sido motivados a escribir por una abrumadora carga de amor. Nuestra cultura encuentra ofensiva la declaración de que hay solo una verdad y que todas las creencias en conflicto son falsas. ¿Quiénes somos nosotros para creer que el nuestro es el único camino al cielo? De hecho, no somos los que hemos elegido a Cristo para que sea el único camino. La Biblia, de la que estamos convencidos de que no tiene falsedad alguna, proclama que Jesús es la única respuesta perfectamente santa de Dios a la falta de santidad que lo separa de la humanidad. Si la Biblia es absolutamente cierta, como lo sostiene el cristianismo ortodoxo, entonces el punto no es negociable. El Único Cordero de Dios, quien fue más que un simple profeta, tomó sobre sí la culpa de los pecadores. Ofreció su propia justicia a cambio, para que sus enemigos más acérrimos pudieran ser liberados y vivir, se trate de Saddam Hussein, Osama bin Laden o el radical judío Saulo de Tarso, quien llegó a ser más conocido para nosotros como el evangelista cristiano Pablo. Si cualquiera de los miles de millones de personas de la tierra se vuele a Cristo en arrepentimiento y fe, también será perdonada y liberada.

La cruz y Cristo no tratan sobre la derrota o la muerte del infiel, sino de su nueva vida. No se nos llama a vencer con pistolas o bombas. Se nos llama a alcanzar vidas con la preciosa verdad.

El tema central de *Más que un profeta* es Jesucristo.

Notas

1. Ergun Mehmet Caner y Emir Fethi Caner, *Unveiling Islam* [Desenmascaremos el islam] (Grand Rapids: Kregel, 2002). Este libro está publicado en castellano por Editorial Portavoz.
2. Josh McDowell, *More Than a Carpenter* [Más que un carpintero] (Carol Stream, Ill: Tyndale House, 1977).

1

Preguntas respecto del nombre y la naturaleza de Dios

El islam comenzó como una reacción al Dios cristiano, ya sea como fuera comprendido o mal entendido. Los desacuerdos sobre el nombre y la naturaleza de Dios son cruciales en el conflicto entre el islam y el cristianismo. Los pluralistas sostienen que el islam y el cristianismo son religiones monoteístas que argumentan la descendencia espiritual de Abraham, así que ambas adoran al mismo Dios. Un ecumenismo tan descuidado es una distorsión. Simplemente no compartimos los entendimientos más esenciales de Dios y sostener otra cosa demuestra falta de respeto. No toma en serio lo que una religión sostiene como la verdad final.[1]

Trece preguntas iluminan algunas posibles aperturas y aclaran errores y confusiones culturales que pudieron haber surgido respecto de nuestras respectivas creencias.

¿No es Alá el mismo Dios que distorsionaron el cristianismo y el judaísmo?

En la literatura islámica, el concepto de Alá es el de único y verdadero Dios. Todos los demás dioses son ídolos. El cristianismo y el judaísmo, en su forma original, estaban en lo cierto al enseñar la *tawhid* (unidad única y absoluta) de Alá, pero esas enseñanzas luego fueron distorsionadas. En el comentario de Abdullah Yusuf 'Ali sobre el *Corán*, él escribe:

> Hay realmente una única religión verdadera, el Mensaje de Alá, la sumisión a la Voluntad de Alá, a esto se lo llama el islam. Fue la religión predicada por Moisés y Jesús; fue la religión de Abraham, Noé, de todos los profetas, con cualquier nombre que se la llame. Si la gente corrompe esa luz pura, y llama a las religiones con nombres diferentes, debemos soportarlo, y permitir los nombres por motivos de conveniencia. Pero la Verdad debe prevalecer por sobre todo.[2]

Mahoma creía fervientemente en que los judíos y los cristianos eran a la vez el "Pueblo del Libro". Sin embargo, ahora son infieles, no son mejores que otros paganos. De hecho son peores, ya que han negado la propia verdad que Alá los ha llamado a proclamar.

En el *sura* al-Taubah (9:29-33) se describe la gravedad de su pecado:

> Haced la guerra a los que no creen en Alá ni en el día último, a los que no consideran prohibido lo que Alá y su apóstol han prohibido y a los del Pueblo del Libro que no profesan la religión verdadera. Hacedles la guerra hasta que paguen el tributo, a todos sin excepción, con sumisión.
>
> Los judíos dicen: 'Uzayr (Esdras) es hijo de Alá. Los cristianos dicen: El Mesías es hijo de Alá. Tales son las palabras de sus bocas, y al decirlas se semejan a los infieles de otro tiempo. ¡Que Alá les haga la guerra! ¡Qué embusteros son!
>
> Han tomado sus doctores y sus monjes, y al Mesías, hijo de María, mas bien que a Alá, por sus señores, y, sin embargo, les fue ordenado que adorasen a un solo Dios, excepto el cual no hay más Dios. Lejos de su gloria las divinidades que le asocian (con Él).
>
> Quieren extinguir con sus bocas la luz de Alá; pero Alá solo quiere hacer su luz más perfecta, aunque los infieles hayan de sentir despecho.
>
> Él es el que ha enviado a su Apóstol con la dirección y la verdadera religión, para elevar esta por encima de todas las

> demás religiones, aunque los idólatras hubiesen de sentir despecho.

Claramente Mahoma basó su enseñanza, por lo menos en parte, en una confusión de lo que la Biblia enseñó. Él creía que los judíos y los cristianos habían deificado a la humanidad y habían convertido en ídolos a sus profetas Esdras y Jesús, respectivamente. En realidad, los creyentes ortodoxos del Antiguo Testamento hubieran estado de acuerdo con los musulmanes en que el Antiguo Testamento menciona a los hijos de Dios en referencia a una relación espiritual, no a una generación física literal. 'Ali demuestra la comprensión descarriada cuando se queja acerca de la teología de Job 38:7: " 'Cuando alababan todas las estrellas del alba, y se regocijaban todos los hijos de Dios'... Si se emplea figurativamente estas y otras palabras similares se refieren al amor de Alá. Lamentablemente, 'hijo' usado en un sentido físico, o 'amado' en un sentido exclusivo como si Alá solo amara a los judíos, convierte a la religión en una burla".[3]

Al parecer Mahoma conocía a alguna secta que llamaba a Esdras "hijo de Dios" y pensó que todos los judíos le atribuían algún tipo de divinidad al sacerdote judío del exilio posbabilónico Esdras. 'Ali cita a Baidhawi como una fuente de esta creencia.

Confundiendo lo que los autores del Antiguo Testamento quisieron dar a entender por el concepto de hijo, la temprana comprensión musulmana era que los judíos tomaban la "ignorancia primitiva y la superstición" de deificar a los líderes de sus vecinos que adoraban a ídolos.[4] Los cristianos habían además "evadido la Verdad" adaptando la antigua herejía judía para deificar a Jesucristo. Este es el *shirk* (pecado) más grande.

El uso del término doctores en 9:31 es una referencia aparente a la posición mediadora que Mahoma creía que habían adoptado los sacerdotes de su época entre Alá y su pueblo. Él consideraba que estos sacerdotes y monjes sostenían que ocupaban el lugar de Alá en un sentido bastante literal, nuevamente un pecado del más alto grado.

Por ende se envía a Mahoma como al Profeta final para corregir esos errores, según podemos concluir de 9:33. Este mensajero (Mahoma) proclamaría la "Religión de la Verdad" o verdadera por sobre todas las demás religiones, conduciendo a la exterminación o subyugación de ellas. Esta proclamación es de suma importancia, como uno puede rápidamente ver en 9:29.

"Haced la guerra a los que no creen en Alá ni el en día último" ha tenido varias interpretaciones literales, intelectuales o espirituales, pero dentro del contexto del versículo, se exige incuestionablemente la sumisión de los incrédulos. Si permanecen bajo la regla islámica, deben pagar un impuesto (*Jizyah*).

En cualquier interpretación del texto coránico, el cristianismo y el judaísmo han abandonado la verdad enseñada por sus fundadores y han seguido prácticas idólatras para su peligro eterno. La creencia de que los cristianos y los judíos cambiaron sustancialmente el mensaje de Alá se expone aún más en el *sura* 5:18: "Somos los hijos de Alá y sus amados, dicen los judíos y los cristianos. Respóndeles: ¿Por qué os castiga, pues, por vuestros pecados? Vosotros no sois más que una porción de los hombres que ha creado; él perdona o castiga a quien quiere".

¿No se originó Alá como un dios de la luna pagano?

Un punto de vista cristiano contemporáneo es que Mahoma tomó prestado su concepto de Alá de un "dios de la luna" pagano identificado con la Kaaba.[5] Así, la media luna que se halla en la arquitectura islámica simboliza a la luna. Este argumento identifica al islam como un fenómeno sincretista pagano.

En sus libros *Invasión islámica* y *El dios luna: Alá en la arqueología del Oriente Medio*, Robert A. Morey presenta la tesis de que Mahoma en realidad tsomó tanto la palabra Alá como la naturaleza de Alá de la mitología árabe preislámica.[6] Su tesis está compuesta de tres partes:

1. Antes del surgimiento del islam en el siglo VII, el término Alá se usaba para referirse a cualquiera de los 360 dioses adorados en la Kaaba.
2. Este dios puede haber sido un "dios importante", mayor que las otras deidades, pero nunca se le consideró como el absoluto y único Dios verdadero.
3. Alá puede rastrearse al término babilonio *Il* y al término beduino *al-Il'ah*.

Morey cree que ha encontrado firmes evidencias en miles de libros y artículos en cuanto a una visión de adaptación de la palabra Alá. Sin embargo, esta visión presenta problemas.

Primero, Mahoma creía en la separación absoluta de Alá de la creación, en la no identificación con ella. Además, el *Corán* estipula claramente en el *sura* 41:37: "Entre el número de sus signos están el día y la noche, el sol y la luna; no os prosternéis (adoréis), pues, ni ante el sol ni ante la luna, sino ante ese Alá que los ha creado, si queréis servirle".

Segundo, lo que fuera que haya contribuido a la teología de Mahoma, la crítica historia de la doctrina islámica poco tiene que ver con las creencias de los musulmanes modernos. Durante quinientos años, los musulmanes han creído en la naturaleza *tawhid* de Alá. Es mejor evaluar lo que dice ahora el *Corán* y lo que confiesan ahora los musulmanes. Los cristianos pueden encontrar amplios puntos de discrepancia sin tener que recurrir a cierto dios de la luna que ni Mahoma ni los musulmanes han aceptado.

Tercero, Morey comete el error común de basarse en fuentes cristianas para sus citas. Los musulmanes afirman correctamente que los eruditos cristianos son casi observadores parciales al querer demostrar algo sobre el islam. Sus cientos de citas de obras académicas cristianas parecen injustas, por lo menos, para los musulmanes.

Por cierto, esta tesis provocativa exige una mayor investigación de fuentes antiguas que pueden encontrarse sin considerar. Mientras tanto, tales afirmaciones están abiertas a la discusión. Incluso si fueran inexpugnables, las conclusiones son irrelevantes para la evaluación del islam tal cual existe ahora. El cristiano estaría bien fundamentado si estudiara y tratara la naturaleza y los atributos de Alá como se hallan en el *Corán*.

¿Es el Dios de Mahoma el Padre de Jesús?

En relación con la pregunta sobre los orígenes del islam hay una gran controversia que hemos debido abordar repetidas veces.[7] La pregunta básica que con frecuencia se formula es: "Los cristianos sostienen conocer al único Dios verdadero. Los musulmanes sostienen conocer al único Dios verdadero. ¿No son ambas religiones históricamente monoteístas?"

Nos gusta la forma en que Timothy George encaró el tema en el número de febrero de 2002 de *Christianity Today*. "¿Es el Dios de Mahoma el Padre de Jesús?"[8] El doctor George sugiere que el cristianismo y el islam comparten varios postulados. Ambos son sistemas monoteístas, históricos, textuales y morales, y hablan del único Dios en términos de santidad y justicia. Él responde la pregunta:

> ¿Es el Padre de Jesús el Dios de Mahoma? La respuesta es por cierto sí y no. Sí, en el sentido de que el Padre de Jesús es el único Dios que hay. Él es el Creador y el Señor Soberano de Mahoma, Buda, Confucio, de cada persona que haya vivido. Él es el único ante el cual todos algún día se postrarán (Fil. 2:5-11). Los cristianos y los musulmanes pueden afirmar juntos muchas verdades importantes acerca de este gran Dios: Su unidad, eternidad, poder, majestad. Como lo dice el *Corán*: "El Viviente, el Inmutable... el Altísimo, el Grande". Pero la respuesta también es no, puesto que la teología musulmana rechaza la deidad de Cristo y la condición de persona del Espíritu Santo, ambos componentes esenciales de la comprensión cristiana de Dios. Ningún musulmán devoto puede llamar al Dios de Mahoma "Padre", puesto que esto, para su mentalidad, comprometería la trascendencia divina. Pero ningún cristiano fiel puede negarse a confesar con gozo y confianza: "Creo en Dios el Padre... Todopoderoso". Aparte de la encarnación y de la Trinidad, es posible saber qué Dios es, pero no quién es Dios.[9]

El artículo continúa explicando cómo el islam y el cristianismo difieren en las descripciones fundamentales y los atributos de Dios, y cómo dicha distorsión puede tener efectos eternamente nocivos. Sin embargo, otros han tomado la posición de que, ya que los musulmanes adoran a un Dios de la creación, monoteísta y justo, entonces ese Dios —bajo cualquier nombre— es el mismo Dios. Algunos misiólogos, e incluso algunos supuestos cristianos evangélicos, sostienen que debemos decirles simplemente a los musulmanes que el "Alá" al que oran envió a Jesús para ellos.

El Dios de Mahoma no es el Padre de Jesús. No estamos hablando de un tema etimológico, puesto que el término árabe Alá ciertamente significa "Dios". Pero religiones diferentes por su naturaleza vierten significados diferentes en términos que pueden traducirse por la palabra en castellano Dios. ¿Los musulmanes se refieren al mismo Dios cuando fielmente se miran hacia La Meca cinco veces al día como hacen los cristianos cuando se postran ante el Padre? No. El islam repudia los conceptos cristianos de Dios como trino y personal, como también repudia al cristianismo mismo.

A lo largo del *Corán*, las declaraciones contradicen la revelación bíblica e imposibilitan cualquier cohesión entre los discípulos sinceros de ambas religiones. El *Corán* enseña que los cristianos van al infierno porque elevamos la posición de un profeta a la de una deidad. La Biblia enseña que nadie llega al Padre si no es mediante Cristo. El islam dice que el cristianismo ha abandonado toda verdad que sostenía de Alá. Solo es necesario leer el *sura* 5:77[72] para ver que "Infiel es el que dice: Alá es el Mesías, hijo de María. ¿No dijo el mismo Mesías de sí mismo: ¡Oh hijos de Israel! Adorad a Alá, que es mi Señor y el vuestro. A todo el que asocia a Alá con otros dioses, Alá le prohibirá la entrada en el jardín, y su mansión será el fuego. Los perversos no tendrán socorro que esperar".

Esta no es una mera modificación del registro bíblico, es una distorsión total y completa. La historia está llena de hombres y mujeres que, al leer el registro bíblico, decidieron tomar las ideas centrales de la Biblia y crear un nuevo dios más a su gusto. Muchos de estos movimientos incluso eligieron mantener los nombres y los cargos bíblicos. Otros han mantenido a Jesús en sus religiones, pero han moldeado su visión de Él para que encaje en sus esquemas. Una secta llama a Jesús el medio hermano de Lucifer. Otro grupo cree que fue un Mesías fracasado, cuya crucifixión dejó sin hacer el trabajo de la redención. ¿Todos estamos hablando del mismo Cristo?

Según creemos, este es el equivalente filosófico de la Torre de Babel (cp. Gn. 11). Los sonidos pueden ser similares, pero las ideas lanzadas no pueden comunicar los mismos conceptos. El Dios del islam no es el Padre de Jesús, como el Jesús mormón tampoco lo es comparado con el auténtico Jesús de la revelación bíblica.

¿Es Alá un ser personal y amistoso?

Los musulmanes creen que el *Sura* al-Ikhlas (112) resume la confesión de los atributos de Alá. Los apologistas cristianos Norman Geisler y Abdul Saleeb reflejan con precisión la importancia de esta sección cuando observan que: "este *sura* vale un tercio de todo el *Corán* y los siete cielos y las siete tierras se fundan sobre él".[10]

El título al-Ikhlas significa "La pureza de la fe" y el sucinto capítulo dice:

> Di: "Él es Alá, Uno,
> Dios, el Eterno.
> No ha engendrado, ni ha sido engendrado.
> No tiene par".

En todas las descripciones de Alá en el *Corán*, en todos los noventa y nueve nombres de Alá registrados, en todo su tratamiento con la humanidad, la omisión que resalta es la inmanencia o la intimidad divina-humana. Alá nunca es descrito como personal. Un musulmán no tiene una "relación personal con Alá", en el sentido en que un cristiano habla de tener una relación personal con Dios. Los atributos de Alá atribuidos en el *Corán* lo presentan como un Juez trascendente, nunca como un amigo cercano. La separación trascendente unidimensional es una diferencia vital entre las dos religiones.

Los atributos de Alá están expuestos en varios lugares en el *Corán*. El *sura* 59:22-24 presenta un ejemplo:

> Él es el Alá fuera del cual no hay dios. Conoce los visible y lo invisible. Él es Clemente, el Misericordioso.
>
> Él es el Alá fuera del cual no hay dios, el Rey, el Santo, el Salvador, el Fiel, el Guardián, el Fuerte, el Poderoso, el Elevadísimo. Gloria a Alá y lejos de él lo que los hombre le asocian.
>
> Él es el Alá único, el Productor, el Creador, el Formador. Le pertenecen los nombres más hermosos. Todo en los cielos y en la tierra celebra su obra. Él es el Fuerte, el Sabio.

Comentando sobre el *sura* 112, se expone sobre la naturaleza de Alá en referencia a los creyentes:

> La naturaleza de Alá está aquí indicada en unas pocas palabras, para que podamos comprender... Él está cerca de nosotros; Él se preocupa por nosotros; le debemos nuestra existencia. Él el Único Dios, el Único al que se debe adorar; todas las otras cosa o seres en los que pedamos pensar son sus criaturas y de ninguna manera son comparables a Él. En tercer lugar, Él es eterno, sin comienzo ni fin. Absoluto, no limitado por tiempos, lugares o circunstancias, la Realidad ante la cual todas las otras cosas o lugares son solo sombras o reflejos. Cuarto, no debemos pensar de Él como teniendo un hijo o un padre, porque eso sería importar cualidades animales a nuestra concepción de Él. Quinto, Él no es como cualquier otra persona o cosa que conocemos o imaginamos. Sus cualidades y naturaleza son únicas.[11]

Algunos apologistas cristianos han afirmado que el islam no tiene el concepto de un Dios misericordioso. Esto no es correcto. A Alá con frecuencia se lo llama "misericordioso" en el *Corán*. La distinción adecuada entre la descripción de los atributos de Alá en el *Corán* y el Dios de la Biblia es si Dios puede estar presente en la vida del creyente. En el islam, Alá es misericordioso y está presente en medio del juicio. Sin embargo, en la Biblia Dios no es solo el Señor Soberano, Juez y Redentor. También es personal. Él no es solo íntimo. Mora dentro de nosotros. Primera Corintios 6:19-20 dice: "¿O ignoráis que vuestro cuerpo es templo del Espíritu Santo, el cual está en vosotros, el cual tenéis de Dios, y que no son vuestros? Porque habéis sido comprados por precio; glorificad, pues, a Dios en vuestro cuerpo y en vuestro espíritu, los cuales son de Dios".

No hay doctrina en el islam que hable de tener una relación personal con Alá como un niño se relacionaría con un padre. Imaginarse tal relación viola la trascendencia soberana de Alá. Sin embargo, para el cristiano el sacrificio de Cristo ha hecho más que comprar nuestra salvación. A través de la justicia de Cristo acreditada en nuestra cuenta, se nos permite tener acceso a Dios como nuestro Padre. El islam rechaza la posibilidad de que Jesucristo pueda redimir a su gente de la ira de Alá. Del mismo modo, la definición islámica de Alá no puede permitir el concepto de que cualquier tipo de redención dé acceso a él. Los musulmanes oran como un paso hacia la salvación, no porque sean salvos ni tengan derecho a ir ante el Creador del universo. Hebreos 4:14-16 ilustra las vastas implicaciones de ser declarado justo ante Dios por el sacrificio de Jesucristo:

> Por tanto, temiendo un gran sumo sacerdote que traspasó los cielos, Jesús el Hijo de Dios, retengamos nuestra profesión. Porque no tenemos un sumo sacerdote que no pueda compadecerse de nuestras debilidades, sino uno que fue tentado en todo según nuestra semejanza, pero sin pecado. Acerquémonos, pues, confiadamente al trono de la gracia, para alcanzar misericordia y hallar gracia para el oportuno socorro.

¿Cuáles son los atributos que definen a Alá?

Otro ex musulmán, que lleva el seudónimo de Abdul Saleeb como coautor de *Cómo responder al islam*, ha resumido con precisión la descripción coránica de Alá bajo seis categorías:[12]

1. Dios como el único absoluto (su unidad). El islam niega algún socio o acompañante de Alá, sino que dice que es completamente uno y singular.
2. Dios como gobernador absoluto (su soberanía). Como dice el *sura* 2:255: "Alá es el Dios único; no hay más Dios que él, el Vivo, el Inmutable. Ni el letargo ni el sueño le rinden". Este atributo significa que Alá es autoexistente y que puede sostenerse por sí mismo.
3. Dios como justicia absoluta (su equidad). El *Sura* al-Imran (3:9) habla del juicio preciso de Alá, que es parte de su santidad.
4. Dios como misericordia absoluta. *ar-Rahman* es el término árabe para "el Misericordioso". Habla de la voluntad de Alá de perdonar si los musulmanes hacen el bien.

5. Dios como voluntad absoluta (su volicionalidad). Muchos términos y descripciones del *Corán* retratan a Alá como ordenando la existencia y todo lo que le pertenece.
6. Dios como desconocido absolutamente (Su inescrutabilidad). Alá finalmente está más allá de la comprensión humana en cualquier forma significativa.

La forma más sucinta de describir los atributos de Alá encontrados en el *Corán* es que él es Juez soberano.

¿El *Corán* no usa el plural cuando habla Alá?

Una de las concepciones más graves que encontramos entre los cristianos que han leído el *Corán* es que piensan que han hallado una pluralidad para Dios, como en la Trinidad cristiana, cuando Alá usa la primera persona plural "nosotros". Por ejemplo, el *Sura* al-Maeda (5:70) declara:

> Hemos aceptado la alianza de los hijos de Israel y les hemos enviado profetas; siempre que los profetas les anunciaban las verdades que se oponían a sus inclinaciones, acusaban a los unos de impostura y asesinaban a los otros.

¿Indica el plural que el islam afirma alguna connotación de una deidad? Lamentablemente no. Este es simplemente un ejemplo del "pronombre de esplendor real", que es común en muchos idiomas en relación con la monarquía. Es una primera persona plural utilizada por los monarcas para transmitir una idea de realeza majestuosa. La Reina de Inglaterra, por ejemplo, diría: "Estamos muy complacidos", cuando se está refiriendo solo a sí misma. Ninguna terminología trinitaria se ha deslizado en el *Corán*.

¿Se describe alguna vez a Alá como trino?

El islam inequívocamente desconoce algún atributo de Alá que hable de la Trinidad. La claridad de esta negación se ilustra en el *sura* 5:76-77:

> Infiel es el que dice: Alá es el Mesías, hijo de María...

> Infiel es el que dice: Alá es el tercero de la trinidad, en tanto que no hay más Dios que el Dios único. Si no cesan... en verdad, un castigo doloroso alcanzará a los infieles.

Previamente, en el *sura* 4:171, la enseñanza es explícita. "No digáis: Hay trinidad. Cesad de hacerlo".

En una serie de debates muy publicitados, el erudito cristiano Anis A. Shorrosh y el erudito musulmán Ahmed Deedat cruzaron espadas intelectuales respecto de este punto central. Deedat, el apologista musulmán, declaró: "Él (Alá) no engendra, porque engendrar es un acto animal. Pertenece al bajo acto animal del sexo. No atribuimos tal acto a Alá".[13]

La frase de Deedat demuestra la mala concepción islámica de lo que los cristianos quieren significar cuando hablan de la Trinidad. Los cristianos hablan de Dios como compuesto de tres centros eternos de personalidad dentro de un ser. Estos centros están descritos en las Escrituras como Padre, Hijo y Espíritu Santo para delinear la estructura de mando dentro del Dios Triuno. El Hijo y el Espíritu Santo no fueron generados en algún momento. En cambio, Cristo es el Hijo porque se somete al plan del Padre y fue enviado a la tierra para servir al Padre. Del mismo modo, el Espíritu Santo sirve y se somete al plan del Padre y del Hijo.

Esto ha sido difícil de comprender para los musulmanes desde un comienzo. Quizá porque interactuó con grupos no ortodoxos que sostenían ser cristianos, Mahoma evidentemente creyó que la Trinidad estaba compuesta por Dios, Jesús y María. Un ejemplo de esto se encuentra en el *sura* 5:116:

> Dios dijo entonces a Jesús:
> ¿Has dicho alguna vez a los hombres:
> Tomad por dioses a mí y a mi madre,
> al lado del Dios único?

Sostener una visión trinitaria de Dios es, en la teología musulmana, el peor de los pecados, el equivalente islámico a la blasfemia contra el Espíritu Santo. Si el pecado es irrevocable o no es un tema de considerable debate. Algunos musulmanes creen que esa confesión irrevocable e inmediatamente maldice a la persona. Otros creen que siempre hay esperanza de perdón, si el pecado es resultado de la ignorancia. El *sura* 4:116 afirma: "Lo que Alá no perdonará es el que le asocien con otras divinidades; perdonará todo lo demás a quien quiera, pues todo lo que le asocia a otros dioses está en una falsa senda, muy distante de la verdadera". 'Ali comenta que este pecado es un acto de traición contra Alá:

> Así como en un reino terrenal, el peor delito es el de la traición, ya que tiene que ver con la propia existencia del Estado, del mismo modo en el reino espiritual, el pecado imperdonable es el de la traición desobediente contra Alá al colocar a las criaturas de Alá en rivalidad contra Él. Esto es rebelión contra la esencia y la fuente de la Vida espiritual. Es lo que Platón llamaría la "mentira del alma". Pero incluso aquí, si la rebelión es a través de la ignorancia, y es seguida de un sincero arrepentimiento y una corrección, la misericordia de Alá está siempre abierta.[14]

¿Cómo puede Dios ser tres en uno?

El *sura* 5:73 resume la creencia islámica central: "Blasfeman los que dicen que Dios es uno de tres... puesto que no hay Dios excepto un Dios". Lo difícil de comprender para un musulmán es que cualquier cristiano verdadero coincide con el *sura* 5:73: El cristianismo no enseña que "Alá es uno de tres". Ni los cristianos creen que Dios reprodujo "un hijo" mediante una relación sexual con una compañera (sura 6:101). Mahoma puede bien haber encontrado sectas que enseñaban esto. Los mormones, que con frecuencia se identifican como cristianos pero no lo son en algún sentido significativo del término, enseñan algo por el estilo. La idea es tan blasfema para un musulmán como lo es para un cristiano bíblico. Así, el islam no encuentra argumento del cristianismo cuando advierte que Alá "no ha tomado compañera ni hijo" (*sura* 72:3).

Aquí encontramos el nexo del diálogo cristiano-musulmán. Shorrosh ha explicado que la mayoría de los musulmanes cree que la doctrina cristiana de la Trinidad enseña que María era una diosa, Jesús su hijo y Dios Todopoderoso su esposo.[15] Lo que sí creen realmente los cristianos se exige por la imagen total que Dios revela en las Escrituras. María no tiene ningún papel en esta enseñanza y trataremos este tema más adelante.

En primer lugar, Dios es una unidad simple e indivisible de Ser divino, inmutable y sin partes. Pero, en segundo lugar, el ser trascendente simple e indivisible existe eternamente a través de una naturaleza compleja. Dentro de la unidad existe una diversidad. Dios enseña más de lo que sabemos acerca de su ser infinito y trascendente al demostrarnos "cómo" es. Su Triunidad, sin embargo, no se parece en nada en la experiencia humana. Así que Dios se revela a sí mismo a través de tres imágenes: El Padre, el Hijo y el Espíritu que da vida. Como Padre, Dios es creador y fundamento de todo ser, cuya presencia llena el universo y mantiene la existencia. Como Hijo, Él procede del Creador-sustentador para llevar a cabo la voluntad divina. Dios pudo dejar a un lado sus propias prerrogativas y asumir una naturaleza que fue tanto humana como plenamente Dios. El plan de salvación no hubiera sido posible de otro modo. Como Espíritu Santo Él procede tanto del Padre como del Hijo para llevar a cabo la voluntad divina, particularmente al aplicar personalmente los dones de la salvación.

Funcionalmente, Dios ha revelado de forma explícita estos aspectos de su Ser: Padre, Hijo y Espíritu Santo. Si bien todos los atributos de Dios pertenecen al Padre, al Hijo y al Espíritu Santo, la paternidad de Dios se relaciona particularmente con su omnipotencia e infinidad, su calidad de hijo a su justicia y amor y el Espíritu a su presencia inmanente. Aquí presentaremos una muestra de lo que enseña el Nuevo Testamento, si bien la naturaleza de la Trinidad puede discernirse en todas las Escrituras.

El Padre es Dios:

> [Jesús dijo] Porque como el Padre tiene vida en sí mismo, así también ha dado al Hijo el tener vida en sí mismo; y también le dio autoridad de hacer juicio, por cuanto es el Hijo del Hombre (Jn. 5:26-27).

> Pablo, apóstol (no de hombres ni por hombre, sino por Jesucristo y por Dios el Padre que lo resucitó de los muertos) (Gá. 1:1).

> (Que son) elegidos según la presencia de Dios Padre en santificación del Espíritu, para obedecer y ser rociados con la sangre de Jesucristo (1 P. 1:2).

El Hijo es Dios:

> En el principio era el Verbo, y el Verbo era con Dios, y el Verbo era Dios. Este era el principio con Dios (Jn. 1:1-2)
>
> Entonces le dijeron los judíos: Aún no tienes cincuenta años, ¿y has visto a Abraham? Jesús les dijo: De cierto, de cierto os digo: Antes que Abraham fuese, yo soy (Jn. 8:57-58).
>
> Porque en él habita corporalmente toda la plenitud de la Deidad (Col. 2:9).

El Espíritu Santo es Dios:

> [Jesús dijo] y aun ante gobernadores y reyes seréis llevados por causa de mí, para testimonio a ellos y a los gentiles. Mas cuando os entreguen, no os preocupéis por cómo o qué hablaréis; porque en aquella hora os será dado lo que habéis de hablar (Mt. 10:18-20).
>
> Y dijo Pedro: Ananías, ¿por qué llenó Satanás tu corazón para que mintieses al Espíritu Santo?... No has mentido a los hombres, sino a Dios... Y Pedro le dijo [a la esposa de Ananías] ¿Por qué conviniste en tentar al Espíritu del Señor? (Hch. 5:3-9).

En segundo lugar, las referencias de las Escrituras a todas las tres personas de la Deidad apareciendo juntas como diferentes, pero a la vez iguales:

> Y Jesús, después que fue bautizado, subió luego del agua; y he aquí los cielos le fueron abiertos, y vio al Espíritu de Dios que descendía como paloma, y venía sobre él. Y hubo

> una voz en los cielos, que decía: Este es mi Hijo amado, en quien tengo complacencia (Mt. 3:16-17).
>
> [Jesús dijo] Por tanto id, y haced discípulos a todas las naciones, bautizándolos en el nombre del Padre, y del Hijo, y del Espíritu Santo; enseñándoles que guarden todas las cosas que os he mandado; y he aquí yo estoy con vosotros todos los días, hasta el fin del mundo (Mt. 28:19-20).
>
> Y el que nos confirma con vosotros en Cristo, y el que nos ungió, es Dios, el cual también nos ha sellado, y nos ha dado las arras del Espíritu en nuestros corazones (2 Co. 1:21-22).
>
> La gracia del Señor Jesucristo, el amor de Dios, y la comunión del Espíritu Santo sean con todos vosotros. Amén (2 Co. 13:14).
>
> Pedro, apóstol de Jesucristo, a los expatriados de la dispersión en el Ponto, Galacia, Capadocia, Asia y Bitinia, elegidos según la presciencia de Dios Padre en santificación del Espíritu, para obedecer y ser rociados con la sangre de Jesucristo: Gracia y paz os sean multiplicadas (1 P. 1:1-2).

Si hablamos de tres dioses iguales, como acusa la teología islámica, los cristianos seguirían una visión llamada "tri-teísmo", pero eso es totalmente incompatible con la enseñanza de las Escrituras. La Biblia enseña un monoteísmo absoluto, por lo cual el texto fundamental es Deuteronomio 6:4: "Oye, Israel: Jehová nuestro Dios, Jehová uno es". No es posible que haya un Dios supremo y dos dioses menores. La única opción abierta a los que creen en Dios es que Él se ha revelado a sí mismo en las Escrituras como la Trinidad: "Tres Personas, una Sustancia". Los escépticos han dicho que el cristianismo desafía toda lógica, haciendo que 1 + 1 + 1 = 1. Esta es una confusión. La Trinidad no es una triplex (por adición) sino una triunidad (por multiplicación). "Su única esencia tiene personalidades múltiples. Así, no hay más que un problema matemático al concebir la Trinidad que el que hay en comprender 1 a la tercera potencia (1^3)".[16]

¿Es Jehová, el Dios de la Biblia, en realidad un hombre físico?

En la sociedad contemporánea, uno de los movimientos más notables ha sido el deseo de "neutralizar" todas las designaciones de género para referirse a Dios en las Escrituras. Estas Biblias "de género neutro" son producto de la queja de que el cristianismo es una religión patriarcal porque los pronombres de la primera persona masculina que se hallan en las Escrituras desacreditan a las mujeres al retratar a Dios como un "supermacho". Ocasionalmente, los musulmanes se unen a esta acusación, en especial para contrarrestar la afirmación cristiana de que el islam favorece a los hombres.

¿La Biblia realmente retrata al Padre como un modelo divino de masculinidad, completo con genitales masculinos? Por supuesto que no. Dios declara en Oseas 11:9: "No ejecutaré el ardor de mi ira, no volveré para destruir a Efraín; porque Dios soy, *y no hombre*, el Santo en medio de ti; y no entraré en la ciudad".[17] Entonces, ¿por qué las Escrituras de manera general se refieren a Dios en términos masculinos?

La explicación es que las Escrituras usan analogías para demostrar aspectos de quién es Dios al compararlo con cosas en la experiencia humana. ¿De qué otro modo el lenguaje y los conceptos finitos podrían usarse para transmitir hechos acerca de lo infinito y lo trascendente? Los pronombres masculinos utilizados para referirse al Padre no tienen relevancia biológica. Tienen importancia teológica para distinguir al Dios que es, de los dioses falsos de otras religiones.

Un ejemplo de esto está en la descripción bíblica de Dios como Padre. Los padres humanos cuidan y protegen a sus hijos con fuerza y amor en el ideal humano. Dan cariño y dan de sí mismos. Dios es así. El Dios bíblico se describe en términos de su relación con los seres humanos como Padre amante, paciente y siempre misericordioso. El concepto de padre es una imagen más directa de cómo funciona esta relación que la de una madre. Por ejemplo, aprendemos mucho acerca de Dios como padre al ver la relación entre padre e hijo descrita en Romanos 8:14-21:

> Porque todos los que son guiados por el Espíritu de Dios, éstos son hijos de Dios. Pues no habéis recibido el espíritu de esclavitud para estar otra vez en temor, sino que habéis recibido el espíritu de adopción, por el cual clamamos: ¡Abba, Padre! El Espíritu mismo da testimonio a nuestro espíritu, de que somos hijos de Dios.
>
> Pues tengo por cierto que las aflicciones del tiempo presente no son comparables con la gloria venidera que en nosotros ha de manifestarse. Porque el anhelo ardiente de la creación es el aguardar la manifestación de los hijos de Dios. Porque la creación fue sujetada a vanidad, no por su propia voluntad, sino por causa del que la sujetó en esperanza; porque también la creación misma será libertada de la esclavitud de corrupción, a la libertad gloriosa de los hijos de Dios.

Mientras Dios se relaciona con nosotros como sus hijos, se nos ofrecen todos los derechos divinos, los privilegios y somos los herederos de su promesa divina. Por lo tanto, el empleo del término no tiene algo que ver con las características físicas. Dios es Espíritu (Jn. 4:24). En cambio, la paternidad de Dios se refiere a un tipo de amor paternal a los que proclaman su nombre.

¿Cada cosa en la vida está predeterminada?

El tema de sí los seres humanos son peones en algún juego cósmico se levanta contra los musulmanes y los cristianos a la vez. Ambas religiones tratan con cuestiones de la voluntad de Dios en contraposición con la libertad humana y lo que está predestinado en el plan de Dios. La doctrina musulmana se llama *qadar*. El *Sura* al-Anam (6:18) dice de Alá:

> Él es el dueño absoluto de sus servidores;
> Es prudente y tiene conocimiento de todo.

Como el dueño absoluto de todo, en realidad Alá predestina toda creencia y falta de ella, de acuerdo con muchos eruditos musulmanes.

De hecho, al-Ghazzali considera esto como la implicación lógica de un Dios que es supremo y trascendente.

> (Alá) quiere también la incredulidad del no creyente y la falta de religión del maligno y, sin esa voluntad, no habría incredulidad ni falta de religión. Todo lo que hacemos lo hacemos por su voluntad, lo que Él no quiera no sucederá... No tenemos derecho de inquirir qué quiere o hace (Alá). Él es perfectamente libre de desear y hacer lo que le plazca, en crear incrédulos, en desear que permanezcan en ese estado... en desear, en breve, todo lo que es maligno, Dios tiene fines sabios a la vista que no es necesario que conozcamos.[18]

En el *Jadit*, se registra que Mahoma dijo:

> El apóstol de Alá, el verdadero y realmente inspirado dijo: "Cada uno de vosotros estuvo en el útero de vuestra madre durante cuarenta días... y luego Alá envía un ángel y le ordena que escriba cuatro cosas, es decir, su provisión, su edad, y si será maldecido o bendecido (en el más allá). Luego el alma se llena con aliento. Y por Alá, una persona de entre vosotros (o muchas) puede hacer hechos de las personas del Fuego hasta allí solo hay una distancia de un codo o de un brazo entre él y el Fuego, pero luego ese escrito (que Alá le ha ordenado escribir al ángel) precede, y él hace las obras de la persona del Paraíso e ingresa a él, y un hombre puede hacer las obras de las personas del Paraíso hasta que haya solo un codo o dos entre él y el Paraíso, y luego precede ese escrito y él hace las obras de la gente del Fuego e ingresa a él".[19]

¿Los musulmanes creen que *qadar* es predestinación?

Algunos musulmanes creen que la doctrina islámica de la predestinación es exagerada. El erudito Fazul Rahman alude al libre albedrío cuando escribe que "sostener que el *Corán* cree en el determinismo absoluto de la conducta humana, negando la libre elección por parte del hombre, no es solo negar casi todo el contenido del *Corán*, sino también socavar su misma base: El *Corán* por su propio reclamo es una invitación al hombre a ir por la vía recta".[20]

Incluso los diccionarios populares del islam, escritos por *ulema* (eruditos) musulmanes dejan lugar a la interpretación.

QADAR [se] traduce con frecuencia como "destino", "suerte", "predestinación divina", "determinación divina".

> Qadar específicamente es la aplicación divina de (*qada*, decreto divino) en el tiempo, de acuerdo con las interpretaciones más conocidas

Esta es un área de desacuerdo mal entendida en cualquiera de las religiones, con una serie de argumentos basados en interpretaciones variadas de los textos bíblico y coránico respectivamente. No es un tema que brinde un tratamiento fructífero.

¿Es el Espíritu Santo en realidad el ángel Gabriel en el islam?

Puesto que el islam niega toda doctrina de la Trinidad, la misma existencia del Espíritu Santo es, por supuesto, un enigma. Ya que Mahoma creía que porciones de los Evangelios habían sido enviados por Alá, y el Espíritu Santo es mencionado a lo largo de los Evangelios, ¿cómo manejó Mahoma su existencia?

El *Corán* enseña que el Espíritu Santo es en realidad el ángel Gabriel. El propósito de Gabriel era el de llevarle revelaciones coránicas a Mahoma como emisario o mediador, cuando Mahoma comenzó a tener estas supuestas revelaciones en su cumpleaños número cuarenta. El *sura* 2:97-98 dice:

> Di: ¿Quién se declarará enemigo de Gabriel? Él es quien, con el permiso de Alá, depositó en tu corazón el libro destinado a confirmar los libros sagrados antes de él para servir de dirección y anunciar felices nuevas a los creyentes. El que sea enemigo de Alá, de sus ángeles, de sus enviados, de Gabriel y de Miguel, tendrá a Alá por enemigo, porque Alá odia a los infieles.

En el *Sura* al-Nahl (16:102), el texto es todavía más explícito:

> Diles que el espíritu de santidad te lo ha traído realmente de parte de tu Señor para dar firmeza a los creyentes, para dirigirlos, para anunciar felices nuevas a los musulmanes.

Como los comentaristas musulmanes se precipitan a advertir "(El Espíritu Santo es) el título del Ángel Gabriel a través de quien proviene la revelación".[22] En árabe, Gabriel se dice *Jibril.* En el *Diccionario Popular del islam*, Ian Richard Netton escribe:

> [*Jibril*] es uno de los más grandes de todos los ángeles islámicos ya que fue el canal a través del cual se reveló el Sagrado *Corán* de Alá al Profeta Mahoma. Él es mencionado por su nombre tres veces en el *Corán*... y en otras partes se le hace referencia con nombres como "El Espíritu". Se ha acumulado mucha tradición en el islam alrededor de la figura de Gabriel, por ejemplo le mostró a *Nuh* (Noé) cómo construir el arca y atrajo el ejército del Faraón al Mar Rojo. Prometió a Alá e intentó rescatar a *Ibrahim* (Abraham) cuando este último estaba a punto de ser quemado por *Namrud* (Nimrod).[23]

Gabriel no explica la referencia que hace Jesús al "Consolador" en los capítulos 14 al 16 de Juan, el que no vendría hasta que Jesús ascendiera. Como puede verse en la sección "Preguntas respecto del Nuevo Testamento", los musulmanes creen que el consolador por venir era Mahoma.

Si el Espíritu Santo es Gabriel en el *Corán*, ¿son los *jinn* lo mismo que los ángeles?

En realidad, en el *Corán*, los *jinn* y los ángeles difieren entre sí como entidades. Los *jinn* son seres invisibles, creados del fuego, pero no son ángeles. Hay *jinn* buenos y *jinn* malos, algunos de los cuales se encuentran en el infierno islámico, sus rostros cubiertos de fuego (*sura* 14:49-50). El *Sura* adh-Dhariyat (51:56): "(Alá dice): No he creado a los hombres y a los *jinn* más que para que me adoren". En el *Sura* ar-Rahman (55:15), Mahoma dice: "y creó a los *jinn* de fuego puro". Como advierte un erudito musulmán: "Son espíritus, y por ende sutiles como una llama de fuego. El hecho de que estén libres de humo implica que están libres de la densidad, puesto que el humo es un denso acompañante del fuego".24

En la descripción coránica de la caída de Satanás (*Iblis*), él es llamado un ángel, pero los comentaristas musulmanes advierten que esta es una referencia a *jinn*. El *Sura* al-Baqarah (2:34), dice: "Cuando ordenamos a los ángeles adorar a Adán, todos los adoraron, excepto Eblís, éste se negó y se hinchó de orgullo, y fue del número de los ingratos". 'Ali declara que no hay ángeles caídos en la teología musulmana. De *Iblis* se habla como de un *jinn*. El *Sura* al-Kahf 18:50 lo destaca:

> Cuando dijimos a los ángeles: Prosternaos ante Adán, todos se prosternaron, a excepción de *Iblis*, que era uno de los *jinn*; se sublevó contra las órdenes de Alá. ¿Tomaréis, pues, más bien a él y a su progenie por patronos que a mí? Ellos son vuestros enemigos (los demoníacos). ¡Qué detestable cambio el de los malvados!

Algunos comentaristas cristianos usan estos versículos para exponer dos discrepancias percibidas. Primero, la confusión acerca de si *Iblis* es un *jinn* o un ángel y segundo, la declaración "progenie" de Satanás. Según estimamos nosotros, ninguna discrepancia percibida es significativa.

Notas

1. Timothy George, "Is the God of Muhammad the Father of Jesus?" [¿Es el Dios de Mahoma el Padre de Jesús?] *Christianity Today*, 4 de febrero de 2002.
2. Abdullah Yusuf 'Ali, *The Meaning of the Holy Qur'an* [El significado del Sagrado *Corán*] (Brentwood, Md.: Amana, 1992), n. 5442.
3. *Ibíd.*, n. 718.
4. *Ibíd.*, n. 1284.
5. Una antigua estructura de piedra en La Meca que Mahoma vació de ídolos en el año 630 d.C. es reverenciada por los musulmanes como un templo sagrado, construido por Ibrahim (Abraham) e Ismael.

6. Para tener más información sobre la obra de Morey, póngase en contacto con *Faith Defenders* en Orange, California, o consulte http://www.faithdefenders.com.
7. Ergun Mehmet Caner y Emir Fethi Caner, *Unveiling Islam* [Desenmascaremos el islam] (Grand Rapids: Kregel, 2002). Este libro se encuentra publicado en castellano por Editorial Portavoz.
8. George, "Is the God of Muhammad the Father of Jesus?" [¿Es el Dios de Mahoma el Padre de Jesús?] El doctor George, decano de la *Beeson School of Divinity*, escribió luego un tratado de la longitud de un libro: *Is the Father of Jesús the God of Muhammad? Understanding the Differences Between Christianity and Islam* [¿Es el Padre de Jesús el Dios de Mahoma? Comprendiendo las diferencias entre el cristianismo y el islam] (Grand Rapids: Zondervan, 2002).
9. *Ibíd.*
10. Norman L. Geisler y Abdul Saleeb, *Answering islam* [Respondiendo al islam] (Grand Rapids: Baker, 1993), 131.
11. 'Ali, *The Meaning of the Holy Qur'an* [El significado del Sagrado Corán], n. 6296.
12. Geisler y Saleeb, *Answering islam* [Respondiendo al islam], 133-34.
13. Anis A. Shorrosh, *Islam Revealed* [El islam revelado] (Nashville: Thomas Nelson, 1988), 254. Citado en Geisler y Saleeb, *Answering islam* [Respondiendo al islam], 256-57.
14. 'Ali, *The Meaning of the Holy Qur'an* [El significado del Sagrado Corán], n. 569.
15. Shorrosh, *Islam Revealed* [El islam revelado], 114.
16. Geisler y Saleeb, *Answering islam* [Respondiendo al islam], 262.
17. Cursivas añadidas.
18. Abdiyah Akbar Abdul-Haqq, *Dictionary of Islam* [Diccionario del islam] (Minneapolis: Bethany, 1980), 147.
19. Sahih al-Bukhari, *The Translation of the Meanings of Sahih al-Bukhari* [La traducción de los significados de Sahih al-Bukhari], trad. Muhammed Muhsin Khan (Medina: Islamic University, s.f.), 8.387.
20. Fazul Rahman, *Major Themes of the Qur'an* [Temas principales del *Corán*] (Chicago: Bibliotheca Islamica, 1980), 20, según cita de Geisler y Saleeb, 140.

21. Ian Richard Netton, *A Popular Dictionary of Islam* [Un diccionario popular del islam] (Chicago: NTC, 1992), 200.
22. 'Ali, *The Meaning of the Holy Qur'an* [El significado del Sagrado Corán], n. 2141.
23. Netton, *A Popular Dictionary of Islam* [Un diccionario popular del islam], 136.
24. 'Ali, *The Meaning of the Holy Qur'an* [El significado del Sagrado Corán], n. 5182.

2

Preguntas respecto de la naturaleza de Jesucristo (*Isu*)

En el concilio vaticano II, los delegados aprobaron una de las declaraciones más impresionantes en la historia de la teología católica romana:

> La Iglesia también tiene un alto concepto de los musulmanes. Adoran a Dios, quien es uno, vivo y subsistente, misericordioso y todopoderoso, el Creador del cielo y de la tierra, que también les ha hablado a los hombres. Se empeñan por someterse sin reserva a los decretos ocultos de Dios, así como Abraham se sometió al plan de Dios, cuya fe los musulmanes ansiosamente vinculan como propia.
>
> Si bien no lo reconocen como a Dios, veneran a Jesús como profeta, también honran a su Madre virgen, e incluso en ocasiones la evocan devotamente. Además, esperan el día del juicio y la recompensa de Dios luego de la resurrección de los muertos. Por este motivo estiman altamente una vida recta y adoran a Dios, especialmente mediante la oración, las buenas obras y el ayuno.[1]

Esto parece enmarcar a los más de mil millones de musulmanes en la categoría de "hermanos separados". ¿Es su reconocimiento de Jesús como profeta suficiente para lograr la salvación?

Tales preguntas con frecuencia giran alrededor de la comunidad mundial de las iglesias cristianas. Algunas denominaciones están dispuestas a reconocer al islam como una secta oculta, sino no ortodoxa, del cristianismo, dentro de la corriente de los monoteístas religiosos. Sin embargo, incluso los estudiosos islámicos moderados no están de acuerdo con la evaluación de que son "cristianos en teoría". En cambio, creen que los cristianos son musulmanes descarriados que abandonaron la verdad del *tawhid* (singularidad absoluta) de Alá. Creen que si no nos arrepentimos y andamos por la vía recta del islam, entonces seremos consignados al quinto nivel del infierno, llamado *Laza*.[2]

El propósito de esta sección es el de delinear claramente las distinciones entre el Jesucristo bíblico como Señor y Dios y el Jesús islámico, llamado *Isu* en el *Corán*, quien es un profeta y mensajero de Alá.

¿Los musulmanes respetan a Jesús como un profeta?

Para la mentalidad musulmana, la respuesta es inequívoca. Ellos respetan muchísimo a Jesús como el profeta de Alá. Al defender el concepto islámico de *Isu*, Ian Richard Netton escribe:

> Él es un gran profeta para los musulmanes quien tiene un lugar preeminente en el *Corán*. El islam considera a Jesús como puramente humano y no como el Hijo de Dios. Los musulmanes, por lo tanto, no tienen el concepto de la historia de la salvación con Jesús... Jesús es frecuentemente llamado "Hijo de María" en el *Corán*... (y) los textos escatológicos del *jadit* retratan a Jesús viniendo cerca del fin de los tiempos para destruir al *al-Dajjal* (anticristo).[3]

Los musulmanes no tienen problema alguno en usar terminología bíblica, siempre que puedan interpretar esos términos con sus propios diccionarios. Ellos pueden llamar a Jesús la "Palabra", ya que creen que esto significa "comunicación" en el islam (*kalam*) y Jesús simplemente comunicó la obra de Alá. El *Sura* aal-e-Imran (3:45) comienza: "Cuando los ángeles dijeron: "¡María! Alá te anuncia la buena nueva de una Palabra que procede de Él. Su nombre es el

Ungido, Jesús, hijo de María". Los musulmanes no titubean ante el término Cristo, que significa "Mesías" para los cristianos y los judíos. Utilizan el término en un sentido descriptivo como "el Ungido", y no como un título. 'Ali escribió en un comentario al versículo anterior: "Cristhos = ungido. Reyes y sacerdotes fueron ungidos para simbolizar la consagración de su cargo. La forma hebrea y árabe es *Masih* (mesías)".[4] La palabra, entonces, es descriptiva de Jesús, quien fue "ungido" para proclamar la verdad de Alá.

Irónicamente, los musulmanes sienten más respeto por Jesús como importante profeta que muchos "cristianos" liberales. Los musulmanes creen que María nació de una virgen; el rechazo de un nacimiento virginal es una piedra fundamental para las teologías modernas. Los musulmanes creen que Jesús en realidad vivió en el tiempo y el espacio. Los liberales proclaman que no podemos saber algo seguro acerca del hombre Jesús de Nazaret. Los musulmanes creen que Jesús hizo milagros (*Sura* al-Maeda). Los liberales se burlan ante cualquier argumento de que Dios interviene en la naturaleza. Los musulmanes creen que Jesús es un siervo del Dios verdadero único eternamente existente. Las teologías modernas han evolucionado del politeísmo al monoteísmo con el transcurso del tiempo. La triste verdad es que a Jesús se le tiene más alta estima en las mezquitas de todo el mundo que en las conferencias de los púlpitos supuestamente cristianos.

El Jesús islámico (*Isu*) no es el Cristo del registro bíblico, pero se le tiene respeto como un profeta humano en quien Alá ha hecho grandes cosas.

¿Los musulmanes creen que Jesús hizo milagros?

En el *Sura* al-Maeda (5:112-15), el *Corán* tiene una versión de un milagro de Jesús que compite con los del registro bíblico.

> Cuando dijeron los apóstoles: "¡Jesús, hijo de María! ¿Puede tu Señor hacer que nos baje del cielo una mesa servida?". Dijo: "¡Temed a Alá, si sois creyentes!".
>
> Dijeron: "Queremos comer de ella. Así, nuestros corazones se tranquilizarán, sabremos que nos has hablado verdad y podremos ser testigos de ella".

> Dijo Jesús, hijo de María: "¡Alá, Señor nuestro! Haz que nos baje del cielo una mesa servida, que sea para nosotros, el primero como el último, motivo de regocijo y signo venido de Ti. ¡Provéenos del sustento necesario, Tú, Que eres el Mejor de los proveedores!".
>
> Dijo Alá: "Sí, voy a hacer que os baje. Pero, si uno de vosotros, después de eso, no cree, le castigaré como no he castigado a nadie en el mundo".[5]

Resulta interesante, que el comentario de 'Ali sobre el *Corán* observa que las palabras dichas por los discípulos "sugieren la Cena del Señor".[6] Los musulmanes no niegan que Jesús se reunió con sus discípulos para una última cena la noche antes de su arresto, lo que generalmente se denomina "La última cena". Ni tampoco dudan que Jesús realizó milagros o que fue traicionado y arrestado. Sí niegan su crucifixión, sepultura, resurrección y ascensión como nuestro Sumo Sacerdote, como veremos más adelante.

Según el islam, ¿Jesús nació de una virgen?

Las enseñanzas básicas respecto del nacimiento de Jesús, se encuentran en el *Sura* al-'Imran, el tercer capítulo del *Corán*. Mientras que los musulmanes afirman el nacimiento virginal de Jesús, la narrativa islámica difiere sustancialmente del registro bíblico.

Según el islam, el nacimiento virginal de Jesús no fue un acto sobrenatural del Espíritu Santo en el útero de María dando lugar al Señor encarnado. En cambio, Jesús fue creado del polvo: "Para Alá, Jesús es semejante a Adán, a quien creó de tierra y a quien dijo:'¡Sé!' y fue" (3:59). Los musulmanes han adoptado la teoría del Cristo "creado" de los arrianos, que controlaban la iglesia durante parte del siglo IV. En las palabras de un lema arriano, los musulmanes creen que "hubo un tiempo en que Cristo no fue".

Puesto que se rechaza la obra del Espíritu Santo en el vientre de María, la concepción de la virgen de este niño hecho del polvo fue por mandato divino. Para comprender mejor la diferencia, los musulmanes podrían comparar esto con el relato bíblico de Lucas 1:26-35:

> Al sexto mes el ángel Gabriel fue enviado por Dios a una ciudad de Galilea, llamada Nazaret, a una virgen desposada con un varón que se llamaba José, de la casa de David; y el nombre de la virgen era María. Y entrando el ángel en donde ella estaba, dijo: ¡Salve, muy favorecida! El Señor es contigo; bendita tú entre las mujeres. Mas ella, cuando le vio, se turbó por sus palabras, y pensaba qué salutación sería esta. Entonces el ángel le dijo: María, no temas, porque has hallado gracia delante de Dios. Y ahora, concebirás en tu vientre, y darás a luz un hijo, y llamarás su nombre JESÚS. Este será grande, y será llamado Hijo del Altísimo; y el Señor Dios le dará el trono de David su padre; y reinará sobre la casa de Jacob para siempre, y su reino no tendrá fin. Entonces María dijo al ángel: ¿Cómo será esto? pues no conozco varón. Respondiendo el ángel, le dijo: El Espíritu Santo vendrá sobre ti, y el poder del Altísimo te cubrirá con su sombra; por lo cual también el Santo Ser que nacerá, será llamado Hijo de Dios.

El islam repudia explícitamente la historia bíblica por dos motivos. Primero, la historia bíblica implica la obra del Espíritu Santo internamente. El islam rechaza una visión de la persona del Espíritu Santo que no sea el ángel Gabriel. Esto sería redundante si el Espíritu Santo fuera un ángel y si el que le hablara a María fuera un ángel. Segundo, el islam nunca puede aceptar las palabras del ángel: "Este será grande, y será llamado Hijo del Altísimo".

En contraste, la narrativa islámica del nacimiento de Jesús se centra en el decreto de Alá, y no en el nacimiento milagroso o encarnación. Observe el *sura* 3:45-47:

> Cuando los ángeles dijeron: "¡María! Alá te anuncia la buena nueva de una Palabra que procede de Él. Su nombre es el Ungido, Jesús, hijo de María, considerado en la vida de acá y en la otra y será de los allegados.
>
> Hablará a la gente en la cuna y de adulto, y será de los justos".

> Dijo ella:"¡Señor! ¿Cómo puedo tener un hijo, si no me ha tocado mortal?" Dijo: "Así será. Alá crea lo que Él quiere. Cuando decide algo, le dice tan sólo: "¡Sé!" y es.

Los musulmanes dicen con frecuencia: "Respetamos a María, incluso más de lo que lo hacen ustedes los cristianos. De hecho, tenemos todo un capítulo del *Corán* nombrado en su honor". El capítulo 19 del *Corán* se llama *Maryam*. Estos noventa y ocho versículos agregan muchos detalles que no se hallan en la Biblia. El capítulo comienza con la historia de Zacarías (ar-Zakariya), versículos 1 al 15. En la historia islámica, Zacarías queda mudo durante tres días, hasta el nacimiento de su hijo, *Yahya* (Juan el Bautista). La historia luego pasa a la impregnación de María, con algunos cambios. En el *sura* 19:17, 22-23, incluso compartimos la angustia de María en su embarazo:

> Y tendió un velo para ocultarse de ellos. Le enviamos Nuestro Espíritu y éste se le presentó como un mortal acabado... Quedó embarazada con él y se retiró con él a un lugar alejado. Entonces los dolores de parto la empujaron hacia el tronco de la palmera. Dijo: "¡Ojalá hubiera muerto antes y se me hubiera olvidado del todo...!"

En comparación, el registro bíblico enfatiza el nacimiento del Mesías. Incluso en el texto de Lucas 1:26-35 citado más arriba, el centro no está en el instrumento que usó Dios (María) sino en la encarnación de "Dios con nosotros". Isaías 7:14b predice: "He aquí que la virgen concebirá, y dará a luz un hijo, y llamará su nombre Emanuel (que significa 'Dios con nosotros')". El Evangelio de Mateo (1:23) cita esta profecía y la muestra cumplida en el nacimiento de Jesús.

¿Jesús habló desde la cuna, según el islam?

En los cuatro Evangelios, no hay mención alguna de que Jesús habló siendo bebé. Las únicas palabras registradas de su niñez son a los doce años de edad, cuando sus padres lo encontraron en el templo en Jerusalén (vea Lc. 2:41-50). No obstante, el *Corán* presenta al bebé *Isu* proclamando desde la cuna que él es el profeta de Alá (*sura* 19:27-33):

> Y vino con él a los suyos, llevándolo. Dijeron: "¡María! ¡Has hecho algo inaudito! ¡Hermana de Aarón! Tu padre no era un hombre malo, ni tu madre una ramera". Entonces ella se lo indicó. Dijeron: "¿Cómo vamos a hablar a uno que aún está en la cuna, a un niño?" Dijo él: "Soy el siervo de Alá. Él me ha dado la Escritura y ha hecho de mí un profeta. Me ha bendecido dondequiera que me encuentre y me ha ordenado la azalá y el azaque mientras viva, y que sea piadoso con mi madre. No me ha hecho violento, desgraciado. La paz sobre mí el día que nací, el día que muera y el día que sea resucitado a la vida".

¿Por qué el islam haría que Jesús hablara desde la cuna? Parece haber intereses aquí, puesto que las primeras palabras apuntan a una renuncia directa de la doctrina cristiana de su deidad.

¿Cristo realiza milagros en el *Corán* que no figuran en la Biblia?

El *Sura* al-'Imran (3:49) se refiere a un milagro realizado por Jesús cuando era niño que agitó las especulaciones:

> Y como enviado a los Hijos de Israel: "Os he traído un signo que viene de vuestro Señor. Voy a crear para vosotros, de la arcilla, a modo de pájaros. Entonces, soplaré en ellos y, con permiso de Alá, se convertirán en pájaros. Con permiso de Alá, curaré al ciego de nacimiento y al leproso y resucitaré a los muertos. Os informaré de lo que coméis y de lo que almacenáis en vuestras casas. Ciertamente, tenéis en ello un signo, si es que sois creyentes.

Esta historia no es solo del *Corán*. Era un cuento de un conjunto de obras gnósticas espurias que eran conocidas en Arabia durante la vida de Mahoma. Estas obras, incluso El Evangelio Infantil de Tomás y el Evangelio de Pedro, fueron condenadas como enseñanzas falsas fuera de las regiones habitadas por los gnósticos apóstatas. Las iglesias coptas actuales del Oriente Medio siguen esa tradición teológica. Hacia el 367, dos siglos antes del nacimiento de Mahoma, estas obras fueron declaradas no canónicas en la Carta Festiva de Atanasio. Aún, obras tales como el Evangelio de Bernabé han sido aceptadas por los musulmanes y algunos movimientos cristianos modernos ya que no enseñan la deidad de Cristo.

¿Cristo habló de Mahoma?

Juan registra una extensa enseñanza de Jesús mientras Él prepara a sus discípulos para su inminente traición, muerte, sepultura, resurrección y ascensión. Les prometió a los discípulos que enviaría un "Consolador". Juan 16:5-15 resume esta enseñanza:

> Pero ahora voy al que me envió; y ninguno de vosotros me pregunta: ¿A dónde vas? Antes, porque os he dicho estas cosas, tristeza ha llenado vuestro corazón. Pero yo os digo la verdad: Os conviene que yo me vaya; porque si no me fuera, el Consolador no vendría a vosotros; mas si me fuere, os lo enviaré. Y cuando él venga, convencerá al mundo de pecado, de justicia y de juicio. De pecado, por cuanto no creen en mí; de justicia, por cuanto voy al Padre, y no me veréis más; y de juicio, por cuanto el príncipe de este mundo ha sido ya juzgado. Aún tengo muchas cosas que deciros, pero ahora no las podéis sobrellevar. Pero cuando venga el Espíritu de verdad, él os guiará a toda la verdad; porque no hablará por su propia cuenta, sino que hablará todo lo que oyere, y os hará saber las cosas que habrán de venir. El me glorificará; porque tomará de lo mío, y os lo hará saber. Todo lo que tiene el Padre es mío; por eso dije que tomará de lo mío, y os lo hará saber.

Los cristianos nunca han enseñado que este "Consolador" o "Consejero" sea otra cosa que el Espíritu Santo, la tercera persona de la deidad. De acuerdo con el *sura* 61:6, Mahoma creía que Cristo estaba hablando de él:

> Y cuando Jesús, hijo de María, dijo: "¡Hijos de Israel! Yo soy el que Alá os ha enviado, en confirmación de la Tora anterior a mí, y como nuncio de un Enviado que vendrá después de mí, llamado Ahmad". Pero, cuando vino a ellos con las pruebas claras, dijeron: "¡Esto es manifiesta magia!"

Esta reinterpretación del texto pudo haber surgido debido a una conjunción de términos griegos y árabes. El término griego traducido como "consolador" es *p*araklçtos, que significa "el que viene junto a nosotros". Un término muy parecido, *periklytos* significa "afamado" o "alabado". El término árabe que puede traducirse como "alabado" es Ahmed. Esta forma es similar a Ahamad, una variante de Mahoma. Un estudioso musulmán escribió que *ahmad* "es casi una traducción de la palabra griega paraklçtos. En el Evangelio de Juan... La palabra 'Consolador' en la versión en español es la palabra griega 'Paracletos', que significa 'Defensor'... Nuestros expertos sostienen que Paracletos es una lectura corrupta de *periklytos*, y que en el dicho original de Jesús había una profecía de nuestro Santo Profeta Ahmad por nombre".[7]

Vea el capítulo 5 de este libro para conocer las implicaciones de esta enseñanza.

¿Alguna vez dijo Jesús: "Adoradme, porque soy Dios"?

Shaikh Ahmed Zaki Yamani, hablando más sinceramente que muchos eruditos de estos días de "un discurso conveniente", escribió en *Islam and Christianity Today*:

> En el gran debate entre cristianos y musulmanes... hay áreas de principios fundamentales donde ninguna cantidad de discurso lógico puede acercar más a los dos lados y donde, por lo tanto, debe reconocerse la existencia de un impasse... Temas como la Trinidad, la divinidad de Cristo y la crucifixión, tan centrales para las creencias cristianas, no tienen lugar en la fe islámica, habiendo sido refutadas categóricamente por el *Corán*.[8]

Los eruditos musulmanes han negado universalmente que Jesús alguna vez se llamó a sí mismo "el Hijo de Dios" y mucho menos "Dios el Hijo". Esta cuestión es una paráfrasis de una burla siempre presente del apologista de un musulmán, que utiliza en debates en todo Estados Unidos y Gran Bretaña. De hecho, creemos que Jesús sí se llama a sí mismo Dios y por ende es adorado. Ofrecemos los siguientes ejemplos, en su contexto textual, comenzando por un incidente en la controversia de Jesús con los líderes judíos, hallado en Juan 8:49-59:

Respondió Jesús: Yo no tengo demonio, antes honro a mi Padre; y vosotros me deshonráis. Pero yo no busco mi gloria; hay quien la busca, y juzga. De cierto, de cierto os digo, que el que guarda mi palabra, nunca verá muerte. Entonces los judíos le dijeron: Ahora conocemos que tienes demonio. Abraham murió, y los profetas; y tú dices: El que guarda mi palabra, nunca sufrirá muerte. ¿Eres tú acaso mayor que nuestro padre Abraham, el cual murió? !!Y los profetas murieron! ¿Quién te haces a ti mismo? Respondió Jesús: Si yo me glorifico a mí mismo, mi gloria nada es; mi Padre es el que me glorifica, el que vosotros decís que es vuestro Dios. Pero vosotros no le conocéis; mas yo le conozco, y si dijere que no le conozco, sería mentiroso como vosotros; pero le conozco, y guardo su palabra. Abraham vuestro padre se gozó de que había de ver mi día; y lo vio, y se gozó. Entonces le dijeron los judíos: Aún no tienes cincuenta años, ¿y has visto a Abraham? Jesús les dijo: De cierto, de cierto os digo: Antes que Abraham fuese, yo soy. Tomaron entonces piedras para arrojárselas; pero Jesús se escondió y salió del templo; y atravesando por en medio de ellos, se fue.

Cuando los líderes judíos acusaron a Jesús de estar poseído por un demonio, Él respondió que si alguien seguía su palabra, nunca probaría la muerte. Los judíos le respondieron que Abraham estaba muerto, y que precedió a Jesús, y que sin embargo de algún modo, ¿este hijo de un carpintero de Nazaret era más grande que Abraham? Jesús dijo firmemente que Abraham había anticipado su advenimiento. En 8:57, llegó el clímax de la discusión. "Aún no tienes cincuenta años, ¿y has visto a Abraham?" Era una pregunta justa. Abraham había vivido dos mil años antes. Ningún hombre en la historia bíblica había vivido más de 969 años (Matusalén), y este Jesús no parecía ser tan viejo. La respuesta de Jesús paralizó a la multitud. "Antes de que Abraham fuese, yo soy". Esta fue una declaración de la mayor de las blasfemias. Primero, Jesús sostuvo haber existido antes del padre de la nación, a quien se le había entregado el pacto en Génesis 12:1-3. Segundo, Jesús usó la palabra aramea traducida como "Yo soy". En arameo, esta palabra quiere decir el nombre sagrado de Dios mismo, YHWH. Este fue el nombre que Dios le dio a Moisés en la zarza ardiente cuando Moisés preguntó: "¿Cuál es su nombre? ¿Qué les responderé?" (vea Éx. 3:13-14). Dios reveló su nombre como YHWH. La palabra comprendía cuatro letras simples del idioma hebreo, así que se la llama *Tetragrammaton* ("cuatro letras").

Ningún judío pronunció jamás el nombre de Dios. Era tan sagrado, que incluso los escribas que transcribían las Escrituras hebreas dejaban a un lado su instrumento de escritura cuando llegaban a la palabra, tomaban uno nuevo sin usar, escribían las cuatro letras y luego desechaban el instrumento. Los lectores del texto usaban la palabra para "señor" en lugar del nombre sagrado. Ahora, este maestro no solo pronunció la palabra impronunciable YHWH, sino que se la atribuía a sí mismo y en el propio templo. Los judíos tomaron piedras porque no había otra interpretación que la de que Jesús sostuviera ser Dios. La respuesta de los líderes judíos era inevitable. No hay forma de evitar la claridad absoluta de esta declaración. Incluso los eruditos musulmanes admiten que la acusación contra Jesús fue la blasfemia de sostener ser Dios. Ellos creen que esta acusación fue asumida más tarde por los discípulos como verdad, cuando en realidad era una mentira. Advierta lo que dice 'Ali:

> Jesús fue acusado por los judíos de blasfemia, por sostener que era Dios o el Hijo de Dios. Los cristianos... adoptaron la esencia de este argumento, y lo convirtieron en la piedra fundamental de su fe. Alá libera a Jesús de tal acusación o argumento.[9]

Esta es una declaración notable. Un erudito musulmán, al escribir un comentario para la traducción al inglés del *Corán*, admite que la acusación contra Jesús era la de blasfemia: Sostener ser Dios. Si bien los musulmanes creen que Jesús nunca sostuvo eso, no disputan que Él fue acusado por afirmar esto.

Si en realidad Jesús sostuvo ser Dios, entonces nadie –musulmán o pagano– puede decir que simplemente lo "respeta". Si en realidad Cristo sostuvo ser Dios pero no lo era, entonces Él no es digno de respeto. Sus discípulos, los tribunales y el consejo supremo judío unánimemente dijeron que Cristo lo sostuvo. Parece ser un hecho tan bien afirmado como puede serlo cualquier hecho antiguo. Por lo tanto, uno se enfrenta con dos opciones: (1) Rechazar lo que Jesús sostuvo y confirmar que Él fue un blasfemo o: (2) Reverenciarlo como Dios. El simple "respeto" a Jesús como profeta no funciona. Si Él no es Dios, Él no es digno de respeto; si Él es Dios, entonces el "respeto" no es una respuesta adecuada.

En el mismo Evangelio de Juan (4:4-26), Jesús se encuentra con una mujer samaritana en el pozo de la aldea. Como los judíos odiaban a los samaritanos y viajaban kilómetros con tal de evitar sus pueblos, ella se sorprendió al ver a un judío sentado en el pozo, preparado para conversar con ella. Se sorprendió aún más cuando Él pareció conocer los detalles de su vida pecaminosa. Tomamos el relato en 4:19-26:

> Le dijo la mujer: Señor, me parece que tú eres profeta. Nuestros padres adoraron en este monte, y vosotros decís que en Jerusalén es el lugar donde se debe adorar. Jesús le dijo: Mujer, créeme, que la hora viene cuando ni en este monte ni en Jerusalén adoraréis al Padre. Vosotros adoráis lo que no sabéis; nosotros adoramos lo que sabemos; porque la salvación viene de los judíos. Mas la hora viene, y ahora es, cuando los verdaderos adoradores adorarán al Padre en espíritu y en verdad; porque también el Padre tales adoradores busca que le adoren. Dios es Espíritu; y los que le adoran, en espíritu y en verdad es necesario que adoren. Le dijo la mujer: Sé que ha de venir el Mesías, llamado el Cristo; cuando él venga nos declarará todas las cosas. Jesús le dijo: Yo soy, el que habla contigo.

Jesús pudo haber estado disfrazado como alguien que Él no era. Pero la mujer comprendió las implicaciones de lo que Él le había dicho. Leemos más adelante en 4:28-30:

> Entonces la mujer dejó su cántaro, y fue a la ciudad, y dijo a los hombres: Venid, ved a un hombre que me ha dicho todo cuanto he hecho. ¿No será éste el Cristo? Entonces salieron de la ciudad, y vinieron a él.

Tal vez la mujer es algo ambivalente en su pregunta retórica: "¿No será éste el Cristo?" ¿La gente de Samaria estuvo confundida por el nexo de la declaración de Jesús? Al parecer no, de acuerdo con su respuesta (4:39-42):

> Y muchos de los samaritanos de aquella ciudad creyeron en él por la palabra de la mujer, que daba testimonio diciendo: Me dijo todo lo que he hecho. Entonces vinieron los samaritanos a él y le rogaron que se quedase con ellos; y se quedó allí dos días. Y creyeron muchos más por la palabra de él, y decían a la mujer: Ya no creemos solamente por tu dicho, porque nosotros mismos hemos oído, y sabemos que verdaderamente éste es el Salvador del mundo, el Cristo.

Juan no solo muestra que estas personas comprendieron que Jesús era el Mesías, sino que definieron ese título como más que una vaga unción de Alá. Como Mesías, Jesús intentaba ser comprendido como el "Salvador del mundo". En el contexto del Evangelio de Juan, eso solo puede significar que Jesús era el Mesías divino, alguien digno de adoración.

¿No se refirió Jesús a sí mismo como el "Hijo del Hombre"?

Sí, Jesús se refirió a sí mismo como el "Hijo del Hombre", pero esto no niega su argumento de la deidad. En cambio, es una referencia a una profecía muy técnica del profeta judío Daniel, hecha durante el exilio babilónico de los judíos en el siglo VI a.C. De hecho, el término Hijo del Hombre es parte del testimonio de

Cristo de su naturaleza divina. Se refiere a sí mismo por ese título más de ochenta veces en los Evangelios, por ejemplo, en esas citas de Jesús en Mateo:

> Jesús le dijo: Las zorras tienen guaridas, y las aves del cielo nidos; mas el Hijo del Hombre no tiene dónde recostar su cabeza. (8:20)

> Y conociendo Jesús los pensamientos de ellos, dijo: ¿Por qué pensáis mal en vuestros corazones? Porque, ¿qué es más fácil, decir: Los pecados te son perdonados, o decir: Levántate y anda? Pues para que sepáis que el Hijo del Hombre tiene potestad en la tierra para perdonar pecados (dice entonces al paralítico): Levántate, toma tu cama, y vete a tu casa. (9:4-6)

> Porque vino Juan, que ni comía ni bebía, y dicen: Demonio tiene. Vino el Hijo del Hombre, que come y bebe, y dicen: He aquí un hombre comilón, y bebedor de vino, amigo de publicanos y de pecadores. Pero la sabiduría es justificada por sus hijos. (11:18-19)

Hemos oído decir a cristianos no informados que Jesús se refirió a su deidad en referencias al "Hijo de Dios" y a su humanidad en referencias al "Hijo del Hombre". Eso suena razonable, pero no es simplemente así. El término Hijo del Hombre conlleva la presencia del Mesías judío y de la autoridad divina. Advierta la explicación de Cristo en Mateo 12:3-8 cuando los líderes judíos se quejaban de que los discípulos de Jesús habían quebrantado la ley de guardar el día de reposo:

> Pero él les dijo: ¿No habéis leído lo que hizo David, cuando él y los que con él estaban tuvieron hambre; cómo entró en la casa de Dios, y comió los panes de la proposición, que no les era lícito comer ni a él ni a los que con él estaban, sino solamente a los sacerdotes? ¿O no habéis leído en la ley, cómo en el día de reposo los sacerdotes en el templo profanan el día de reposo, y son

> sin culpa? Pues os digo que uno mayor que el templo está aquí. Y si supieseis qué significa: Misericordia quiero, y no sacrificio, no condenaríais a los inocentes; porque el Hijo del Hombre es Señor del día de reposo.

Jesús declara, como el Hijo del Hombre, que Él es el Señor del día de reposo. También sostiene, como el Hijo del Hombre, que Él puede perdonar el pecado contra Dios. ¿Cómo es posible? Resulta claro cuando vemos cómo Daniel 7:13-14 le da una connotación mesiánica especial y divina a la frase.

> Miraba yo en la visión de la noche, y he aquí con las nubes del cielo venía uno como un hijo de hombre, que vino hasta el Anciano de días, y le hicieron acercarse delante de él. Y le fue dado dominio, gloria y reino, para que todos los pueblos, naciones y lenguas le sirvieran; su dominio es dominio eterno, que nunca pasará, y su reino uno que no será destruido.

El "Hijo del Hombre" aquí tiene autoridad explícita:

1. Se acercó al Anciano de días y fue conducido a su presencia. El islam rechaza toda proximidad a Alá.
2. Se le da la autoridad de Dios.
3. Se le da gloria. El islam no glorifica a nadie, excepto a Alá. Si Cristo es el "Hijo del Hombre", es digno de adoración.
4. Se le da poder soberano. El islam cree que solo Alá es soberano. Si a Cristo se le da poder soberano, Él es digno de adoración.
5. El Hijo del Hombre es adorado. Jesús convocó a otros para que lo adoraran como el "Hijo del Hombre".

¿Fue Jesús crucificado?

El islam enseña que Jesús no fue crucificado, y que no murió más tarde de una muerte natural. El *sura* 4:157 establece esta teoría:

> y por haber dicho: "Hemos dado muerte al Ungido, Jesús, hijo de María, el enviado de Alá", siendo así que no le

> mataron ni le crucificaron, sino que les pareció así. Los que discrepan acerca de él, dudan. No tienen conocimiento de él, no siguen más que conjeturas. Pero, ciertamente no le mataron,

Los estudiosos islámicos comprenden la importancia crucial de la crucifixión de Cristo en el cristianismo ortodoxo. 'Ali advierte en su comentario:

> Para las iglesias cristianas un punto cardinal de su doctrina es que su vida le fue quitada en la cruz, que él murió y fue sepultado, que al tercer día resucitó en un cuerpo con sus heridas intactas, y caminó y conversó, y comió con sus discípulos, y luego fue llevado corporalmente al cielo. Esto es necesario para la doctrina teológica del sacrificio de sangre y la expiación vicaria de los pecados, que es rechazada por el islam.[10]

Si no era Jesús, ¿quién estaba en la cruz? Algunos musulmanes creen que era Judas, quien fue culpable de la traición y en realidad fue el crucificado. Otros creen que fue Simón de Cirene, que llevó un corto lapso la cruz de Cristo (Mt. 27:32). ¿Qué le sucedió entonces a Jesús, si no fue crucificado como enseña la Biblia? La mayoría de los musulmanes cree que Jesús fue llevado de algún modo al Paraíso por Alá, de acuerdo con el *sura* 4:158: "Alá lo elevó a Sí. Alá es poderoso, sabio". Una minoría de musulmanes cree que Jesús sí murió, pero no en el momento o de la manera afirmada en la Biblia. La cruz se considera como una muerte de "desgracia"11, así que no era digna de un profeta de Alá.

¿Cómo puede la muerte de un hombre cubrir los pecados del mundo?

En el islam existe la creencia de que cada persona debe expiar sus propios pecados pesando sus malas obras contra sus buenas obras. Los musulmanes están desconcertados ante la idea de que Cristo puede sustituirnos a todos, con suficiente justicia como para que la balanza no pese todos sus males. Claro que un hombre no puede hacer suficientes buenas obras como para exceder todas las ofensas individuales de miles de millones de personas. Con esta comprensión del pecado y el perdón, con razón la idea de la cruz de Cristo parece ridícula. Los musulmanes no son los únicos que tropiezan aquí, en parte porque los cristianos comunicaron tan mal la realidad del evangelio. Muchos cristianos en realidad creen esta falsa teología de las obras. ¿Cuántos cruzados medievales mataron a musulmanes por el único propósito de agregar buenas obras a la muerte de Cristo a fin de exceder sus pecados? Este mal entendido solo frustra las relaciones entre cristianos y musulmanes.

Para entender por completo lo que la Biblia llama "expiación" debemos comenzar con el concepto de la radical depravación humana. El islam rechaza el concepto de que la humanidad está en un estado de pecado y muerte en rebelión hacia el Creador. Los pecados individuales solo confirman esta realidad más amplia. La muerte de Cristo tuvo que tener un mérito infinito antes de enfrentar el castigo por la traición contra la santidad infinita de Dios. En ese sentido, hubiera sido más sencillo para Cristo medir la bondad kilo por kilo para exceder el mal. La filosofía islámica medieval consideraba junto al cristiano Tomás de Aquino la idea de que el mal es la carencia de algo y no tiene identidad propia. De ser así, entonces los pecados no existen y entonces no tienen "peso" en sí mismos de todos modos.

El diálogo islámico-cristiano debe primero llegar a un acuerdo con la doctrina bíblica del pecado original. La experiencia humana universal parecería estar aquí del lado del cristianismo, puesto que hay una guerra palpable por la supremacía entre la humanidad y Dios. ¿Qué es un pecado sino un acto individual de desafío, un disparo hacia Dios en el campo de batalla de una rebelión? Toda ofensa en contra del Creador del universo, por más insignificante que nos parezca, es un acto de traición. La persona agita un puño contra Dios y grita: "¡Tú no eres mi jefe!" Los musulmanes se encrespan ante la acusación de que tienen una visión inferior de la santidad divina de la que tienen los cristianos, pero es claro que Alá no es tan quisquilloso acerca de la santidad total si simplemente mide el mal contra el bien en una balanza celestial. Descarta los pecados según le place cuando se trata de abrir las puertas del paraíso. El cielo lleno de pecadores sin cambiar suena muy semejante a la sociedad humana.

> Aquéllos cuyas obras pesen mucho serán los que prosperen. Aquéllos cuyas obras pesen poco, serán los que se hayan perdido y estarán en la gehena eternamente. (*sura* 23:102-3)

Los musulmanes creen que cierto tipo de caída humana tuvo lugar en el Huerto del Edén, pero la doctrina islámica de la responsabilidad individual exige que este error haya afectado únicamente a Adán y Eva. El *Sura* al-Baqarah (2:35-36) relata:

> Dijimos: "¡Adán! ¡Habita con tu esposa en el Jardín y comed de él cuanto y donde queráis. pero no os acerquéis a este árbol! Si no, seréis de los impíos". Pero el Demonio les hizo caer, perdiéndolo, y les sacó del estado en que estaban. Y dijimos: "¡Descended! Seréis enemigos unos de otros. La tierra será por algún tiempo vuestra morada y lugar de disfrute".

Compare esta "semicaída" con los efectos penetrantes descritos en la Biblia en Romanos 5:12-21:

> Por tanto, como el pecado entró en el mundo por un hombre, y por el pecado la muerte, así la muerte pasó a todos los hombres, por cuanto todos pecaron. Pues antes de la ley, había pecado en el mundo; pero donde no hay ley, no se inculpa de pecado. No obstante, reinó la muerte desde Adán hasta Moisés, aun en los que no pecaron a la manera de la transgresión de Adán, el cual es figura del que había de venir. Pero el don no fue como la transgresión; porque si por la transgresión de aquel uno murieron los muchos, abundaron mucho más para los muchos la gracia y el don de Dios por la gracia de un hombre, Jesucristo. Y con el don no sucede como en el caso de aquel uno que pecó; porque ciertamente el juicio vino a causa de un solo pecado para condenación,

> pero el don vino a causa de muchas transgresiones para justificación. Pues si por la transgresión de uno solo reinó la muerte, mucho más reinarán en vida por uno solo, Jesucristo, los que reciben la abundancia de la gracia y del don de la justicia. Así que, como por la transgresión de uno vino la condenación a todos los hombres, de la misma manera por la justicia de uno vino a todos los hombres la justificación de vida. Porque así como por la desobediencia de un hombre los muchos fueron constituidos pecadores, así también por la obediencia de uno, los muchos serán constituidos justos. Pero la ley se introdujo para que el pecado abundase; mas cuando el pecado abundó, sobreabundó la gracia; para que así como el pecado reinó para muerte, así también la gracia reine por la justicia para vida eterna mediante Jesucristo, Señor nuestro.

Evidentemente, las personas nunca obtuvieron el derecho de regresar al Huerto, así que ¿podemos estar de acuerdo en que hasta cierto punto, la caída de Adán y Eva nos afectó a todos? Si la caída solo afectó a Adán y a Eva, toda persona justa en la "vía recta" del islam pudiera volver a obtener el ingreso. No, la experiencia humana está más de acuerdo con lo que dice el apóstol Pablo en la carta a los romanos. La Biblia dice que el pecado de Adán introdujo un principio controlador de depravación en todo pensamiento y acción (Ro. 5:12). Pablo habla la realidad cuando demuestra que cada molécula de todo ser humano que haya nacido alguna vez por generación natural, ha sido saturada con la muerte de esta naturaleza pecaminosa. Ninguna cantidad de bien pudiera jamás pesarse en las balanzas contra este delito. Este es el defecto fatal que tiene todo plan de salvación que depende de pesar el mal y el bien. Incluso la más pequeña trasgresión es una ofensa tan grande que Dios no pudiera dejarla pasar y seguir siendo un Dios santo. Así, el pecado no puede ser ignorado simplemente, debe ser erradicado.

La obra de Cristo de expiación tiene un contexto si la naturaleza humana está muerta y ningún ser humano se puede acercar a la perfección de Dios. Se les debe dar gran valor a los humanos y una perfección sagrada que es extraña para ellos. Un Dios ofendido debe ser satisfecho, y cuando Él mira a los humanos en su presencia, Él debe poder ver perfección moral adecuada. Únicamente un ser humano pudiera responder a esos dos retos, pero ningún ser humano pudiera ser perfectamente santo y ofrecer valor infinito para cumplir con el castigo infinito de haber traicionado a Dios. Se necesitaba un intermediario muy especial.

La encarnación de quien fue a la vez Dios y humano era la única manera de contrarrestar la deuda infinita con un pago infinito, la única respuesta a un estado de depravación humana endémica. Jesús, como hombre no caído debido a su único ser, entró a un mundo caído mediante el nacimiento virginal. Él fue la primera persona desde Adán que pudo elegir libremente la total obediencia y permanecer perfectamente justo. Adán tuvo la capacidad de no pecar, pero escogió rebelarse. Cristo voluntariamente se vació a sí mismo de las prerrogativas de la deidad según se describen en Filipenses 2:5-11, o sea, que pudo haber elegido pecar, pero no lo hizo. Sin pecado, Cristo, que era plenamente humano y plenamente Dios, trajo valor infinito y perfección moral a la sala divina (Jn. 1:29). En el mayor de los contrastes, Adán nació para vivir eternamente en el Huerto. Cristo nació para morir en una colina solitaria fuera de Jerusalén.

Puede parecer injusto que Adán haya sido elegido como el representante moral de todo ser humano, de modo que su caída nos infectó a todos. Por otro lado, parece igualmente injusto que otro representante, un segundo Adán, pudiera ser elegido para pagar el castigo de los pecados de otros. Así como el pecado entró por uno, así Dios abrió el camino para que otro compre la vida eterna. Cristo en la cruz tomó el lugar de los culpables. Él no solo compró nuestro perdón. Los hombres perdonados deben seguir viviendo con el recuerdo de sus malas obras. La sangre de Cristo no le permitió solamente a Dios perdonarnos. Un hombre perdonado debe vivir por siempre con la sentencia declarada de una convicción. El sacrificio de Jesús en el Calvario no conmutó simplemente nuestra sentencia. Una sentencia conmutada es una negociación que exige la admisión de la culpa que permanece. El sacrificio expiatorio de Jesucristo en la cruz en realidad pagó la deuda total y completa de nuestro pecado. Un Dios justo y santo exige un pago completo. En la cruz, Jesucristo cargó con toda la ira de Dios el Padre hacia el pecado en su propio ser. Jesucristo, crucificado, sepultado y resucitado, era y es el Único, el Cordero de Dios:

> Además os declaro, hermanos, el evangelio que os he predicado, el cual también recibisteis, en el cual también perseveráis; por el cual asimismo, si retenéis la palabra que os he predicado, sois salvos, si no creísteis en vano. Porque primeramente os he enseñado lo que asimismo recibí: Que Cristo murió por nuestros pecados, conforme a las Escrituras; y que fue sepultado, y que resucitó al tercer día, conforme a las Escrituras; y que apareció a Cefas, y después a los doce. Después apareció a más de quinientos hermanos a la vez, de los cuales muchos viven aún, y otros ya duermen. Después apareció a Jacobo; después a todos los apóstoles; y al último de todos, como a un abortivo, me apareció a mí. (1 Co. 15:1-8)

Notas

1. *Nostra Aetate*, Vaticano II.
2. Vea la sección 7, Preguntas respecto de la escatología, para descripciones de los siete niveles del infierno.
3. Ian Richard Netton, *A Popular Dictionary of islam* [Un diccionario popular del islam] (Chicago: NTC, 1992), 124-25.
4. Abdullah Yusuf 'Ali, *The Meaning of the Holy Qur'an* [El significado del sagrado *Corán*] (Brentwood, Md.: Amana, 1992), n. 386.
5. El formato ha sido hecho por los autores a fines de dar claridad.
6. 'Ali, *The Meaning of the Holy Qur'an* [El significado del sagrado *Corán*], n. 826.
7. *Ibíd.*, n. 5438.
8. Ahmed Zaki Yamani, en W. Montgomery Watt, *Islam and Christianity Today: A Contribution to Dialogue* [El islam y el cristianismo hoy día: Una contribución al diálogo] (Londres: Routledge & Kegan Paul, 1983), ix-x, según se cita en Norman Geisler y Abdul Saleeb, *Answering Islam* [Respondiendo al islam] (Grand Rapids: Baker, 1993), 273.

9. 'Ali, *The Meaning of the Holy Qur'an* [El significado del sagrado *Corán*], n. 395.
10. *Ibíd.*, n. 663.
11. *Ibíd.*, n. 664.

3

Preguntas respecto de la naturaleza del *Corán* y de la Biblia

En realidad el *Corán* parece ser un documento religioso intimidante, con frecuencia de trece centímetros de espesor. Aunque el *Corán* solo contiene 114 capítulos, la transliteración del árabe y el castellano hace que el texto impreso sea bastante imponente. Además, muchos cristianos se sienten algo atemorizados de comprar un ejemplar. Cuando alentamos a los cristianos a adquirir un *Corán*, algunos de ellos abren los ojos, como si les estuviéramos sugiriendo que cometieran un acto de idolatría. Creemos que un cristiano inteligente y culto debe conocer esta obra importante, especialmente si les estamos pidiendo a nuestros amigos musulmanes que se tomen el tiempo para leer la Biblia. No tenemos algo qué temer de otras religiones en el mundo; debemos comprender qué ellos creen en sus propias palabras para que podamos tanto respetarlos como anticiparnos a sus preguntas.

¿Es el *Corán* perfecto e incorruptible?

La evidencia interna del *Corán* estipula que es incorruptible, perfecto en todas las formas. El *sura* 15:9 explica: "Somos Nosotros Quienes hemos revelado la Amonestación y somos Nosotros sus custodios". De hecho, los musulmanes creen que el *Corán* es la fuente última y final de revelación, a diferencia de la Biblia, de la que dicen que ha sido corrompida por judíos y cristianos. Por otra parte, el *Corán* no contiene milagros, pero es un milagro en sí mismo. Para el musulmán, es el don de Alá que no tiene error ni equivalente. Alá lo inspiró y lo preservará perfectamente.

Esta posición presenta dificultades, puesto que tanto la evidencia interna como la externa demuestran incoherencias e imprecisiones en el *Corán*.

En primer lugar, si bien los musulmanes sostienen que ha habido solo una versión del *Corán*, los hechos no apoyan esta afirmación. Históricamente, el *Corán* de hoy día es una obra redactada terminada durante el reinado del tercer califa musulmán, 'Uthman ibn Affan, quien llegó al poder en el año 644. Solo después de la muerte de Mahoma se compiló el *Corán* por orden de su sucesor, Abu Bakr. Al poco tiempo en Medina, Basra, Kufa, Damasco y otros centros de población habían desarrollado sus versiones individuales de los escritos de Mahoma. Estas versiones evidentemente diferían en mucho. En su obra monumental, *Materiales para la historia del* Corán, el arqueólogo Arthur Jeffery sostiene que Uthman canonizó el Código de Medina.[1] Lo más importante es que ordenó que se destruyeran todas las copias de cualquier otra versión. Este es el motivo de por qué solo ha sobrevivido una versión.

Incluso en la época de Mahoma, el *Corán* no fue protegido de la corrupción, como lo demuestra la prolongada controversia sobre el pasaje popular conocido como "Versos satánicos" (*sura* 53:21-23). En este texto, Mahoma pronunció públicamente que tres ídolos (al-Hat, al-Uzza y al-Manat) podían interceder en favor de los musulmanes. Dándose cuenta rápidamente de lo impropia de tal posición, Mahoma revisó la sección, cancelando toda intercesión de ídolos. Explicó su desliz diciendo que Satanás se había interpuesto en este texto en la comunicación divina para abordar el paganismo que lo rodeaba. Alá había prevalecido y reemplazado los "Versos satánicos" con su propia escritura (*sura* 22:52-53).

Incluso si se le otorga el beneficio de la duda a la preservación del *Corán*, esto no demuestra que el texto sea la palabra de Dios comunicada directamente. Solo demuestra que las palabras de Mahoma fueron reverenciadas y traspasadas con cuidado a las sucesivas generaciones. En cambio, la profecía es el indicador más fuerte en cuanto a sí el *Corán* (o cualquier otro texto sagrado) es la Palabra de Dios. Moisés explicó en Deuteronomio 18:22: "si el profeta hablare en nombre de Jehová, y no se cumpliere lo que dijo, ni aconteciere, es palabra que Jehová no ha hablado; con presunción la habló el tal profeta; no tengas temor de él".

La única profecía significativa del *Corán* predijo una victoria romana sobre los persas (*sura* 30:2-4), que se produciría "dentro de unos pocos años" una vez que los persas habían inicialmente capturado Jerusalén (614 o 615). Este era un acontecimiento esperado y predecible que no hubiera sorprendido a nadie que estuviera familiarizado con el flujo de los eventos de ese momento. La declaración también fue cubierta por el marco temporal ambiguo "dentro de unos pocos años". La derrota de los persas no se hubiera cumplido dentro de los nueve años de acuerdo con los eruditos musulmanes, pero no se completó hasta más de una década después de su victoria inicial (625). Se debe ser bondadoso al extremo para concluir que esta fue una profecía cumplida.

Finalmente, la mayor parte de los musulmanes creen que el *Corán* está protegido de la corrupción, mientras que la Torá, los Salmos y los Evangelios (*Injil*) están corruptos. Esto es incoherente y peligroso para la teología islámica. Para considerar precisa su posición, los musulmanes deben sostener que Alá inspiró a la Torá y a los Salmos, luego de lo cual estos documentos fueron corrompidos por los judíos. Luego, Alá inspiró el Evangelio de Jesucristo, pero fue arruinado por los cristianos. Por último, Alá pudo escribir su palabra en la forma del *Corán*, que ha sido "guardado de la corrupción". Esta teología presenta dos dificultades, más allá del hecho de que estudios de los textos no ha encontrado alguna corrupción de contenido bíblico. En primer lugar, esta teoría supone que Dios no es capaz de proteger su mensaje, de modo que la creación es más poderosa que el Creador. En segundo lugar, basa su caso en el poder de Alá para dar una revelación final y dependiente, después de que Alá había fracasado por lo menos dos veces previamente. La visión coránica de Dios entonces tiene una fundación inadecuada sobre la cual construir una doctrina de revelación divina.

¿Qué dice el *Corán* acerca de la Biblia?

La mayoría de los musulmanes supone que el texto de la Biblia ha sido corrupto y por lo tanto no es digno de tenerlo o de leerlo. Mahoma dijo exactamente lo contrario. En el *sura* 29:46, él confesó: "Creemos en lo que se nos ha revelado a nosotros y en lo que se os ha revelado a vosotros. Nuestro Dios y vuestro Dios es Uno". Además afirma cuando habla a judíos y cristianos: "Si tienes alguna duda acerca de lo que te hemos revelado, pregunta a quienes, antes de ti, ya leían la Escritura. Te ha venido, de tu Señor, la Verdad. ¡No seas, pues, de los que dudan!" (*sura* 10:94).

Por ende, Mahoma creía que el *Corán* no era una nueva revelación, sino la revelación final que confirmaba la perfecta voluntad de Dios. De hecho, el *Corán* actúa como guardián de las Escrituras anteriores reveladas a Moisés y a Jesús. El *sura* 5:48 afirma: "Te hemos revelado la Escritura con la Verdad, en confirmación y como custodia de lo que ya había de la Escritura". Muchos estudiosos musulmanes suponen que esto significa que dentro del *Corán* está la revelación antigua preservada. Esta es una interpretación que conduce a error, ya que Mahoma llamó a la Torá y a los Evangelios "verdad" que aleja de toda duda.

Entonces las Escrituras judías y cristianas aceptadas por los musulmanes deben ser dignas de valoración y confiables, incluso lo que está escrito acerca de Jesús en los cuatro Evangelios. Mahoma ordena a los cristianos y a los judíos a preguntarles a "los que leyeron el Libro antes que vosotros", y luego sostiene que la revelación es verdad "de vuestro Señor". Dentro de estas dos frases reside un principio: La Biblia del siglo VII es considerada digna de valor para el estudio y la verificación del mensaje de Dios. La verdad no puede ser parcial. Es totalmente cierta y de Dios o es falsa y son las palabras de seres humanos. La Biblia aceptada durante la vida de Mahoma es la misma que usan hoy tanto los cristianos como los judíos.

Los eruditos musulmanes tienen puntos de vista conflictivos de la Biblia. Algunos dicen que ha sido corrompida (*tahrif*), mientras que otros sostienen que simplemente se la ha mal interpretado. La última posición debe tener más peso ya que Mahoma les ordenó a los musulmanes respetar y reverenciar la Torá (*Taurat*), los Salmos de David (*Zabur*) y los Evangelios (*Injil*; *sura* 5:68-69).

Sin embargo, queda la pregunta de que si el Corán confirma la Torá y los Evangelios, ¿por qué hay discrepancias entre el Corán y dichos libros?

¿El *Corán* se basa en otras fuentes para su contenido?

Mahoma vivió en la escena de diversidad religiosa de Arabia, donde se mezclaban cristianos, judíos y paganos. No es de sorprender que Mahoma tuviera cierta familiaridad con el Antiguo Testamento y el Nuevo Testamento, el Talmud judío y los escritos pseudoepigráficos de los gnósticos y de otros poco identificados con el cristianismo. W. St. Clair-Tisdall, en la obra clásica *Fuentes del islam*, identifica fuentes usadas por Mahoma en la recopilación de las historias. Tisdall señala que los judíos que vivían en la Península Arábica no hablaban ni leían hebreo, ni conocían sus propias Escrituras. Básicamente, los judíos se basaban en cuentos que se pasaban en forma oral de generación a generación que era lo que sabían del Talmud, al que consideraban sagrado y con autoridad.

Una de las historias más famosas relatadas por Mahoma en el *Corán* explica cómo el rey Salomón conoció a la reina de Saba (*sura* 27:22-44). La historia del *Corán* se basa en el *Tárgum*, una paráfrasis aramea del Antiguo Testamento basada en traducciones orales. En él, la reina prueba a Salomón hasta que queda totalmente impresionada y lo llena de regalos. Aquí hay algunas similitudes sorprendentes entre las historias del *Corán* y de un Tárgum escrito casi mil años antes:

1. Un pájaro le habla a Salomón, y el rey comprende a la criatura.
2. Luego de un extenso viaje, el pájaro regresa a contarle a Salomón acerca de una mujer que reina en una tierra hermosa.
3. El rey envía una carta por medio del pájaro. La mujer la recibe y exclama con sorpresa que recibió una carta de Salomón.

4. Saba hace una oración, que está modificada en el *Corán*.
5. Salomón ordena la sumisión de la reina. Comanda una fuerza compuesta por animales, pájaros, espíritus y demonios.
6. Luego de recibir consejos en los que no cree, Saba envía un regalo costoso a Salomón.
7. La reina va a reunirse con Salomón en una construcción que ella cree que contiene agua. Se arremanga la ropa y entonces siente vergüenza por mostrar sus piernas.
8. Luego de reunirse con el rey, alaba a su Dios.[2]

Sin duda, Mahoma confió en las historias apócrifas del evangelio más de lo que confió en el Nuevo Testamento canónico. Los estudiosos musulmanes aún suelen observar estas historias, que nunca fueron aceptadas por los cristianos ortodoxos, como un intento por refutar la verdad de los verdaderos Evangelios. El primero de los libros falsos llegó después del tiempo en que vivieron los apóstoles. La mayoría de estos libros se escribió siglos después para promocionar un punto de vista teológico hereje.

Otra fuente de las visiones es también una posibilidad que debe ser sugerida porque Mahoma así lo hizo. Mahoma mismo expresó el temor de que algunas de sus visiones provinieran de un demonio y no de Alá. Cuando Mahoma comenzó a recibir sus visiones, admitió ante su esposa, Khadija, que no estaba seguro de que vinieran de Alá y no de un espíritu o *jinn* maligno. El respetado biógrafo musulmán Muhammed Haykal en *La vida de Mahoma* afirmó que Mahoma necesitaba el aliento de Khadija y de su primo Waraqah para vencer el miedo que sentía de estar poseído por un demonio.[3]

¿Cuál es la naturaleza de la Biblia?

La teología islámica restringe la inspiración a la Torá bíblica (que comprende Génesis, Éxodo, Levítico, Números y Deuteronomio), a los Salmos de David y a los Evangelios. Esta inspiración se ve más restringida a versiones de estos escritos que dio originariamente Dios. Sin embargo, los cristianos deberían ser muy concientes de que la evidencia interna afirma toda la inspiración de la Biblia. Jesús afirmó que la Biblia tiene autoridad, no presenta error y está inspirada en su totalidad por Dios. Él se reveló a sí mismo lo suficiente a través de la Biblia.

Por ejemplo, Jesucristo afirmó la autoridad divina y final de las Escrituras, y citó continuamente de la Biblia judía (Antiguo Testamento). Norman Geisler en *La Enciclopedia Baker de apologética cristiana* advierte que Jesús se basó en las Escrituras para resistir las tres tentaciones del diablo (Mt. 4:4-10). Geisler sostiene que Jesús afirmó del Antiguo Testamento...

1. su autoridad divina (Mt. 4:4-10);
2. su naturaleza imperecedera (Mt. 5:17-18);
3. su inspiración (Mt. 22:43);
4. su verdad inquebrantable (Jn. 10:35);
5. su origen en Dios (Mt. 15:3, 6);
6. su supremacía final (Mt. 15:1-10);
7. su infalibilidad (Mt. 22:29; Jn. 17:17);
8. su confiabilidad histórica (por ejemplo, Mt. 24:37-39 confirma el diluvio); y
9. su precisión científica (por ejemplo, la creación del hombre y la mujer a la que se hace referencia en Mt. 19:4-5).[4]

Jesús testificó que todo el Antiguo Testamento tiene autoridad en sus citas de la Torá, los Profetas y los Escritos. Su declaración en Juan 14:26 puede tomarse como una promesa de que el Nuevo Testamento estaría inspirado por el Espíritu Santo, si bien estos libros todavía no habían sido escritos cuando Él regresó al cielo. Jesús dijo que Paracleto, el Espíritu Santo, les enseñaría "todas las cosas" y "os recordará todo lo que yo os he dicho". Por lo tanto, negar la inspiración del Nuevo Testamento necesariamente acompaña a la negación del poder del Espíritu Santo (como lo hacen los musulmanes) de conducir a los discípulos a la verdad. Esos discípulos reconocieron esta promesa y proclamaron que tanto el Antiguo Testamento como sus propios escritos que llegaron a ser incluidos en el Nuevo Testamento (2 P. 1:19-21) provenían de Dios. Pedro incluyó a Pablo con los autores del Antiguo Testamento como productores de las Escrituras (3:15-16).

En consecuencia, la naturaleza de la Biblia está inseparablemente vinculada con el carácter de Cristo. Quien niega la autoridad de la

Biblia no puede evitar negar la autoridad de Cristo como profeta. Si sabemos algo acerca de las enseñanzas de Cristo como profeta, sabemos que Él declaró que estas cosas eran ciertas.

¿Por qué hay tantas versiones de la Biblia?

Se han realizado muchas traducciones de las Escrituras judeocristianas, una señal segura de corrupción, de acuerdo con algunos apologistas islámicos. El *Corán* también ha sido traducido a innumerables idiomas, pero técnicamente estas son solo interpretaciones del documento real. El verdadero *Corán* existe únicamente en idioma árabe en el cual lo registró primero Mahoma.

Históricamente, los cristianos y los musulmanes han diferido entre sí sobre la naturaleza de la revelación divina. ¿Puede algo ser la palabra revelada de Dios si contiene la misma idea pero no está expresado en las palabras precisas en que apareció por primera vez? Los cristianos sostienen que los conceptos escritos por los escritores originales, en lugar de trazos de pluma, los convierten en la revelación de Dios. Pero el tema central para todos nosotros es si podemos conocer revelaciones verdaderas, de las que se puede depender y con autoridad, acerca de Dios en los documentos. Alguien que mire de cerca la Biblia con sinceridad y de forma detallada no podrá demostrar corrupción en su mensaje.

La verdadera pregunta es cuán fieles han permanecido estas traducciones a los pensamientos que primero se pusieron en papel en lo que son llamados los "autógrafos". Teológicamente, los que están en contra de la veracidad de la Biblia debido a las múltiples traducciones modernas, están atacando el punto equivocado. Los cristianos rápidamente suponen que la obra de los traductores modernos es humana y con defectos, en parte porque puede ser un reto inmenso transferir con precisión una idea del hebreo del año 1400 a.C. al castellano. El tema es si los cristianos pueden saber con seguridad qué había en los primeros manuscritos o autógrafos. Se dice que solo los autógrafos están directamente inspirados, sin error y que tienen total autoridad.

Sin embargo, ¿no es esta una salida fácil, ya que no contamos con las tablas originales de arcilla, los rollos y las hojas de pergamino?

No tenemos esas primeras páginas, pero podemos rastrear y analizar toda variación del texto entre miles de textos manuscritos antiguos, en los idiomas originales de las primeras traducciones. Los primeros textos disponibles del Nuevo Testamento están separados solo unas pocas décadas de los originales. También podemos comparar cómo se usaron las palabras en los textos con cómo fueron usadas en los documentos seculares contemporáneos. En especial a partir de la erudición del siglo XX, podemos tener una confianza inmensa en que las palabras que leemos reflejan exactamente lo que dijo Jesús y lo que registraron Mateo o Juan.

Históricamente, hay varios motivos por los cuales se han realizado numerosas traducciones en los últimos cien años:

1. En 1881, B. F. Westcott y F. J. A. Hort publicaron un texto en griego del Nuevo Testamento que combinaba el conocimiento acumulado obtenido de comparar los textos antiguos. Estos hombres optaron entre varias lecturas con las que otros estudiosos no estuvieron de acuerdo, y en algunos lugares su obra cambió el entendimiento del texto estándar de la época. Westcott y Hort dependieron mucho de dos manuscritos más antiguos, que acortaban algunos pasajes de la Biblia. Por ejemplo, optaron por excluir una cantidad de versículos en la conclusión del Evangelio de Marco, sosteniendo que estos versículos al parecer habían surgido más tarde. Su erudición alentó mucho debate, el que aún continúa.
2. Se hicieron significativos descubrimientos arqueológicos durante el siglo XX. Por ejemplo los Rollos del Mar Muerto se escribieron entre los dos siglos anteriores a Cristo y la mitad del siglo I. Se dispone de textos anteriores de las Escrituras y de escritos contemporáneos para realizar una comparación. La arqueología también ha analizado el mundo bíblico y su cultura.
3. El uso del idioma cambió dramáticamente durante las revoluciones sociales y tecnológicas de los siglos XIX y XX. Los líderes cristianos solicitaron nuevas traducciones porque estaban preocupados de que la gente no comprendiera del

todo el significado de la Biblia. Las traducciones más recientes de la Biblia al castellano han obrado más diligentemente para transferir significado cultural del contexto antiguo al moderno. No todas las versiones nuevas tienen un mérito igual. Un problema entre los cristianos ha sido la necesidad de evaluar todas estas versiones y las posibles distorsiones del traductor.

Cualquiera sea la lengua natal, los cristianos deben basar su elección de una versión de la Biblia y su estudio de la Palabra de Dios en determinadas normas. Primero, una traducción debe basarse en el significado original y literal de las palabras. Dado que algunos significados de las palabras han cambiado desde que Moisés registró la Torá, debemos seguir trabajando para comprender esas palabras originales. Los musulmanes intentan comprender mejor el Corán aprendiendo árabe y estudiando el texto en el idioma original. La mayoría de los cristianos no llega al extremo de aprender griego, hebreo y arameo, pero esperamos que todo el que predique y enseñe las Escrituras tenga por lo menos un entendimiento básico de esos idiomas.

Segundo, si bien una vida de estudio del idioma ayudará a revelar matices de significado, el cristiano de hoy día puede estar seguro de que se puede confiar en una buena traducción como la propia Palabra de Dios. Norman Geisler resume las razones para nuestra confianza en su obra Cuando preguntan los escépticos:

1. Si bien hay diez mil variedades entre los manuscritos del Nuevo Testamento, la mayoría son errores de ortografía que no tienen nada que ver con el significado.
2. De las cuarenta o más lecturas diversas significativas, ninguna de ellas tiene un efecto sobre las creencias doctrinales. Geisler explica: "El problema no es que sepamos qué es el texto, sino que no estamos seguros qué texto tiene la lectura correcta. Tenemos el 100 por ciento del Nuevo Testamento y estamos seguros de él en un 99,5 por ciento".
3. La Biblia está tan bien preservada que, incluso si no tenemos una copia única de las Escrituras, pudiéramos reconstruir casi

> todo el Nuevo Testamento a partir de citas de los padres de la iglesia de los siglos II y III.[5]

La Biblia ha sido preservada mejor que cualquier otro texto sagrado. De hecho, está mejor preservada que textos modernos de cualquier tipo. Esto incluye al *Corán*. Mientras que Uthman destruyó versiones enteras del *Corán*, eliminando lo que hubiera podido ser una copia auténtica de las palabras de Mahoma, la Biblia ha sido meticulosamente copiada por escribas diligentes. Los críticos señalan que no quedan manuscritos originales, pero en realidad no los necesitamos. Sabemos incuestionablemente, con solo una pregunta ocasional acerca de menudencias y detalles menores, lo que Moisés, David, Lucas, Pablo y los otros escritores relataron guiados por el Espíritu Santo.

¿Las contradicciones internas no demuestran que la Biblia ha sido corrompida?

Jesús declaró que las Escrituras tienen inspiración completa. Él enseñó: "Porque de cierto os digo que hasta que pasen el cielo y la tierra, ni una jota ni una tilde pasará de la ley, hasta que todo se haya cumplido" (Mt. 5:18). Aquí Jesús específicamente menciona a la Torá o los primeros cinco libros de la Biblia, pero el versículo 17 muestra que tiene en mente toda la revelación de la voluntad de Dios en la Ley y los Profetas (v. 17). Esta era una forma rápida de referirse a todas las Escrituras del Antiguo Testamento. Así que Jesús testificó que todo en las Escrituras es dado por Dios y será preservado por Dios.

Si un cristiano está dispuesto a decir que hay errores internos en la Biblia, también debe estar dispuesto a decir que Jesús por lo menos estaba mal informado. Él no era ni siquiera un profeta preciso, menos aún el perfecto Hijo de Dios. Esto no es aceptable incluso en la teología islámica. Los musulmanes son llamados a aceptar las palabras de Jesús (*sura* 4:171; 5:78).

Sin embargo, muchos musulmanes intentan señalar incoherencias internas dentro de la Biblia. Se han escrito libros voluminosos para tratar los diversos cargos por error y la incoherencia en las Escrituras, y un tratamiento completo de esas acusaciones está más allá del alcance de esta obra. La mayoría de las supuestas incoherencias son simplemente tontas o una cuestión de malos entendidos acerca de lo que dice el texto. Se las puede responder sin mucho esfuerzo.

Un buen ejemplo de este tipo de problema que supuestamente enerva a los cristianos surgió en un debate en Birmingham, Inglaterra, por parte del reconocido apologista musulmán Ahmed Deedat. Deedat afirmó que se encuentran dos genealogías muy diferentes de Jesús en Mateo 1 y Lucas 3. Evidentemente ambas no pueden ser ciertas, ¿no es así?

En realidad, ambas pueden ser ciertas, porque son escritas para dos culturas diferentes, Mateo para los judíos y Lucas para los gentiles. Estos grupos abordaron genealogías en forma diferente. La cultura judía establecía el derecho de nacimiento a través de una estructura elaborada de tribus, clanes y familias. El padre del registro estableció el parentesco. La biología no era una preocupación fundamental en la relación padre-hijo. A través de José, Mateo establece cuidadosamente vínculos de clanes hasta el exilio (donde los registros de familias judías solían ponerse confusos) y luego a la monarquía y finalmente a Abraham. En un buen estilo judío, Mateo incluye a los ancestros con los que sus lectores se familiarizarían más, incluso a algunas heroínas de la fe. Equilibra con cuidado la cantidad de generaciones en cada parte de su lista. Se mencionaron personas clave, no a cada padre.

Más semejantes al occidente moderno, los gentiles eran menos formales en cuanto a sus árboles genealógicos y estaban más interesados en los lazos sanguíneos. Lucas sostiene que Jesús supuestamente estaba bajo las reglas naturales de las cosas para ser el hijo de José (Lc. 4:23). Debido a la situación singular que ya ha dispuesto Lucas, Jesús era biológicamente de la línea sanguínea de la madre únicamente, y esa línea también llegaba hasta la monarquía davídica. La genealogía griega excluye a las mujeres, entonces Lucas no menciona a María por su nombre. Más allá del reinado de David, Lucas quiere demostrar la solidaridad de Jesús con toda la raza humana. Él no está tan preocupado por el parentesco con Abraham como con los vínculos finales con Adán y Dios.

Deedat no pudo darse cuenta o aceptar que la genealogía de Mateo era necesaria para establecer la legitimidad mesiánica, mientras que Lucas tuvo que hacer lo mismo a través del linaje de María para demostrar la legitimidad de Jesús a los gentiles. Juntos, muestran el único camino en el cual Jesús puede satisfacer plenamente todas las expectativas proféticas. Las genealogías demuestran la coherencia de la Biblia, no una contradicción.

Otros informes de incoherencia requieren de una investigación más profunda. Los musulmanes creen que han encontrado una contradicción temática cuando comparan la carta a los romanos con la de Santiago. Pablo sostiene en Romanos que la salvación se logra solo por la fe (Ro. 4:1-12), mientras que Santiago enfatiza el lugar que ocupan las obras (Stg. 2:14).

Esta aparente discrepancia también ha dejado perplejos a algunos cristianos a lo largo de los siglos, porque no estaban pensando cuidadosamente lo que los dos libros están enseñando. La tensión se resuelve al ver que Pablo y Santiago hablan acerca de dos aspectos diferentes de la fe y la vida cristiana, y ambos suponen la verdad afirmada por el otro. Santiago escribe para recordar a sus lectores que su fe debe ser práctica y viva si es que su testimonio se considerará creíble y válido. Las nuevas criaturas creen en nuevas maneras y tienen acciones que reflejan el fruto del Espíritu descrito por Pablo en Gálatas 5.

Pablo tiene mucho que decir acerca de vivir como es propio de un hijo de Dios, pero en Romanos particularmente establece un entendimiento básico acerca de qué es realmente la salvación. Los que reciben esta carta están oyendo con frecuencia de legalistas que hacen que la salvación dependa de rituales y otros actos de piedad personal. Pablo está explicando la realidad teológica y eterna de la salvación; Santiago, la evidencia temporal de que la salvación es genuina. Santiago quiere asegurarse que sus lectores eviten la hipocresía, una falsa apariencia de la espiritualidad que no suena cierta en la vida práctica.

Además, Pablo describe la posición de un creyente en Cristo sobre la base de la obra terminada de la cruz (justificación), mientras que Santiago ilustra el camino diario cristiano (santificación). En consecuencia, no somos salvos por las buenas obras sino para las buenas obras (Ef. 2:8).

Los cristianos deben responder a toda crítica de la coherencia en las Escrituras con una actitud de confianza y humildad. Dios es nuestro Padre y nosotros somos sus hijos. Ningún cristiano tiene todas las respuestas, y cada uno de nosotros puede ser derribado porque no conoce alguna información necesaria. Tampoco debemos sentirnos superiores si la respuesta a una pregunta formulada por otra persona parece obvia. Lo que sabemos como cristianos depende de una obra de Dios, que se ha revelado a sí mismo en la Palabra y en su Espíritu, para que lo glorifiquemos, descansemos en Él, confiemos en su providencia y deseemos conocer más a través del estudio diligente. Las preguntas finalmente nos ayudan a permanecer dependientes de Dios mientras andamos por la fe.

¿Las inexactitudes externas no demuestran que la Biblia ha sido corrompida?

La coherencia interna y la evidencia de inspiración es abundante, de modo que el cristiano puede confiar en que la Biblia es la Palabra de Dios. Sin embargo, muchos críticos buscan falacias externas que niegan la autoridad de la Biblia. Sus acusaciones permiten que los que buscan tengan una oportunidad para observar personalmente la evidencia externa e inspeccionar los argumentos razonables.

Tres áreas de argumentos cuestionan la verdad de la Biblia: (1) la historicidad del texto; (2) el cumplimiento de la profecía y (3) la indestructibilidad de las Escrituras en su totalidad.[6]

En primer lugar, se investiga la historicidad al comparar lo que dicen las Escrituras con confirmación independiente de artefactos y documentos seculares. Hace solo un siglo, los arqueólogos escépticos presentaron argumentos extravagantes de que habían, o pronto habrían, de demostrar la mala información histórica de la Biblia. Las historias bíblicas evidentemente se referían a lugares y eventos míticos. Incluso los arqueólogos incrédulos actualmente tienen más humildad, puesto que este campo se ha convertido en la mayor confirmación de las Escrituras. De más de veinticinco mil sitios hallados, ningún descubrimiento ha demostrado jamás contradecir algo de la Biblia. Algunos sitios lo han intentado, pero los trabajos que se realizaron más delante demostraron que era el investigador, no el texto, el que estaba equivocado.

Como hemos mencionado en este libro, la Biblia es el documento antiguo más ampliamente copiado y preservado, sin embargo ningún erudito ha encontrado una sola doctrina que pudiera ser invalidada o vuelta a plantear debido a un error de copiado o a una lectura variante del texto.

En segundo lugar, el cumplimiento profético es evidencia sumamente importante para juzgar la validez de cualquier texto sagrado. La norma bíblica es bastante estricta: Cien por ciento de precisión (Dt. 18:22). Cualquier cosa menor a la precisión total conduciría a la ejecución del profeta. Sin embargo, cientos de profecías anunciadas están representadas como viniendo de Dios. Algunas de ellas son bastante detalladas, y muchas trataron con circunstancias precisas que sucederían siglos más tarde. Su precisión es tan elevada que los escépticos han intentado poner otra fecha a los escritos para sostener que las predicciones fueron escritas después de que ocurrieron los eventos que predecían.

Decenas de estas profecías, respecto de la encarnación del divino Mesías por venir, fueron totalmente cumplidas por Jesús. Estas profecías fueron todas escritas mucho antes de su cumplimiento, por ejemplo:

1. El nacimiento virginal, Isaías 7:14, escrito en la segunda mitad del siglo VIII a.C. Vea Mateo 1:23.
2. Huída a Egipto, Oseas 11:1, escrito alrededor del 755 a.C. Vea Mateo 2:14-15.
3. Declarado como el Hijo de Dios, Salmo 2:7, escrito como máximo en el 450 a.C. Vea Mateo 3:17.
4. Sacrificado por el pueblo, Isaías 53:12, escrito alrededor del 700 a.C. Vea Marcos 15:27-28.
5. Manos y pies horadados durante la crucifixión, Zacarías 12:10, escrito durante el cautiverio babilónico, alrededor del 520 a.C. Vea Juan 19:37 (vea también la profecía en Is. 53:5).

Que una de estas profecías se hiciera realidad por coincidencia en Jesús sería asombroso. Las probabilidades de que decenas de profecías mesiánicas pudieran haberse cumplido en Jesús son matemáticamente intimidantes para la mente.

En tercer lugar, la Biblia ha soportado la prueba del tiempo. Como Geisler y William Nix advirtieron en un estudio conjunto: "Los críticos de la Biblia consideraban gran parte de ella como mitológica, pero la arqueología la ha establecido como histórica. Los antagonistas han atacado su enseñanza como primitiva, pero los moralistas declaran que su enseñanza sobre el amor debe aplicarse a la sociedad moderna. Los escépticos han arrojado dudas sobre su autenticidad, y aún más hombres están convencidos de su verdad hoy día más que nunca".[7]

De hecho, la Biblia ha sido sacudida, agitada y embrollada, sin embargo, cada vez sale pura y precisa, verdadera en su naturaleza y digna de confianza en su contenido.

¿No es la Biblia corrupta ya que los hombres que la escribieron eran corruptos?

En la doctrina islámica de la revelación, está prohibido que cualquier profeta permita que el pecado entre en su vida. Debe ser el ejemplo perfecto de sinceridad e inteligencia, antes que su mensaje pueda considerarse indisputable. Esta doctrina no es el punto de vista cristiano por diversas razones, la principal de las cuales es que todos los seres humanos, incluso los profetas ordenados por Dios, nacen pecadores. La visión cristiana considera que la santidad del escrito no depende del instrumento humano sino de la fuente: Dios. Un Dios omnipotente puede guiar al más débil de los instrumentos. Además, el hecho de que somos pecadores requiere que se dé una Palabra perfecta como la vara de medir.

Se debe comprender un principio importante antes que el cristianismo en su totalidad pueda ser entendido. La Palabra escrita de Dios es aceptable por el mismo motivo que Cristo es la Palabra viviente de Dios. La Biblia no es más corrupta porque Dios guió a los autores humanos para que la escribieran que lo que Jesús es corrupto porque Él tomó carne humana.

El apologista y filósofo cristiano del siglo XX C. S. Lewis explicó: "La misma humildad divina que decretó que Dios debía convertirse en un bebé en el pecho de una mujer campesina, y luego un predicador itinerante arrestado por la policía romana, también decretó que debía ser predicado en un lenguaje vulgar, prosaico y no literario. Si puede aguantar uno, puede aguantar el otro".[8] Finalmente, la premisa de que la fragilidad humana o incluso un pasado pecaminoso niega la capacidad de Dios para usar a una persona debería ser totalmente descartada. Los profetas eran solo hombres que eran francos, sinceros y estaban arrepentidos. No se consideraban a sí mismos con alguna virtud sino la de Dios. De hecho, si Dios estaba buscando a personas sin pecado para usar a alguien, hubiera estado obligado a obrar solo.

¿Tiene la Biblia historias irracionales que no pueden ser ciertas?

Alguien que lea la Biblia por primera vez puede sentirse sorprendido por algunas pocas historias que parecen absurdas. En el Antiguo Testamento, habla un burro (Nm. 22:28-30) y Dios interviene en los procesos naturales para prolongar la luz del día (Jos. 10:12-15). Se dice que Sansón mató a mil hombres con solo la quijada de un burro (Jue. 15:15). En el Nuevo Testamento, a algunos musulmanes les resulta difícil aceptar que se abrieron sepulcros el día de la muerte de Cristo y algunos creyentes del Antiguo Testamento dejaron sus tumbas y caminaron hasta Jerusalén, presumiblemente con sus cuerpos celestiales glorificados (Mt. 27:52-53).

Para los musulmanes, la historia más difícil es la crucifixión y resurrección de Jesús. Los cristianos consideran la muerte y resurrección corporal del Hijo de Dios como la intervención más grande, sobrenatural, de Dios en toda la historia de la humanidad. Después de todo, si Dios puede resucitar a su Hijo de entre los muertos, ciertamente es posible que Él haya testificado a su gran acción abriendo los sepulcros de otros santos muertos como heraldos del evento que pronto ocurriría.

A los musulmanes estas cosas les resultan difíciles de creer. No pueden imaginarse a un Dios que esté tan interesado e involucrado en la vida humana como para obrar milagros en nuestro medio. Mahoma no realizó milagros, ni los musulmanes han visto milagros en su propia experiencia. La teología islámica enfatiza firmemente la trascendencia y niega la inmanencia de Alá. Él es por entero "otro", separado de la creación y desinteresado de la humanidad.

Los cristianos están acostumbrados a suponer que Dios obra en maneras que son extraordinarias y personales. La encarnación es el ejemplo supremo de su intimidad.

Sostener que la tierra no podía dejar de girar durante casi veinticuatro horas es afirmar que Dios no tiene control y soberanía sobre su propia creación. Los críticos argumentan que detener la rotación de la tierra hubiera traído consecuencias catastróficas. El relato bíblico no entra en detalles científicos; solo se nos dice que se prolongaron las horas del día. Esto pudiera significar que no se detuvo en realidad la rotación de la tierra. Tal vez hubo una leve inmersión del polo o algún fenómeno de refracción de los rayos de luz. W. A. Criswell, en su obra *Por qué predico que la Biblia es literalmente cierta*, defiende la narrativa históricamente: "Es un hecho notable que tengamos una sugerencia de esto mismo en la historia fuera de la Biblia. Heródoto, el gran historiador griego, nos cuenta que los sacerdotes de Egipto le mostraron un registro de un día largo. Los escritos chinos dicen que hubo un día así en el reino de un emperador de hace mucho tiempo... No hay algo de verdadero peso que demuestre que no hubo un evento de este tipo en la historia del mundo".[9]

Ciertamente la historia es notable, pero también es posible dado un Creador omnipotente.

¿Es la revelación (*rasul / wahy*) lo mismo que el dictado?

La teología islámica cree que únicamente Alá es directamente responsable de la revelación del *Corán*. El *sura* 10:37 explica: "Este Corán no puede haberlo inventado nadie fuera de Alá".

Entonces, Alá dictó su mensaje a Mahoma a través del ángel de la revelación, Gabriel. Para el musulmán, no hay parte humana en la ecuación de la revelación salvo la capacidad de registrar el dictado (*sura* 39:1-2). Esto explica por qué gran parte del *Corán* está escrita en la voz de primera persona de Alá. Según los eruditos musulmanes, el dictado de Alá otorga la confirmación final y el aseguramiento al *Corán*.

Esta teoría de revelación e inspiración difiere en mucho de la aceptada por la teología cristiana para la Biblia. Los cristianos creen que la revelación de Dios vino a través de seres humanos que escribieron "inspirados por el Espíritu Santo". Es más, lo que escribieron contenía sus propias personalidades al tiempo que no contenía alguna "interpretación privada". Los poetas escribieron poesía, los historiadores registraron historia y a veces un profeta registró detalles precisos de un encuentro visionario. La Biblia no está libre de errores porque fue dictada, sino porque los autores estuvieron guiados por el Espíritu Santo al usar sus antecedentes, intereses y estilos de escritura.

Los autores proféticos en ocasiones sí toman una trascripción, palabra por palabra, de las palabras de Dios. El registro de Moisés de los Diez Mandamientos es un ejemplo clásico. A veces Jehová habla en primera persona en los escritos proféticos o en visiones que han sido registradas directamente. El mensaje directo de Dios suele ser destacado cuando un profeta dice: "Esto es lo que dice el Señor Dios..." La mayor parte de las Escrituras, sin embargo, ha sido mostrada a través de la personalidad y la experiencia humanas.

¿El islam propone una visión más firme de la inspiración que el cristianismo? Ni es más firme, ni tampoco es lo mismo. Para evitar confusiones, los musulmanes y los cristianos deben ser muy concientes de que usan palabras teológicamente similares con diferente significado.

La teoría islámica del dictado presenta problemas. Por todas partes advertimos maneras cuestionables en las que Mahoma parecía realmente volver a escribir el contenido de la revelación. Además, el *Corán* estipula que es la plasmación sin intermediarios de las palabras de Alá, pero estas palabras fueron manifestadas a través del vehículo de Mahoma como escriba humano. La teología islámica reconoce esta dificultad, que es el motivo por el cual hay tanta insistencia en que Mahoma permanezca sin mancha de pecado.

Incluso dada una condición de justicia total, el elemento humano del copiador significa que el error es tan probable de aparecer en una trascripción como en un carácter defectuoso. La trascendencia de Alá en realidad hace entrar una segunda capa de transmisión. El ángel Gabriel dependía de Mahoma y Alá dependía de la fidelidad de Gabriel para completar su tarea. Nadie sugiere que los ángeles no cometan errores, ya que no son divinos. Al final, la cuestión de la veracidad y confiabilidad no se basa en algún elemento humano sino en la soberanía de Dios para cumplir su misión de guiar a los hombres a la verdad a través de su Palabra revelada. La completa trascendencia hace que sea difícil esta soberanía sobre la transmisión.

En un análisis final, si el *Corán* no tiene errores es porque Alá usó su poder para asegurarse que fuera así. Precisamente lo mismo puede decirse de la preservación por Dios de la verdad en la Biblia. La cuestión no es una de dictado completo sino de discernimiento (1 Jn. 3:24–4:6).[10]

Notas

1. Vea Arthur Jeffery, ed., *Materials for the History of the Text of the Qur'an: The Old Codices* [Materiales para la historia del texto del *Corán.* Los antiguos códigos] (Leiden: E. J. Brill, 1937). Todo el texto de esta obra está disponible en http://www.bible.ca/islam/library/Jeffery/Materials. Respuesta islámica breve al trabajo de Jeffery por Abu Ammaar Yasir Qadhi puede hallarse en http://bismikaallahuma.org/Quran/Q_Studies/jeffery.htm.
2. Jameel, "King Solomon and the Queen of Sheba: A comparison Between Targum and Qur'an" [El rey Salomón y la reina de Saba. Una comparación entre el Targum y el *Corán*], http://answering-islam.org/Quran/Sources/sheba.htm (20 de diciembre de 2002).
3. M. H. Haykal, *Life of Muhammad* [La vida de Mahoma] (Plainfield, Ind.: American Trust Publications, 1976), 80.
4. Norman L. Geisler, *Baker Encyclopedia of Christian Apologetics* [Enciclopedia Baker de apologética cristiana] (Grand Rapids: Baker, 1999), *s.v.* "Bible, Jesus' View of".
5. Norman L. Geisler y Ronald M. Brooks, *When Skeptics Ask* [Cuando preguntan los escépticos] (Wheaton: Victor, 1990), 160.
6. Norman L. Geisler y William E. Nix, *From God to Us: How We Got Our Bible* [De Dios a nosotros: Cómo obtuvimos nuestra Biblia] (Chicago: Moody, 1974), 57-61.
7. *Ibíd.*, 60.

8. Citado en Clark Pinnock, *Biblical Revelation* [Revelación bíblica] (Chicago: Moody, 1970), 175-76.
9. W. A. Criswell, *Why I Preach That the Bible Is Literally True* [Por qué predico que la Biblia es literalmente cierta] (Nashville: Broadman & Holman, 1995), 79.
10. Cabe advertir que hay dos ocasiones primarias dentro de la Biblia en las que Dios dictó sus palabras a los creyentes: Éxodo 20 (Diez Mandamientos) y Jeremías 36.

4

Preguntas respecto del Antiguo Testamento

Incluso una lectura superficial del *Corán* demostrará muchas similitudes con el Antiguo Testamento. Es cierto, el *Corán* cambia las historias sustancial y fundamentalmente, como la cuestión de sí el sacrificio de Abraham fue Ismael o Isaac en Génesis 22. Queda claro que la historia del Antiguo Testamento juega un papel muy grande en la formación del *Corán*. Mientras que el musulmán rápidamente establece que los dos documentos difieren porque el Antiguo Testamento fue cambiado por los judíos, esta es una encrucijada donde podemos encontrarnos para el análisis constructivo.

¿El islam tiene un relato de la creación?

El *Corán* no tiene un relato largo de la creación como puede verse en el Antiguo Testamento (Gn. 1—2). En cambio, hay pasajes en el *Corán* que hablan intermitentemente acerca de la sabiduría y la obra de Alá sobre sus criaturas. Sin embargo, la Biblia y el *Corán* parecen tener algunas similitudes cuando se trata de los orígenes del universo. Por ejemplo, el *Corán* explica que los cielos y la tierra fueron creados en seis días (*sura* 7:54; 50:38). Es Dios el que crea y sostiene el universo (*sura* 59:24). Al hombre se le da un lugar especial en el orden de la creación, superior al de toda otra criatura viviente (*sura* 95:4). Cuando Adán y Eva pecan contra Dios en el huerto, reconocen su desnudez (*sura* 7:27).

En una revisión más profunda, el *Corán* tiene cruciales desacuerdos con la Biblia. En primer lugar, puesto que el *Corán* no entra en un detalle meticuloso sobre los seis días de la creación, muchos musulmanes encuentran que hay una forma teística de la evolución darwiniana compatible con su fe. Advierten que el *Corán* no dice que sean seis días literales, ya que: "Un día junto a tu Señor vale por mil años de los vuestros" (*sura* 22:47). Mientras que la descripción detallada de la Biblia sobre la creación (por ejemplo, la tierra antes que el sol) excluye la teoría de la evolución, la vaguedad del *Corán* permite más libertad para aceptar la teoría científica moderna sin un análisis crítico.

En segundo lugar, ya que los musulmanes niegan la deidad de Cristo, también niegan su participación en la creación (Jn. 1:3; He. 1:2). El *Corán* declara: "Para Alá, Jesús es semejante a Adán, a quien creó de tierra y a quien dijo: '¡Sé!' y fue" (*sura* 3:59). Por ese motivo, Jesús es equivalente a Adán, quien también es considerado un profeta en el islam.

Las consecuencias del pecado de Adán contra Dios son muy diferentes en las dos versiones de la historia. El *Corán* explica que Adán fue retirado del paraíso y ubicado en la tierra debido a su pecado (*sura* 7:24). Mientras que la Biblia alerta a Adán de su futuro trabajo duro debido al pecado, el *Corán* afirma que el trabajo y el sudor fueron una parte intrínseca de la creación (*sura* 90:4). Finalmente, en la teología cristiana el pecado y la muerte espiritual son sobre toda la humanidad. La muerte física en sí es el resultado del pecado. En la teología islámica, la muerte es natural e intencional por la voluntad de Alá (*sura* 32:7-11).[1]

¿El islam incluye la caída y la depravación total?

En forma similar a la Biblia, el *Corán* declara que Adán fue la primera persona creada. Por lo tanto, es el padre de todos los seres humanos (*sura* 7:27: "Hijos de Adán"). Irónicamente, a Eva no se la menciona nunca por su nombre en el *Corán*. En Génesis 2:18-25, Dios no solo habla de su creación sino también de su propósito como la perfecta compañera de Adán. Tampoco figura en el *Corán* la creencia de que el hombre es hecho a la imagen de Dios (Gn. 1:26). Este principio es blasfemo para los musulmanes, quienes repudian toda asociación, incluso por la vía de la representación visual, con Alá. La teología islámica acentúa la trascendencia de Alá, no su inmanencia. En el islam, Alá es apartado de su creación. En la Biblia, Dios se muestra a sí mismo cerca de la creación.

El texto clave de la caída de Adán en el *Corán* es el *sura* 2:35-39, que en parte dice: "Dijimos: '¡Adán! ¡Habita con tu esposa en el Jardín y comed de él cuanto y donde queráis. pero no os acerquéis a este árbol! Si no, seréis de los impíos'. Pero el Demonio les hizo caer, perdiéndolo, y les sacó del estado en que estaban. Y dijimos: '¡Descended! Seréis enemigos unos de otros. La tierra será por algún tiempo vuestra morada y lugar de disfrute'. Adán recibió palabras de su Señor y Éste se volvió a él. Él es el Indulgente, el Misericordioso. Dijimos: '¡Descended todos de él! Si. pues, recibís de Mí una dirección, quienes sigan Mi dirección no tendrán que temer y no estarán tristes. Pero quienes no crean y desmientan Nuestros signos, ésos morarán en el Fuego eternamente'". Si bien el *Corán* menciona al huerto, a Satanás, al árbol, a la caída y a su desnudez, hay diferencias esenciales con la narrativa bíblica.

A Satanás, el agente del engaño, se lo retrata sin la figura de una serpiente. Muchos musulmanes no pueden aceptar el hecho de que Alá creara algo capaz de tanto mal. Los cristianos pueden apreciar este objetivo, sin la necesidad de proteger a Dios de la acusación de que Él creó el mal en la serpiente. Los cristianos si están de acuerdo con los musulmanes en que el mal está totalmente separado de la buena creación. Pero cualquiera que sea el motivo, Satanás eligió la forma de la serpiente para engañar a los humanos, y Dios eligió maldecir esa forma en Génesis 3:14 como un recordatorio para la humanidad de la maldad del pecado. La serpiente no era mala. Lo que hizo Satanás con la forma de la serpiente fue malo. Dios sí creó todo lo bueno y no es responsable de causar el mal. Si los musulmanes suponen que Él sería responsable del pecado en la serpiente, entonces Él también sería responsable del pecado al crear a Adán o a Satanás mismo, quien fue creado para ser un ángel santo y sin embargo, instigó la rebelión.

Otra diferencia significativa aparece en la respuesta de Adán y Eva a su pecado. En el relato bíblico, Adán culpa a Eva (Gn. 3:12), mientras que Eva acusa a Satanás (Gn. 3:13) por el pecado que ellos mismos cometieron. En el Corán no hay excusa por el pecado, solo arrepentimiento. Adán ruega: "¡Señor! Hemos sido injustos con nosotros mismos" (sura 7:23). Aunque los musulmanes sostienen que esta es una historia más pura, puesto que Adán y Eva se unen en lugar de culparse uno al otro, no es de este modo en que afecta el pecado a una persona o a una relación. La Biblia presenta una historia realista. Este es el caso a lo largo de la Biblia. Los críticos bíblicos señalan defectos de carácter en las personas cuyas historias se relatan en las Escrituras. En esto, Dios no está honrando el pecado de ellas, sino permitiendo que toda la verdad salga a la luz.

La diferencia central entre los dos relatos se refiere al resultado. En el relato bíblico, hay horribles consecuencias para todos los involucrados. La serpiente es relegada a arrastrarse por el suelo, no por castigo al animal sino como una lección objetiva constante, una analogía sobre la verdadera Serpiente. A Satanás mismo se le promete la destrucción final bajo el talón de un niño Salvador que será descendiente de la mujer. A Eva y sus hijas se les recordará su pérdida en los dolores de parto y los hijos de Adán sobrevivirán solo a través de un arduo trabajo. Puesto que se han convertido en rebeldes corruptos contra Dios, culpables de una traición infinita, son separados de inmediato de Dios. Esto es muerte espiritual, y les seguirá la corrupción física y la muerte para ellos y para las generaciones futuras. No hay tales repercusiones en el Corán. Alá no maldice a la pareja del mismo modo, al parecer porque ellos se arrepienten. De hecho, se supone que la muerte es natural antes de la caída. La humanidad no falló, solo Adán y Eva. Las generaciones futuras son creadas con la opción de hacer el bien o el mal.

¿Todo ser humano nace pecador?

El entendimiento cristiano de la salvación no tiene significado a no ser que cada persona nazca con la naturaleza corrupta y espiritualmente muerta, un estado de depravación radical. La Biblia enseña claramente que cuando Adán cayó, toda la humanidad se vio afectada por las consecuencias. El apóstol Pablo escribió: "Por tanto, como el pecado entró en el mundo por un hombre, y por el pecado la muerte, así la muerte pasó a todos los hombres, por cuanto todos pecaron" (Ro. 5:12). El hombre está manchado con la maldad (Jer.

17:9) y no es ni puede ser lo bastante bueno como para lograr el cielo (Ro. 3:10; 3:23; 6:23). Por ende, la muerte de Jesús en la cruz fue necesaria para pagar el precio que el hombre mismo no podía pagar. De hecho, el hombre está muerto "en... delitos y pecados" (Ef. 2:1). Los cristianos tienen un dicho que dice que "Jesús no murió para hacer de los malos hombres buenos, Jesús murió para que los hombres muertos estén vivos". Jesús es el segundo Adán, borrando todas las ramificaciones impuestas por el primer Adán.

Por otra parte, los musulmanes creen que todos los humanos nacen en un estado puro y natural. Al crecer en inteligencia, cada persona realiza opciones personales que marcan el sendero del destino eterno (sura 53:39). Según el Corán, Alá juzgará a cada persona de acuerdo sí en las "balanzas" pesa más el bien o el mal. La salvación no se basa solamente en la fe sino en una combinación de fe y obras. La naturaleza de todo ser humano es tal que puede obtener el cielo por medio de la misericordia de Alá, aunque mediante sus propios esfuerzos. Por ende, el pecado no pasa intrínsecamente de Adán a sus hijos sino que es voluntario, siendo cada persona responsable de esto.

Para el musulmán, el pecado original hace que Alá peque a través de la creación. Los musulmanes creen que Alá no solo creó sino que sigue creando. El sura 10:4 sostiene: "Él [Alá] inicia la creación y luego la repite, para remunerar con equidad a quienes han creído y obrado bien". Resulta evidente de este versículo que la doctrina de la salvación está entretejida con la doctrina del estado natural de la humanidad. Si Alá sigue creando, no puede crear algo que sea pecaminoso, o su imagen sería manchada.

Los musulmanes creen que el pecado no es imputado porque tanto la creación como la salvación son procesos. En la fe cristiana, la creación y la salvación son completos, si uno solo quiere reconocer a Jesucristo, el que es el Autor y Consumador de la salvación y de la verdadera fe.

¿El Antiguo Testamento ordena la matanza de infieles?

Algunos críticos de la Biblia han intentado equiparar la *yijad* (guerra santa) islámica con guerras ordenadas por Dios en la época de Josué y de los jueces de Israel. En el caso de la toma de Canaán por parte de Josué, Dios sí ordena que se destruyan a grupos enteros de personas (Jos. 6:15-21; 1 S. 15:2-3). En consecuencia, el cristiano que dice que un Dios de amor nunca mataría a alguien es inculto bíblicamente e ignorante del carácter de Dios. Tal sentimiento romántico presupone que los amalecitas (1 S. 15), por ejemplo, no merecían un juicio tan duro. Sin embargo, ese pueblo era tan depravado que la Biblia dice que "la tierra fue contaminada" (Lv. 18:25). Dios tiene el derecho de juzgar a su creación. Dios es el autor de la vida y por ende, tiene el derecho de tomarla como Él desee (Job 1:21). No es más inmoral que Dios exija la destrucción de un pueblo que el hecho de que Él tome la vida naturalmente. Finalmente, es un asunto de autoridad, de la cual Dios no tiene igual.

La primera diferencia entre esto y la *yijad* es que el Antiguo Testamento describe la matanza de pueblos de la antigüedad como un juicio ordenado individualmente por Dios en una situación inusual. La Biblia no prescribe la matanza. El *Corán* indica que la guerra santa no es meramente un hecho histórico sino una realidad del presente (*sura* 4:101). En segundo lugar, los enemigos del Antiguo Testamento tratados sin misericordia eran malos debido a sus actos, no debido a su religión. El *Corán* define la enemistad implacable en términos religiosos (*sura* 5:51; 9:29). En tercer lugar, mediante el nuevo pacto en Jesucristo, a los cristianos se les ordena defender la libertad de culto de los demás (Mt. 13:24-30). El único que tiene el derecho de juzgar a alguien espiritualmente es Dios mismo. Esto es totalmente diferente del *Corán* y el *Jadit*, que convocan al juicio de los incrédulos (*kafir*). El *Jadit* reitera: "Si un musulmán cambia su religión islámica, matadlo" (9:57).

Es lamentable que muchas personas rápidamente señalan a las Cruzadas como evidencia de que los cristianos medievales seguían encargándose de matar mil años después de la vida de Cristo. Esto es cierto, no porque su matanza fuera apoyada por la Biblia sino porque adoptaban la teología islámica como propia. Por ejemplo, tan temprano como en el año 833, los papas comenzaron a prometerles a los guerreros cristianos que obtendrían el cielo si morían en combate. Tal promesa no tiene apoyo en las Escrituras, pero sí tiene el respaldo en el *Corán* y en el *Jadit* (1:35). La confusión era lógica. Las líneas de separación se habían perdido entre el gobierno, que tiene el derecho de blandir la espada en los asuntos civiles (Ro. 13:1-4) y el cristiano, que solo tiene la espada de las Escrituras para los asuntos espirituales (Ef. 6). Para el musulmán, no hay distinción entre estas dos espadas.

¿Adán, Noé, Abraham y Moisés fueron profetas del islam?

El islam cree que Alá ha enviado a un profeta para cada pueblo para que los advierta del juicio y los guíe a Alá. Por lo tanto, no debe sorprendernos que los musulmanes tengan decenas de miles de profetas. De estos, solo se mencionan veinticinco en el *Corán*. Aún así, hay algunos profetas que el islam honra con gran respeto: Adán (el elegido de Alá), Noé (el predicador de Alá), Abraham (el amigo de Alá), Moisés (el que habla con Alá), Jesús (la palabra de Alá), y Mahoma (el apóstol de Alá). Adán, creado a partir de arcilla directamente por la mano de Alá, es el primer profeta del mundo y es tan considerado que Alá ordena a los ángeles que adoren a Adán (*sura* 2:34).

Se dice que el carácter de estos profetas es del mayor calibre. Son confiables, honorables y valientes. Una vez que el profeta ha llegado con su mensaje, la gente es completamente responsable de su conducta y debe responder ante Alá. Si bien los nombres se corresponden con nombres bíblicos, muchas de las historias han cambiado. Por ejemplo, mientras que en la Biblia se dice que la esposa de Noé estaba a salvo en el arca, el *Corán* sostiene que la esposa de Noé traicionó a su esposo y se fue al infierno (*sura* 66:10). Muchos profetas tienen experiencias únicas no permitidas fuera de su dispensación. Se dice que Moisés habló directamente con Dios, lo que contradice el *Corán* en forma directa (*sura* 42:51). Ni siquiera Mahoma tuvo una conversación de este tipo.

Estos profetas difieren de manera sustancial con los de la Biblia. Primero, la Biblia no disimula los pecados de los profetas. Dentro del islam, se requiere de los profetas que sean libres de pecado, mientras que la Biblia retrata a los profetas como portavoces de

Dios, pero aún seres humanos falibles y caídos. De hecho, Abraham admite su pecado en el *Corán* (*sura* 26:82), mientras que el *Jadit* narra tres mentiras específicas contadas por Abraham (Sahih al-Bukhan *Jadit* 4.578). De acuerdo con la teología islámica, entonces Abraham pudo no haber sido un profeta del islam. Segundo, los musulmanes creen que un profeta nunca será abandonado por Alá. Este es otro motivo por el cual los musulmanes rechazan la crucifixión de Jesús, ya que Él clamó: "¡Dios mío! ¡Dios mío!, ¿por qué me has desamparado?" (Mt. 27:46b).

Irónicamente, si bien el islam sostiene reverenciar a estos hombres como profetas, la teología islámica declara que su manto profético fue distorsionado por los mismos hombres a los que los profetas fueron enviados como mensajeros. Según la teología del islam, si bien escribieron en forma voluminosa, la mayor parte de sus mensajes se han perdido ahora salvo por lo que Mahoma supuestamente preservó. A la inversa, los cristianos siguen reverenciando las palabras de Moisés y de los profetas de la Biblia, creyendo que fueron dadas por Dios y que aún son fructíferas para instrucción y guía.

¿Ismael fue un profeta del islam?

Puesto que a Abraham se le considera el padre de la fe islámica (*sura* 2:130), la cuestión de sus hijos y su herencia cobra una importancia especial. Pero antes de considerar el linaje de Ismael, el estudioso debe analizar el carácter de Ismael y las promesas que Dios le hizo. El *Corán* afirma que Ismael: "Fue cumplidor de su promesa. Fue enviado, profeta" (*sura* 19:54). La Biblia también muestra gran estima por Ismael, afirmando: "le haré fructificar y multiplicar mucho en gran manera" (Gn. 17:20b). Sin embargo, estas bendiciones para Ismael no son prometidas sin reserva. La Biblia reconoce que Ismael "será hombre fiero; su mano será contra todos, y la mano de todos contra él" (Gn. 16:12a). Si esto es cierto, entonces no puede ser un profeta del islam.

Asimismo, el *Corán* se aparta mucho de las historias bíblicas sobre la importancia de Ismael. El islam afirma que fue Ismael, no Isaac, el que fue sacrificado por Abraham (*sura* 37:103). Además, el sacrificio no es una tipología del sacrificio expiatorio de Cristo en la cruz, sino meramente un gesto simbólico en el que dos hombres están dispuestos a dar sus vidas por Alá. Finalmente, este acto al parecer se llevó a cabo en el Monte Mina cerca de La Meca y no en el Monte Moriah en lo que sería luego Jerusalén.

Por lo tanto, de acuerdo con el islam, Ismael es el hijo perfecto y un noble profeta. Además, los musulmanes intentan señalar que la Biblia, si bien está corrompida, admite que Ismael era el sacrificio deseado cuando dice: "Toma ahora a tu hijo, tu único, Isaac" (Gn. 22:2) Lo que dejan de considerar los musulmanes es el contexto del pasaje. Primero, el término "único" puede ser una referencia a tu hijo "amado" (Jn. 1:18; 3:16). Segundo, el versículo es una afirmación de la herencia con intención de dársela a Isaac, el heredero legítimo de Abraham, y no a Ismael, nacido de una concubina que por ende, no tenía derecho a las promesas de Dios. Resulta claro que Isaac es el único que Dios deseaba bendecir (Gn. 21:12).

Respecto de la cuestión de equiparar amado con único, Norman Geisler escribe: "Además, la frase 'único hijo' puede equivaler a 'hijo amado' (cp. Jn. 1:18; 3:16), es decir, un hijo especial. Dios le dijo claramente a Abraham: 'En Isaac te será llamada descendencia' ".[2]

¿Los musulmanes son los hijos de Ismael?

Los musulmanes centran sus ancestros en el linaje de Ismael, lo cual es esencial para la teología y la política islámicas. Según el *Corán*, Ismael es el hijo mayor por catorce años y por lo tanto merece toda la tierra de Abraham, inclusive la de Tierra Santa. Los judíos, descendientes de Isaac, solo serían bendecidos si siguieran la voluntad de Alá (*sura* 37:113). No obstante, los musulmanes creen que los judíos no tienen un pacto incondicional con Dios fuera de Ismael, quien es el heredero con derecho a las promesas de Dios.

Si bien es cierto que los descendientes de Ismael se radicaron en el Oriente Medio y Arabia, es incorrecto decir que él es el progenitor del islam en Arabia. No hay evidencia de que Ismael se haya establecido cerca de La Meca como lo estipula la tradición musulmana. En cambio, la Biblia confirma que Ismael se casó con una mujer egipcia y se radicó en el desierto de Paran (Gn. 21:21).

En segundo lugar, los descendientes de Ismael no son los ancestros exclusivos de los árabes. La Biblia traza las líneas ancestrales de los árabes hasta Joctán (Gn. 10:25-30). Los nombres que se hallan en esta genealogía tienen sus contrapartes contemporáneas hoy día en Arabia. Los árabes son entonces más antiguos que Ismael y no exclusivamente del linaje de Ismael. Anis Shorrosh explica que una cadena puede establecerse desde el sobrino de Abraham, Lot, cuyas dos hijas dieron nacimiento a los moabitas y a los amonitas (vea Gn. 24). El hermano gemelo de Jacob, Esaú, fue otro padre, de acuerdo con Génesis 36. La tercera esposa de Abraham dio a luz a seis hijos, que se convirtieron en los patriarcas tribales árabes.[3]

Finalmente, no se puede suponer que ser árabe sea equivalente a ser musulmán. Más del cinco por ciento del mundo árabe sostiene que su religión es el cristianismo. El gran salto de la teología islámica es suponer que Ismael era musulmán y por lo tanto los musulmanes tienen derecho sobre la Tierra Santa por medio de su padre espiritual. Por el contrario, la Biblia afirma que Isaac es el hijo de la promesa al que se le da derecho de tierra mediante un pacto incondicional con Jehová (Gn. 17:18-19).

¿El primogénito merecía la herencia de la tierra?

Los musulmanes son rápidos para señalar que la Biblia defiende el derecho del primogénito a la herencia (Gn. 38:27-28; Dt. 21:17). La simple conclusión entonces debe ser que Ismael, nacido catorce años antes que Isaac, tiene derecho a las promesas y a la herencia de Abraham. Espiritualmente, Mahoma se convierte en el profeta prometido que sucederá a Moisés (Dt. 18:15-20). Además, él será la bendición a las naciones a través de Abraham (Gn. 12). Físicamente, los musulmanes tienen derecho sobre la tierra de Abraham, a la que popularmente llaman Palestina. El derecho de Israel se subordina al del musulmán, así como los derechos de Isaac se subordinaron a los de la herencia de Ismael.

Sin embargo, hay varias dificultades con las simples conclusiones a las que arribaron los musulmanes. En primer lugar, suponen que Isaac es un profeta del islam y no del judaísmo (*sura* 6:84). En segundo lugar, el *Corán* ubica a Isaac entre los otros hijos de Abraham y no como el hijo de la promesa como lo confirma la Biblia (*sura*

21:72). De hecho, el *Corán* sitúa a Ismael, debido a su obediencia a Alá, en una línea separada de los otros hijos de Abraham (*sura* 21:85). En tercer lugar, los musulmanes consideran las bendiciones del pacto abrahámico como condicionales, basadas en la obediencia, y no como incondicionales, basadas en las promesas de Dios (v. 12). Como explica Yusuf 'Ali en su comentario del *Corán*: "La constancia y la sumisión firmes de Ismael a la voluntad de Alá se demostraron especialmente cuando *se ganó* el titulo de 'Sacrificio de Alá' ".[4]

No obstante, un análisis de los pasajes bíblicos demuestra las dudas teológicas de Mahoma. Primero, el primogénito no tiene derechos inequívocos sobre la herencia. Esto se ve cuando Isaac bendice a Jacob por Esaú (Gn. 27:28). Segundo, Isaac es legítimamente el primogénito de la familia ya que Agar era solo la sierva de Abraham (21:10). De hecho, Isaac es el hijo de la promesa, una promesa que Dios le otorgó a él sin reservas (v. 12). Tercero, Ismael recibió su pacto de Dios, que era diferente del prometido a Isaac. Jehová, honrando la compasión de Abraham por su hijo Ismael, declaró que haría "una gran nación" a través de Ismael (v. 18). Por último, este pacto con Isaac es incondicional y eterno (cap. 17). Jehová nunca ha dejado de amar a los judíos y aún tiene un plan para ellos. El libro de Apocalipsis promete que un día verán a Cristo tal como realmente Él es (Ap. 7). Al final, este pacto se cumple en Jesucristo, el Hijo de Dios y Salvador del mundo (Gá. 3:15-18).

¿Por qué Israel fue escogido como "el pueblo de Dios"?

Muchos hoy día no creen que los judíos puedan en sentido alguno ser considerados como el pueblo escogido de Dios. Hay una fuerte reacción en contra de dicha declaración en gran parte de Estados Unidos, Europa y el Oriente Medio. Pero la Biblia claramente destaca una posición de honor especial para los judíos en el plan de Dios. En el Salmo 135:4 dice: "Porque JAH ha escogido a Jacob para sí, a Israel por posesión suya". En Deuteronomio 7:6, Moisés dice aún más firmemente: "Porque tú eres pueblo santo para Jehová tu Dios; Jehová tu Dios te ha escogido para serle un pueblo especial, más que todos los pueblos que están sobre la tierra".

Históricamente, los judíos han sido tratados con dureza por líderes tanto del islam como del cristianismo. Incluso el reformador protestante Martín Lutero parecía tener un odio amargo por los judíos, llamándolos "bestias que deberían ser encerrados como a los perros locos".[5] Lutero, por lo menos, no simulaba obtener sanciones por su racismo en la Biblia. El islam, por otra parte, siente un odio basado en el texto sagrado del *sura* 5:51. Y si bien los judíos a veces han sido tolerados dentro de imperios islámicos, siempre son ciudadanos de segunda clase que no tienen los mismos derechos que los musulmanes (vea el Pacto de Umar).[6] Los musulmanes suelen sentir animosidad hacia los judíos, en especial los musulmanes que están vinculados estrechamente a la situación palestina.

Por contraste, los cristianos evangélicos suelen ser hoy día quienes más respaldan a Israel. El odio ocasionado por una mala interpretación bíblica ha sido reemplazado por el reconocimiento de que Dios sí eligió a Israel como su pueblo especial. Israel está especialmente posicionado en el linaje de Abraham e Isaac (Dt. 10:15; Is. 41:8). Las promesas de Dios a los judíos no son temporales sino eternas (2 Cr. 20:7). Esas promesas no son solo espirituales sino físicas, incluso de la tierra de Israel actual (Gn. 15:18; 24:6; 28:1). Dios declaró que el evangelio de Jesucristo vendría a través de los judíos (Ro. 1:16). Los cristianos están injertados en la vid de Israel, si bien Israel aún tiene una posición diferente respecto de los propósitos finales de Dios (Gá. 3:29). Finalmente, Dios atraerá para sí al pueblo judío como lo prometió. De hecho, el apóstol Pablo escribió mucho sobre su apasionado deseo de que sus compañeros judíos aceptaran al Mesías, Jesucristo, y se volvieran a Él para salvación (Ro. 9—11).

Por lo tanto, puesto que Dios no se ha dado por vencido con los judíos a pesar de su desobediencia (2 R. 17:9), el cristiano debe seguir los mandamientos de la Palabra de Dios respecto de los judíos como el pueblo escogido de Dios.

¿Dios se ha dado por vencido con el pueblo judío debido a su desobediencia?

Estrechamente entrelazada con la pregunta anterior, esta tiene una relevancia especial en el dominio de la teología cristiana tanto históricamente así como también actual. Muchos cristianos, del pasado y del presente, creen que Dios se ha dado por vencido con los judíos debido a su desobediencia y por lo tanto, transfirió las promesas de Israel a la iglesia actual. La línea de razonamiento es la siguiente:

1. Los judíos fueron elegidos para ser el pueblo de Dios de acuerdo con el Antiguo Testamento.
2. Los judíos se volvieron desobedientes hasta el punto en que no reconocieron el cumplimiento de la profecía mesiánica en la persona de Jesucristo.
3. Los judíos, por su rebelión, han abandonado las promesas dadas a ellos por Dios.
4. Dios reemplazó a Israel por la "Israel espiritual", conocido como la iglesia.
5. Todas las promesas dadas a Israel ahora pertenecen a la iglesia.

Existen falacias dentro de ese sistema de creencias. Primero, históricamente, la iglesia solo adoptó tal posición cuando descartó una interpretación literal de la Biblia por una interpretación alegórica. El gran peligro de dicha interpretación es que supone hablar por Dios. También supone que Dios no quiso decir lo que dijo y por lo tanto, se tiene que explicar lo que Él quiso decir.

Segundo, la iglesia es diferente de Israel en diversas facetas. La iglesia por definición no es una unidad política teocrática bendecida por Dios con tierra sino un organismo espiritual viviente basado en la muerte, sepultura y resurrección de Cristo que está llamada a testificar del evangelio al mundo mediante la Palabra predicada. Además, la iglesia no existe debido a la rebelión hebrea como un reemplazo del judaísmo, sino que existe como el cumplimiento de la profecía de Jesús (Mt. 16:18-19). Asimismo, el advenimiento de Jesucristo es primero al judío y luego al gentil. Los judíos están intrínsecamente involucrados en su plan de salvación. Pablo mismo consideró el asunto del rechazo de sus congéneres al evangelio, que estaba dirigido a ellos (Ro. 9:3-5). Es más, el libro de Apocalipsis no puede ser entendido de manera adecuada sin la distinción entre Israel y la iglesia. Dios promete que el pueblo de Israel regresará a Él y los nombra por sus tribus (Ap. 7).

Por último, los cristianos están injertados en Israel, siendo considerados judíos espirituales. En Romanos 11:17, Pablo aclara: "tú [no judío], siendo olivo silvestre, has sido injertado en lugar de ellas, y has sido hecho participante de la raíz y de la rica savia del olivo". Dicho simplemente, los gentiles (las ramas silvestres) son socios de las promesas con las ramas nativas (los judíos), no usurpadores de sus promesas.

¿Se encuentran los palestinos en el Antiguo Testamento?

La creencia de que los palestinos de hoy día son los filisteos del Antiguo Testamento se basa en una presuposición y no en documentación histórica. Al inicio del siglo XIII a.C., "pueblos del mar" de la región Egea navegaron hacia el Cercano Oriente. Una de estas tribus, los filisteos, se radicaron en la costa sudoeste de Canaán, conocida hoy día como la Franja de Gaza. Los filisteos conquistaron gran parte de Canaán y fueron muy exitosos en la eliminación del pueblo hebreo (ca. 1080 a.C.) En su tiempo, el rey David retiró la amenaza de los filisteos (2 S. 5:17-25). Casi los filisteos desaparecieron de la escena e incluso el recuerdo de ellos se borró salvo por la literatura bíblica.

¿Los palestinos modernos son descendientes directos de los antiguos filisteos? Si ese fuera el caso, los palestinos tienen cierto reclamo de "Palestina". Hay dificultades históricas y teológicas con la relación filistea. Históricamente, nunca hubo un estado independiente de Palestina y una sucesión de fuerzas de ocupación hizo retirarse a los pueblos, empezando por los asirios en el 722 a.C. Esto está además respaldado por evidencias arqueológicas de artefactos tan tempranos como el año 1200 a.C. que desaparecen casi quinientos años más tarde.[7]

En reacción a la revuelta judía de Bar Cojba en el año 133 d.C. y alentado por sus propios deseos antisemitas de eliminar la cultura y la influencia judía, el Imperio Romano decidió designar a Judea (Israel) como Palestina en el 135. Parece que los romanos aplicaron el nombre Palestina a la tierra y sus habitantes judíos como escarnio en contra del deseo judío de regresar a su propio gobierno de Israel.

Cuando cayó el Imperio Romano, la región de Israel fue conquistada por los persas (614-29) y por los árabes (638-1077). En el año 1077, poco antes del inicio de las Cruzadas, los *seljuks* capturaron el territorio. Luego de un breve período de dominio árabe (1187-1244), los turcos tomaron el control de la tierra y lo mantuvieron hasta fines de la Primera Guerra Mundial. Por lo tanto, no existe un argumento válido para un Estado Palestino de acuerdo con la historia de la tierra.

La religión filistea del Antiguo Testamento también era radicalmente diferente de la fe islámica. Los filisteos sacrificaban animales al dios cananita Dagón (Jue. 16:23). La antigua herencia está inmersa en la idolatría, uno de los mayores pecados que Alá detesta. Los filisteos eran conocidos por su adoración politeísta, la antítesis de lo que Mahoma deseaba en cuanto a adoración (1 Cr. 10:7-10).

¿Es Mahoma el profeta de Deuteronomio 18?

Los musulmanes sostienen que Mahoma debe ser el profeta mencionado en Deuteronomio 18:18-19 por varias razones. Una es que la frase "como tú" significa que vendría un profeta como Moisés, y Mahoma encaja en la descripción. Otra es que la frase "de en medio de sus hermanos" debe referirse al hermano de Isaac, Ismael, de quien Mahoma era el único gran profeta por venir.

Los musulmanes niegan que Jesús pudiera cumplir con estos versículos puesto que los rasgos de su carácter no eran los de Moisés. Un comentarista musulmán sostuvo que las analogías entre Moisés y Jesús corresponden al "nacimiento natural, la vida familiar y la muerte de Moisés".[8]

Sin embargo, un estudio cuidadoso del texto de Deuteronomio no apoya los argumentos de que Moisés se refería a Mahoma.

"Como tú" no se está refiriendo a la situación de vida del profeta, sino a la exigencia específica de que se desempeñara como un auténtico profeta. Moisés deja muy en claro que un falso profeta se define no por la familia o la muerte sino por las palabras que pronuncia y el Dios al que sirve (Dt. 13:1-6).

Un verdadero profeta pronuncia oráculos de verdad absoluta y señala al único Dios verdadero. La Biblia incluye a profetas como Isaías y Miqueas quienes hablaron del Mesías que vendría (Is. 7:14; 9:6; Mi. 3:1; 5:2). La validación de "como Moisés" también se explica en los versículos finales de Deuteronomio 18. La predicción de un profeta debe cumplirse (v. 22) para verificar su autenticidad como un profeta de Dios. No solo las palabras de Jesús validan su calidad de profeta, sino que otros profetas sustancian su carácter como el Hijo de Dios y Salvador. Isaías profetizó siete siglos antes de Cristo que el Mesías nacería de una virgen (Is. 7:14), sería rechazado por los judíos (53:3) y sacrificado como expiación por el mundo (vv. 5, 12). Solo con este fundamento, Jesús no tiene igual. Por otra parte, Mahoma no encaja y no proporciona profecías para demostrar su propia autenticidad como profeta.

Finalmente, "como tú" se refiere a los poderosos milagros que autentificaron el cargo profético de Moisés. Deuteronomio 34:10-11 declara: "Y nunca más se levantó profeta en Israel como Moisés... nadie como él en todas las señales y prodigios que Jehová le envió a hacer..." Mahoma nunca reclamó el haber realizado milagros, mientras que Jesús obró innumerables milagros para autentificar su calidad de profeta. El *Corán* mismo, en el *sura* 28:48, traza una diferencia entre Moisés y Mahoma al declarar: "Pero, ahora que la Verdad ha venido a ellos de parte Nuestra, dicen: '¿Por qué no se le ha dado lo mismo que se dio a Moisés?'"

La otra parte del argumento también es incorrecta. La frase "de en medio de" está dirigida al pueblo escogido de Dios, Israel. La frase en cuestión hace referencia a otros israelitas. Así es como se utiliza en otros pasajes (Dt. 17:14-15). Puesto que se piensa en los israelitas, el gentil Mahoma está descalificado. Jesús de la tribu de Judá cumple con este requisito (Mt. 1:3; Lc. 3:33).

¿Por qué los judíos ortodoxos desean con tanta pasión un templo?

El conflicto por la tierra israelí-palestino no es meramente una discusión política sobre encontrar un lugar para que los palestinos lo llamen su tierra. Parte de la controversia por la tierra es una pelea teológica por la titularidad de la propiedad sagrada. Ningún trozo de tierra es tan controvertido como la cima del Monte Moriah, que judíos y cristianos llaman el "Monte del Templo". Es el tercer sitio más honrado entre los musulmanes, y se piensa que la Cúpula de la Roca cubre todo o parte del sitio del templo judío. Los musulmanes reverencian este lugar ya que hasta allí es donde supuestamente Mahoma fue transportado por Gabriel y una criatura como un caballo de La Meca a Jerusalén. Allí se encontraron con Abraham, Moisés, Jesús y otros profetas. Luego de conducir a los profetas en oración, ascendió al cielo más alto donde Alá le dio instrucciones a él y a sus seguidores (*sura* 17:1).

Si bien la Cúpula se construyó sesenta años después de la muerte de Mahoma (691), el primer templo fue erigido por Salomón más de seiscientos años antes (957 a.C.) como señal de la elección de Israel por Dios (Dt. 12:5) y de la unidad del pueblo de Dios (Nm. 1—10). El templo le daba al pueblo judío un lugar para los sacrificios más importantes que cubrirían sus pecados (Lv. 16). Era un recordatorio para el judío de la santidad, ira, gloria y bendición de Dios.

Por este motivo, muchos judíos desean ver la reconstrucción del templo hoy día. De hecho, el primer templo construido por Salomón fue destruido por los babilonios en el 587 a.C., solo para ser reconstruido setenta años más tarde. Este segundo templo fue destruido por los romanos en el año 70 d.C. luego de reprimir una revuelta judía. Como advirtió un teólogo: "La reconstrucción es una señal indispensable de que la voluntad de Dios continúa bendiciendo a Israel (Hag. 2:18-19, Zac. 4:9-10)".[9] Los judíos ortodoxos ansían que llegue el día en que ocurran las expectativas bíblicas y llegue el Mesías y gobierne desde su templo (Is. 2:1-5; Ez. 37:27). Para ser claros, el templo es la pieza central en la teología de los judíos ortodoxos que completaría el rompecabezas de la restauración final del pueblo hebreo. Durante casi dos milenios, los judíos han estado errantes por todo el mundo lejos de su patria. En ese tiempo, fueron perseguidos, torturados, esclavizados y asesinados. Ahora, cuando los judíos están volviendo a su patria por millones, muchos saben que la tierra no es más que una parte del cuadro que no puede completarse sin la restauración del templo, simbólico de la santidad de Dios y de la unidad de su pueblo escogido.

Notas

1. Para mayores detalles, vea David Catchpoole, "The Koran vs. Genesis", [El *Corán* en contraposición a Génesis] *Creation* 24.2 (marzo-mayo 2002): 46-51.
2. Norman Geisler y Thomas Howe, *When Critics Ask* [Cuando los críticos preguntan] (Grand Rapids: Baker, 1992), 52.
3. Anis Shorrosh, *Islam Revealed* [El islam revelado] (Nashville: Broadman, 1988).
4. Abdullah Yusuf 'Ali, *The Meaning of the Holy Qur'an* [El significado del sagrado *Corán*] (Brentwood, Md.: Amana, 1992), 813. Cursivas añadidas.
5. David B. Loughran, "Israel, The Chosen of God" [Israel, el escogido de Dios], http://www.atschool.eduweb.co.uk/sbs777/snotes/note0812.html (12 de diciembre de 2002).
6. El Pacto de Umar fue un tratado del siglo VII entre el comandante musulmán Umar y los cristianos en la sometida Siria. El pacto prometía tolerancia y protección para los no musulmanes a cambio de un estricto código de conducta. Los cristianos permanecerían tranquilos, no repararían sus templos, cumplirían con las ordenanzas de dietas y de moral musulmanas y otras reglas.
7. "Biblical Gath Excavations Reveal Philistine History" [Excavaciones bíblicas de Gath revelan la historia filistea], http://www.bridgesforpeace.com/publications/dispatch/archaeology/Article-8.html (12 de diciembre de 2002).
8. I. A. Abu-Harb, *A Brief Illustrated Guide to Understanding Islam* [Una breve guía ilustrada para comprender el islam] (Houston: Darussalam, 2002), http://www.islam-guide.com/ch1-3.htm (12 de diciembre de 2002). El otro punto mencionado se usa dentro del mismo capítulo del libro de Abu-Harb.
9. S. F. Noll, "Tabernacle, Temple", [Tabernáculo, templo], *Evangelical Dictionary of Theology* [Diccionario evangélico de teología], ed. Walter A. Elwell (Grand Rapids: Baker, 1984), 1068.

5

Preguntas respecto del Nuevo Testamento

¿Los musulmanes creen en el Nuevo Testamento como una revelación previa de Alá? ¿Creen que los discípulos corrompieron los manuscritos originales? Con frecuencia, los cristianos comenzarán una presentación del evangelio citando una de las epístolas, Gálatas por ejemplo, solo para ver que el musulmán descarta esa parte del Nuevo Testamento como corrompida e irrelevante. Los cristianos pueden llegar a sentirse frustrados al descubrir que sus referencias favoritas a las Escrituras son rechazadas de plano. Creemos que un testigo cristiano debe entender este problema desde el comienzo y basarse en el *Corán* y en secciones de la Biblia tales como los *Injil* (Evangelios) que encuentran cierta aceptación.

Como Pablo en el Aerópago (Hch. 17), podemos ubicarnos inicialmente en el marco de referencia del incrédulo y proclamar a Cristo.

¿Cómo considera el islam al Nuevo Testamento?

Los musulmanes usan gran parte de los argumentos que emplean otros grupos religiosos que se han agregado a la Biblia. Primero, intentan demostrar la corrupción de las Escrituras a través de malas traducciones o supuestas contradicciones. Segundo, explican que la autoridad de la Biblia se basa en otro texto sagrado escrito cientos de años después del Nuevo Testamento. Tercero, suponen que la revelación más nueva es la autoridad final y que reemplaza a la Biblia. Cuarto, seleccionan textos bíblicos que pueden encajar en sus propósitos teológicos.

Acerca del tema de la corrupción, los musulmanes señalan que determinados versículos han sido agregados (1 Jn. 5:7-8) o eliminados (Mr. 16:9-20) de los manuscritos originales. Irónicamente, su argumento se basa en el hecho de que se han preservado miles de copias y que se las puede comparar a efectos de variación. Solo se han preservado unas pocas copias tempranas del *Corán* puesto que las lecturas variantes fueron destruidas por el tercer califa, Uthman. Si bien el cristiano tiene la capacidad de verificar qué texto es correcto mediante la evidencia de los manuscritos, el musulmán se queda con sus propias presunciones ya que Uthman no estaba dispuesto a permitir la verificación del texto a través de la preservación de copias diferentes.

Por lo tanto, el cristiano observa los pocos versículos en cuestión con la confianza de que la Biblia es el libro mejor preservado que se ha escrito. Si bien relativamente pocos versículos son debatidos por eruditos en cuanto a su autenticidad, ninguno de estos debates afectan algún tema importante de doctrina. La evidencia arqueológica continúa confirmando más de los detalles históricos mencionados. Además, incluso manuscritos anteriores, tales como el papiro John Rylands, se descubrieron durante el siglo XX. Este fragmento de Juan 18 puede ser de aproximadamente el año 130 d.C. y confirma la precisión de nuestros textos griegos modernos. Los cristianos pueden tener una confianza absoluta en la precisión de su texto sagrado.

Algunas de las dificultades del texto se deben a fallas de algún traductor a lo largo del camino, cuyo error tuvo que ser corregido más tarde. Ese es el caso con 1 Juan 5:7-8. que fue aceptado como confiable por los traductores de la Reina-Valera, aunque no se puedo encontrar en algún manuscrito anterior, ni es citado por ninguno de los padres griegos de la iglesia. Por otra parte, el texto cuestionado de Juan 7:53—8:11 cuenta con la verificación de los primeros manuscritos y de la evidencia histórica respecto a su autenticidad. Por ende, este no es problema de la Biblia, sino de una de sus traducciones. Jesús y los apóstoles prometieron la preservación de la Biblia, no de cada traducción que saliera.

Luego de que los musulmanes intentan demostrar la falibilidad de la Biblia, sostienen que el *Corán* fue enviado de Dios y ha sido preservado por completo. Hay una incoherencia lógica dentro de este argumento. El musulmán cree que la Torá, los cinco primeros libros de la Biblia escritos por Moisés, y los Salmos de David fueron inspirados para el pueblo judío. Sin embargo, los judíos corrompieron el texto de su significado verdadero. Luego los cristianos recibieron el evangelio de Jesús, que también fue corrompido con el transcurso del tiempo. Finalmente, a los musulmanes les fue dado el *Corán*, que sería protegido de la corrupción (*sura* 15:9). ¿Cómo puede confiar una persona en que Dios protegerá el *Corán* de la corrupción cuando mensajes anteriores de Dios a través de los profetas fueron manchados y se perdieron? Además, ¿cómo tiene un hombre mortal y finito el poder de destruir las palabras del Dios Todopoderoso, omnipotente y omnisciente? Dios debe haber tenido la intención de corromper el manuscrito o bien Él era menos que Dios.

El tercer argumento de los musulmanes, que la revelación más nueva sustituye a la revelación más antigua, parece seguir la visión bastante pobre de la verdad de que está condicionada temporal y culturalmente. En algún punto, en ese caso, el *Corán* ya no será auténtico. Suponiendo que Dios trasciende su creación y que Él revela lo que es verdadero, es ilógico afirmar que una verdad revelada es mejor que otra por el último pensamiento de Dios sobre el tema. Los musulmanes y los cristianos pueden estar de acuerdo filosóficamente en que la revelación más nueva puede agregar claridad a revelaciones anteriores o ampliarlas, pero no puede contradecir lo que vino antes.

Los cristianos ortodoxos no aceptan que ha habido alguna revelación nueva desde que se escribió el Nuevo Testamento, pero si Dios enviara una nueva revelación, no podría contradecir la revelación auténtica más antigua. Este es exactamente el argumento que Jesús usa en Mateo 5:17-18. Él no destruyó la base del Antiguo Testamento, sino que Él fue su cumplimiento. En consecuencia, los cristianos comprenden que el Antiguo Testamento es totalmente compatible y coherente con el Nuevo Testamento. De hecho, un Dios inmutable no puede tener una Palabra que cambie siempre.

Después de desacreditar su valor, los musulmanes aún intentan utilizar el Antiguo Testamento para promover una discusión teológica. Esta en sí es una práctica cuestionable. Los musulmanes consideran a la Biblia como solo otro documento histórico que puede usarse, pero en el que no se puede confiar. Irónicamente, no queda claro que Mahoma haya tenido la misma baja estima por la Biblia, a la que describió como "de tu Señor, la Verdad" (*sura* 10:94).

¿Los cuatro Evangelios se contradicen entre sí?

Los cuatro Evangelios, que registran la vida, muerte y resurrección de Jesucristo, presentan a los musulmanes los principales problemas concernientes a las Escrituras cristianas. Aquí hay doctrinas tan ofensivas como la encarnación y la deidad de Cristo y el sacrificio expiatorio de Cristo por el mundo. Las doctrinas de la salvación por gracia a través de la fe y el oficio de Cristo como juez crean más complicaciones, ya que son antítesis de las enseñanzas de Mahoma halladas en el *Corán*.

Por estas razones, los musulmanes no creen que los cuatro Evangelios contengan el evangelio auténtico (*Injil*) dado por Jesucristo. Según afirman, todos menos algunos pocos fragmentos del evangelio original se han perdido. Un comentarista musulmán explicó: "Fragmentos de él sobreviven en los Evangelios canónicos recibidos y en algunos otros, sobreviven rastros (p. ej.: El Evangelio de la niñez o la natividad, el Evangelio de San Bernabé)".[1]

El argumento musulmán para los Evangelios del Nuevo Testamento puede resumirse como sigue:

1. Jesús escribió el evangelio (*Injil*), que fue unificado y solo en un volumen.
2. Así como el mensaje de Moisés se corrompió, lo mismo sucedió con el mensaje de Jesús, el mensajero y profeta de Dios.
3. Los cuatro Evangelios de hoy día son un invento de la iglesia, y solo contienen una mínima parte del verdadero evangelio.

4. Puesto que los cuatro Evangelios son creación de los cristianos, deben considerarse también otros evangelios como igualmente válidos al contar la verdadera vida de Cristo.

Los musulmanes sostienen que los cuatro Evangelios no fueron escritos hasta el siglo II y que ciertos cristianos aceptaron otros evangelios. Los musulmanes señalan las difundidas controversias sobre contenido y autoría en la comunidad cristiana. Evidentemente, los musulmanes se basan mucho en las opiniones de los teólogos modernos, que usan algunos enfoques histórico-críticos radicales en el estudio de las Escrituras, como fuentes de documentación. Estos críticos de la Biblia también son críticos de la religión en general y se aferran a muchas creencias no consideradas válidas por los musulmanes, incluso el rechazo de lo sobrenatural y el juicio. Estos citados suelen ser los liberales clásicos más antiguos de fines del siglo XIX.

La mayoría de las teorías liberales antiguas han demostrado ser falsas mediante los descubrimientos arqueológicos. Por ejemplo, una porción de Juan 18 ha sobrevivido en el papiro griego 457 de John Ryland, demostrando que los evangelios se copiaron dentro de los cuarenta años de la fecha históricamente aceptada por su composición cerca de fines del siglo I. La gran mayoría de la iglesia sí aceptó los mismos libros en la Biblia. Afirmar que unos pocos grupos negaron partes de la Biblia no sustancia el argumento. Esos mismos grupos son reconocidos por otros errores teológicos.

Hubo desacuerdos en la iglesia primitiva acerca de la autenticidad de unos pocos escritos del Nuevo Testamento, pero los Evangelios en sí nunca fueron los libros en cuestión. Los primeros padres de la iglesia como Clemente de Roma (30–100) e Ignacio de Antioquía (quien murió en el 107) citaron con frecuencia de los Evangelios. Los herejes de la iglesia, como Marción (quien murió cerca del 160), fueron expulsados por negar la veracidad de los Evangelios.

Es fácil ver por qué los musulmanes se centran en el Evangelio de Bernabé como el evangelio más auténtico y el único que fue escrito por un verdadero discípulo de Jesús. De acuerdo con este evangelio apócrifo, Jesús no murió en la cruz, sino que Judas

Iscariote sustituyó a Jesús. Sin embargo, el Evangelio de Bernabé es un débil aliado:

1. No hay un texto en el idioma original para Bernabé, en oposición a casi cinco mil setecientos manuscritos y fragmentos en el idioma original que abarcan el resto del Nuevo Testamento.
2. Si bien muchos musulmanes usan hoy día este documento, ningún musulmán se refiere a él hasta el siglo XV.
3. Ningún teólogo de la iglesia primitiva o de la iglesia medieval jamás cita o ni siquiera menciona un evangelio de Bernabé.
4. Algunos musulmanes suponen que el Evangelio de Bernabé es sinónimo de la Epístola de Bernabé (escrita alrededor del 90), pero esta es totalmente diferente en su contenido.
5. Lo que dice este escrito está directamente refutado por relatos de testigos oculares cientos de años más antiguos y aceptados históricamente.
6. La teología del Evangelio de Bernabé es incompatible con el cristianismo o el islam. En él, Jesús niega que Él sea el Mesías.

Los musulmanes quieren encontrar validez histórica para sus creencias acerca de Jesús, sin embargo ninguna de ellas tiene credibilidad. Desde el principio, los cristianos testificaron de un Jesucristo que era el Hijo de Dios y Salvador del mundo. Los escritos del Nuevo Testamento, en especial los Evangelios, han afirmado y han tenido autoridad en esta confesión.

¿Jesús convirtió arcilla en pájaros en la Biblia?

Una de las historias más populares sobre Jesús en el *Corán* dice que Jesús convirtió figuritas de arcilla en pájaros reales (*sura* 5:110). Es posible hallar a cristianos no informados que supongan que esto se encuentra en la Biblia. No obstante, el hecho de que Mahoma vuelva a contar esta historia demuestra qué fuentes que está usando para sostener que Jesús fue un profeta de Alá. La historia original de este milagro se encuentra en el Evangelio de la infancia de Tomás, que apareció alrededor del año 150. Fue escrito mucho después de la muerte del Tomás de quien lleva su nombre y nunca fue aceptado sino como una ficción literaria. El autor escribió:

> Este pequeño niño Jesús cuando tenía cinco años de edad estaba jugando en el vado de un arroyo y reunió las aguas que fluían allí en estanques, y los limpió del todo, y les ordenó por su palabra solamente. Y habiendo hecho arcilla blanda, formó doce gorriones. Y era el día de reposo cuando hizo estas cosas. Y también había muchos otros niños pequeños jugando con él.[2]

Mahoma deja fuera de este texto la disputa sobre el día de reposo, que es un tema clave para el autor original. Mahoma explica que la moraleja de la historia es el poder de Alá sobre sus profetas, mientras que los textos apócrifos claramente ilustraron el poder de Jesús cuando era solo un niño. Esto se demuestra además en los versículos subsiguientes del Evangelio de la infancia de Tomás cuando Jesús mata a otro niño simplemente por atropellarlo.

La narrativa es incuestionablemente un mito, aunque Mahoma la acepta como la revelación de Alá. Al parecer los escritos cristianos a los que Mahoma tuvo acceso tenían más que ver con los escritos apócrifos que con el Nuevo Testamento. Los estudiosos musulmanes admiten que ninguna historia de sustancia es tomada del Nuevo Testamento real, pero que varias provienen de escritos que nunca fueron aceptados por los creyentes ortodoxos. Todo esto parece extraño, dado que Mahoma sostuvo haber recibido su revelación directamente de Alá, sin embargo queda claro que él utilizó otras fuentes para validar sus argumentos acerca de Cristo.

¿Dijo Jesús que Él vino con una espada?

La declaración de Jesús sobre la espada se encuentra en Mateo 10:34: "No penséis que he venido para traer paz a la tierra; no he venido para traer paz, sino espada". Este pasaje genera algunos debates como refutación a la pasividad de Cristo o para afirmar la crueldad del cristianismo.[3]

Los críticos que usan el texto de este modo nunca investigan todo el pasaje para ver por qué Jesús dijo esta controvertida declaración.

El pasaje, en realidad seis versículos contenidos dentro de un párrafo en el manuscrito original, otorga una explicación no ambigua de la "espada". Los discípulos estaban buscando a un Mesías político, pero Él nuevamente les recuerda que no vino a traer potestad política. El capítulo en sí describe la comisión de Jesús a los discípulos para que hagan su voluntad. Jesús explica que la "paz" solo puede llegar a los hogares que acepten el evangelio traído por los seguidores de Cristo (Mt. 10:13-14). Jesús advierte a los discípulos que serán "ovejas en medio de lobos" (v. 16a), lo que no es un mandato para actuar violentamente. En cambio, el mensaje de Cristo dividiría a la gente, y la controversia y la violencia llevarían a la persecución. Ellos caerían ante la espada en manos de paganos y gobiernos paganos. Por lo tanto, los discípulos deberían huir a otra ciudad cuando surgiera la persecución (v. 23).

El contexto del pasaje es definitivamente espiritual y confesional (Mt. 10:32-33), no físico y militarista. El pasaje significa que la fe con frecuencia divide a las familias (v. 35), algo que muchos ex musulmanes comprenden por experiencia propia. La división es real y literal cuando se la toma en su contexto apropiado. Si bien el mundo está buscando la paz política, Jesús urge a sus discípulos a contar el precio de seguirlo (vv. 28, 38). Conociendo los acontecimientos que pronto tendrán lugar, Jesús reconoce que los únicos dignos de decir que lo respetan son los que en realidad lo siguen mediante la cruz. La advertencia final no es a quitarle la vida a alguien, sino a perder "su vida por causa de mí, la hallará" (v. 39).

El erudito en idioma griego A. T. Robertson destaca: "No es un sentimentalismo melindroso que el que Cristo predica, una paz a cualquier precio. La respuesta de la cruz de Cristo a la oferta del diablo de concesión es el dominio del mundo. Para Cristo el reino de Dios es justicia viril, no un mero emocionalismo".[4]

¿Vino Jesús a enseñar la "vía recta"?

El comienzo del *Corán* testifica el deseo en las vidas de un pueblo por Alá: "Dirígenos por la vía recta" (*sura* 1:6). Los que siguen la voluntad de Alá pueden ser recompensados con el paraíso, mientras que los que siguen el camino torcido serán juzgados de acuerdo con eso (*sura* 43:61). De hecho, el capítulo 43 del *Corán* es fundamental para comprender que la vía recta, de acuerdo con el islam, está directamente relacionada con la segunda venida de Jesucristo quien preparará el camino para el juicio en los últimos días. Este pasaje también le atribuye a Cristo el decir: "Alá es mi Señor y Señor vuestro. ¡Servidle, pues! ¡Esto es una vía recta!" (*sura* 43:64). Por lo tanto, cuando los musulmanes sostienen que Jesús enseñó la "vía recta", están afirmando que Jesús nunca deseó que alguien lo siguiera o lo adorara, puesto que el juicio y la misericordia provienen únicamente de Alá.

La evidencia bíblica contradice tal idea. Jesús declaró en Juan 14:6: "Yo soy el camino, y la verdad, y la vida; nadie viene al Padre, sino por mí". Queda claro de este pasaje, así como de muchos otros (p. ej. Jn. 10:7-9), que Jesús requería una lealtad absoluta de sus seguidores. No era un camino al cielo, Él era el camino al cielo.

El *sura* 43 contiende contra el señorío de Cristo, pero este es exactamente el testimonio que da Tomás cuando se arrepiente de haber dudado del Salvador. No se nos dice que tocó las heridas de Cristo, sin embargo él proclamó su equivocación: "¡Señor mío, y Dios mío!" (Jn. 20:28). Jesús no regaña a Tomás por hacer una declaración tan fuerte. En cambio, le enseña a Tomás que esta misma confesión de Él traerá mayores bendiciones a los que no lo han visto en persona y sin embargo creen.

Pablo proclama el mismo mensaje en Romanos 10:13: "porque todo aquel que invocare el nombre del Señor, será salvo". Pero estas no solo son las palabras de Pablo, sino las palabras del profeta Joel acerca de la salvación en nombre de Dios (Jl. 2:32).

Quizás el argumento más fuerte que presentan los musulmanes es que Jesús nunca ordenó que otros lo adoraran (*sura* 43:64; 5:116). Jesús solo podía reclamar adoración si Él era Dios. La Biblia enseña claramente que Jesús es Dios (p. ej. Jn. 1:1; Col. 2:9; Tit. 3:4; He. 1:8).

Jesús también reclamó adoración en maneras muy evidentes. Instruyó al pueblo a que depositara su fe en Él, una forma de adoración (Jn. 11:25). De hecho, Jesús requirió que los discípulos orasen en su nombre (Jn. 14:13-14), una doctrina sacrílega sí Él no era Dios. En respuesta, Esteban, mientras era apedreado, oró a Cristo en su sufrimiento (Hch. 7:59). Jesús aceptó la adoración, lo que es contrario al testimonio del *Corán*. Por ejemplo, cuando calmó la tormenta, los que estaban en el bote "le adoraron, diciendo: Verdaderamente eres Hijo de Dios" (Mt. 14:33).

La confesión de Pedro en Mateo 16:16 es inequívocamente una confesión de adoración: "Tú eres el Cristo, el Hijo del Dios viviente". En respuesta a la profesión de Pedro, Jesús declaró: "Bienaventurado eres, Simón, hijo de Jonás, porque no te lo reveló carne ni sangre, sino mi Padre que está en los cielos" (v. 17). Jesús no solo estaba de acuerdo con Pedro y lo felicita por su confesión, sino que Jesús le promete a Pedro que su confesión sería básica para todos los que se le unieran a Él (v. 18).

¿Habló Jesús de Mahoma como el "Consolador"?

Los teólogos musulmanes proponen que Mahoma es el "Consolador" prometido por Jesús en el Evangelio de Juan (14:16; 16:7). El *Corán* afirma: "'¡Hijos de Israel! Yo soy el que Alá os ha enviado, en confirmación de la Torá anterior a mí, y como nuncio de un Enviado que vendrá después de mí, llamado Ahmad [Mahoma]'" (*sura* 61:6).

Usando su texto sagrado, el argumento tiene al menos dos ángulos. Primero, el Evangelio de Juan es corrupto en su versión porque usa la palabra griega *paraklętos* ("el que camina al lado"). La verdadera versión debería ser *periklytos*, que es una traducción casi perfecta de Mahoma. Segundo, incluso si la palabra no está corrompida, aún se estaría refiriendo a Mahoma, ya que él es "misericordia para todo el mundo" (*sura* 21:107). De hecho, no podría ser el Espíritu Santo como afirman los cristianos "porque el Espíritu Santo ya estaba presente, ayudando a guiar a Jesús".[5]

Un estudio cuidadoso del texto muestra que esta hipótesis simplemente no funcionará a no ser que se vuelva a escribir todo el texto. El hecho es que Juan explícitamente presenta al "Consolador" como al Espíritu Santo en Juan 14:14, 26. Jesús promete que este Consolador llegará para ayudar a los discípulos poco después de su partida. De hecho, la promesa apuntaba específicamente a los discípulos que estaban con Él en esa época. El versículo 17 promete a los discípulos: "vosotros le conocéis", lo cual no podría referirse a un hombre que no nació hasta después de cinco siglos. Esta promesa se basó en el hecho de que Jesús no dejaría a los creyentes sin un testigo en la persona del Espíritu Santo de Dios.

Más allá de estos problemas, Jesús declara que el Consolador estará "con vosotros para siempre" (Jn. 14:16). Un hombre muerto ya no está con alguien en la tierra. Finalmente, no hay absolutamente alguna evidencia de que el texto pudiera haber dicho otra cosa en un momento y hubiera sido cambiado. Por el contrario, los descubrimientos arqueológicos muestran que esta fue la manera cómo se utilizó *paraklẹtos* en los documentos de la época. No hay ni un ejemplo de *periklytos* en todo el Nuevo Testamento en griego *koiné* (común).

El segundo argumento, que el Espíritu Santo ya estaba presente, no niega la promesa del Espíritu de Dios. La promesa de Jesús no fue que habría una presencia externa para guiar, una característica vista en todo el Antiguo Testamento. En cambio, Cristo prometió que el Espíritu Santo "mora con vosotros" (Jn. 14:17). El hecho de que el Espíritu more actúa como recordatorio a los creyentes de la promesa de Cristo de no dejarlos ni abandonarlos nunca. Finalmente, la promesa del Consolador no puede ser Mahoma, ya que el Consolador de quien habló Jesús nunca pide que le presten atención a sí mismo (vv. 13-14).

¿A María se la ve del mismo modo en el islam que en el cristianismo?

No solo es María la única mujer mencionada por su nombre en el *Corán*, sino que las referencias a ella en el libro sagrado musulmán son más voluminosas que en el Nuevo Testamento. Si bien la Biblia y el *Corán* mencionan la anunciación (el anuncio de la venida) de Cristo y la visitación de los ángeles a María, la Biblia y el *Corán* tienen una única similitud llamativa al caracterizar la vida de María: Ambos sostienen el nacimiento virginal de Jesús (Mt. 1:23; *sura* 19:20, 28-29). El *Corán* deja de lado detalles importantes encontrados en los Evangelios, incluso la relación de María con José, el viaje a Belén y la escena del pesebre en sí.[6] En cambio, el *Corán* resalta a María como una fiel sierva de Alá que debería ser imitada por su devoción y humildad (*sura* 3:42). El capítulo 19 del *Corán*, que se llama intencionalmente con el nombre de la madre de Cristo, formula varios agregados a la historia bíblica:

1. El dolor de parto se menciona como lo bastante fuerte como para llevarla a una palmera y decir: "¡Ojalá hubiera muerto antes y se me hubiera olvidado del todo...!" (19:23).
2. La madre de María, si bien no se la menciona en la Biblia, juega un papel importante en darle fuerzas a su hija.
3. Jesús mismo va en ayuda de su madre cuando es aún un bebé, defendiendo verbalmente su castidad y honor (19:30).
4. Si bien la historia bíblica incorpora la adoración al niño, el *Corán* refuta toda noción al respecto de deidad y afirma la humanidad de Cristo (19:33-36).

Las desviaciones de Mahoma del cuadro bíblico de María son similares a los escritos apócrifos tales como el Protoevangelio de Santiago el Menor, un documento de fines del siglo II que nunca fue aceptado por los cristianos. En el *sura* 3:44, el *Corán* le aclara al lector que José se ganó "cuando echaban suertes con sus cañas" la mano de María. El texto apócrifo narra de modo similar: "Luego de que el Sumo Sacerdote recibiera sus cañas, fue al templo a orar, y cuando hubo terminado su oración tomó las cañas y fue y las distribuyó, y no hubo milagro. La última caña fue tomada por José, y he aquí, una paloma salió de la caña, y voló por sobre la cabeza de José. Y el Sumo Sacerdote dijo: 'José, tú eres la persona elegida para llevar a la virgen ante el Señor, para guardarla para Él' " (Santiago el menor 8:9 y siguientes).[7]

Tal como vimos al considerar la Trinidad, el *Corán* está confundido acerca de María dentro de la teología cristiana de la Trinidad. De acuerdo con el *sura* 5:116, los cristianos creen que María es la tercera persona de la Trinidad, junto con Alá y Jesús. Si bien los musulmanes alegan que el *Corán* comprende mal la Trinidad, el texto al menos representa mal lo que el cristianismo enseñó en el Oriente Medio durante la época de Mahoma. Aunque a María a veces se la llama la "madre de Dios" y ha habido discusiones a lo largo de la historia de la iglesia acerca de lo adecuado de este título, ningún líder de la iglesia jamás la sustituyó por el Espíritu Santo. La principal secta cristiana en Arabia durante la vida de Mahoma eran los nestorianos, que con vehemencia negaron la deidad de María. El hecho de que los musulmanes hayan incorporado a María en la Trinidad (ya sea por opinión de sectas herejes o por suposiciones incorrectas), demuestra su visión de que la Trinidad era física y sensual más que espiritual y relacional.

¿Pablo corrompió las enseñanzas de los Evangelios?

Los musulmanes que saben mucho acerca del cristianismo suelen culpar a un hombre, Pablo, por corromper al verdadero evangelio. Autor de por lo menos trece epístolas en el Nuevo Testamento, Pablo adoraba a Jesús como al Hijo de Dios. Su testimonio de la deidad de Cristo es abrumadoramente evidente en sus escritos como en Colosenses 1:15-20 y Filipenses 2:5-11. Quien quiera que haya escrito la carta a los hebreos, seguro que Pablo hubiera apoyado la supremacía de Cristo reflejada en Hebreos 1:1-8. Tampoco hay dudas de que definió para el mundo el sacrificio expiatorio de Jesús, como en Romanos 5:6-21; 1 Corintios 2:1-2 y Efesios 2:1-10. Por lo tanto, el islam considera a Pablo el fundador del cristianismo apóstata. Pablo nunca conoció a Jesús sino solo deseó un lugar importante y poder, argumentan ellos. Siendo esta su opinión, los escritos de Pablo no tienen autoridad para los musulmanes y no tienen peso en una discusión acerca del carácter de Cristo.

Los musulmanes atacan el carácter de Pablo, afirmando que nunca conoció a Jesús y por lo tanto no fue su seguidor. Pablo mismo sostenía que sí había conocido a Jesús luego de su resurrección (Hch. 9). En todo sentido, dio su vida por el Salvador, así que resulta difícil imaginar que intencionalmente seguía una mentira. Tal acusación salpica también al resto de los discípulos, que sí conocieron a Pablo y que conocían lo que él estaba enseñando (Hch. 9:26-28; 15:2, 4; Gá. 2:1-2). Tendrían que haber sido verdaderos tontos si hubieran sido engañados con tanta rapidez por una versión tan increíblemente diferente del evangelio que les confió el Maestro. Los discípulos fueron retados a verificar si las palabras de Pablo eran genuinas (Gá. 1–2). De hecho, la misión de Jesús habría sido un fracaso si Pablo hubiera sido un apóstata, ya que el mensaje de Cristo se habría borrado unos pocos años después de haberse completado su misión.

Los musulmanes atacan la teología de Pablo como radicalmente opuesta a la teología de Cristo. Los musulmanes creen que Jesús recalcó la ley de Moisés (Mt. 5:17-18), mientras que Pablo negó esa misma ley. Una comparación sencilla ilustra que lo que pensaba Pablo era en realidad lo que mismo que pensaba Jesús. Ambos veían la obra del Mesías como cumpliendo de la Ley (Ro. 10:4, 9-11 comparado con Mt. 5). Jesús y Pablo estaban de acuerdo en cuanto a:

1. La perdición humana en el pecado (Mr. 3:38; Ro. 3:23).
2. La muerte vicaria de Jesús para pagar el precio por el pecado (Mt. 26:28; Ro. 5:8).
3. La salvación por gracia solo mediante la fe (Mt. 19:25-26; Ef. 2:8-9).

Nos parece que el problema de Pablo no es un desacuerdo con Jesús, sino con los musulmanes. Ya que no pueden refutar estos argumentos, deben intentar refutar su apostolado.[8]

¿El Nuevo Testamento fue escrito originalmente en arameo?

Muchos apologistas musulmanes comienzan sus argumentos de un Nuevo Testamento corrupto suponiendo que los Evangelios (*Injil*) nunca fue escrito en el idioma que Jesús hablaba comúnmente: El arameo. En cambio, los discípulos escogieron escribir el mensaje en griego, un idioma de uso limitado en la época de Jesús. Algunos llegan a decir que Jesús no sabía griego.[9]

Los expertos en lingüística rápidamente señalan que el griego *koiné* (común) era el idioma en Oriente Medio. Históricamente, esto es indisputable. Alejandro el Grande capturó Jerusalén en el año 322 a.C. y "helenizó" la cultura, es decir, impuso la cultura griega a los judíos. Entonces, los judíos reemplazaron el arameo por el griego como su idioma de elección. Los judíos tradujeron las Escrituras hebreas al griego tan pronto como en el siglo III a.C.

No fue que Israel dejara de lado su lengua natal, sino que era el idioma que usaban todos en el mercado. La mayoría de los judíos hablaba hebreo, arameo y griego. Cuando Jesús habló en el templo, ciertamente lo hizo en hebreo. En la cruz, clamó en arameo: "¡Dios mío, Dios mío!, ¿por qué me has desamparado?" (Mt. 27:46). Cuando sacó el demonio de la mujer "griega", lo más probable es que haya hablado en griego (Mr. 7:24-30). De hecho, el ministerio de Cristo era para todos (Lc. 19:10). Él era políglota.

La discusión no se centra en los idiomas que hablaba Jesús, sino en sí Él prometió la inspiración del Nuevo Testamento. De ser así, sus palabras se traducen correctamente ya que Él supervisó la escritura de los manuscritos (2 P. 1:19-21). Por lo tanto, lo que está en cuestión no es la comunicación de Jesús, sino el carácter de Jesús, puesto que la Palabra viva tiene poder sobre la Palabra escrita.

Notas

1. Abdullah Yusuf 'Ali, *The Meaning of the Holy Qur'an* [El significado del sagrado *Corán*] (Brentwood, Md.: Amana, 1992), 292.
2. *The Infancy Gospel of Thomas* [El Evangelio de la infancia de Tomás], trad. Peter Kirby, http://www.earlychristianwritings.com/text/infancythomas-a-mrjames.html (13 de diciembre de 2002).
3. Vea "Jeremiah McAuliffe v. Abdul Saleeb, A debate from soc.religion.islam", [Jeremiah McAuliffe contra Abdul Saleeb. Un debate desde el islam socio-religioso] http://www.answering-islam.org/debates (13 de diciembre de 2002). El doctor. McAuliffe es un ex católico que se convirtió al islam mientras que Saleeb es un musulmán que se volvió evangélico.
4. Archibald Thomas Robertson, *Word Pictures in the New Testament* [Imágenes de palabras en el Nuevo Testamento], vol. 1 (Nashville: Broadman, 1930), 84.
5. 'Ali, *The Meaning of the Holy Qur'an* [El significado del sagrado *Corán*], 148. Vea también en la misma obra, nn. 1461, 5438.
6. George Braswell, *Islam: Its Prophet, Peoples, Politics, and Power* [El islam: Sus profetas, pueblos, política y poder] (Nashville: Broadman & Holman, 1996), 250.

7. Vea http://www.answering-islam.org para más detalles sobre la importancia y la teología de María en el islam.
8. Norman L. Geisler y Abdul Saleeb, *Answering islam* [Respondiendo al islam] (Grand Rapids: Baker, 1993), 315.
9. Vea http://www.anwering-christianity.com/jesus_speak.htm para más detalles (14 de diciembre de 2002).

6

Preguntas respecto de la expiación y la salvación

En abril de 1996, Macksood Aftab, el editor en jefe del *Islamic Herald*, escribió un artículo diseñado a presentar un apologético musulmán en contra de los testigos cristianos. Escribió, en parte:

> Uno de los argumentos básicos que presentan los no musulmanes, especialmente los cristianos, contra el islam se refiere al tema de la salvación. Dicen que en el cristianismo uno se salva por la fe, mientras que en el islam uno debe ganarse la salvación a través de buenas obras. Lamentablemente, muchos musulmanes caen en la trampa de defender la posición que les impusieron estos no musulmanes. Esto luego les da una base a los cristianos para todo su marco Jesús-Padre-crucifixión-salvación... Muchas veces, los musulmanes no llegan a darse cuenta de que el concepto islámico de la salvación no está basado en buenas obras, sino fundamentalmente en la fe. En las decenas de veces que Alá... habla en el *Corán* sobre la salvación, siempre declara: "Los que creen y hacen buenas obras". La fe siempre se menciona antes de las obras o los hechos.[1]

Concurrentemente con la preocupación de Aftab por los musulmanes que confunden sus doctrinas, los teólogos y los pastores cristianos se han lamentado de cuán mal comprenden los cristianos lo que dice la Biblia sobre la obra consumada de Cristo y la salvación. Si un cristiano está por abordar a un musulmán con el evangelio de Cristo, debe comprender con claridad su propia fe, así como la mentalidad distinta desde la cual está funcionando el musulmán.

Una falta de claridad en este terreno es eternamente fatal.

¿Las balanzas del islam son razonables y lógicas?

La salvación en el islam no se basa en que Dios regenere el alma, ya que los musulmanes no creen que el alma esté caída o sea depravada. En cambio, la salvación se centra en las obras realizadas por cada persona y en sí las buenas obras pesan más que las malas. El *Corán* dice: "Aquéllos cuyas obras pesen mucho serán los que prosperen. Aquéllos cuyas obras pesen poco, serán los que se hayan perdido y estarán en la gehena eternamente" (*sura* 23:102-3). Por este motivo, los musulmanes no se refieren a su liberación como salvación o conversión, sino como recuerdo o regreso. La teología islámica es clara en que cada grupo de personas tiene un mensajero, y por él conocen la verdad y deben regresar a ella.

La lista de buenas obras necesarias para "ganarse el cielo" (*sura* 39:61) es larga. Solo los que reconocen el mensaje y la calidad de profeta de Mahoma pueden merecer la salvación. El *Corán* advierte explícitamente que los que rechazan el mensaje de Mahoma, "ésos son los infieles de verdad. Y para los infieles tenemos [Alá] preparado un castigo humillante" (*sura* 4:151). La recitación continua de la confesión ("No hay otro dios sino Alá, y Mahoma es el mensajero de Alá") es otra muestra de tal necesidad. El musulmán confiesa a diario su fe en el Dios monoteísta con Mahoma como portavoz y luego, lo transmite a sus hijos mientras susurra la confesión en el oído de cada recién nacido.

Sin embargo, el musulmán nunca puede estar seguro de la salvación, ya que se basa en obras en las que debe perseverar hasta el final o estará perdido. El musulmán fiel tiene esperanza de salvación, pero no la puede obtener en la tierra. Irónicamente, se ordena creer en el juicio y en la vida futura para garantizar el paraíso. Finalmente, el musulmán debe ser total y repetidamente fiel a los cinco pilares del islam (el credo, la oración, la limosna, el ayuno y el peregrinaje) para tener alguna posibilidad de salvación. Cualquier desliz puede costarle peso respecto del lado bueno de las balanzas.[2]

Vista dentro de esta perspectiva, la doctrina islámica de la salvación es insostenible en por lo menos dos maneras. Primero, si los motivos, los pensamientos y los deseos pesan al determinar el valor de una acción, entonces las personas muy probablemente no son buenas en su carácter. Los pecados no solo son malos actos realizados por el individuo sino actos justos no realizados. A una persona le es difícil solo tratar de cumplir con los mandatos externos y las prohibiciones que se hallan en los Diez Mandamientos y en otras partes. Pero un Dios santo también conoce las cosas secretas del corazón. Y toda la ley de Dios para los actos externos y el pensamiento interior es una unidad para la justicia aceptable ante la perfección infinita. La carta de Santiago declara enfáticamente que "cualquiera que guardare toda la ley, pero ofendiere en un punto, se hace culpable de todos" (Stg. 2:10).

Segundo, incluso si fuera posible ser más bueno que malo, el *Corán* no explica cómo un Dios santo permite que el pecado no sea castigado (vea *sura* 59:22-24). Aunque el *Corán* habla con frecuencia de la misericordia de Alá (*sura* 4:26; 5:74; 6:12; 10:21), es inaceptable pensar que los pecados cometidos no son juzgados ante aquel quien es responsable de la justicia. Si Alá simplemente ignora el pecado en su misericordia, entonces el juicio no es justo y el perdón es arbitrario. Puesto que Dios es quien dio la ley y el Juez, Él hace cumplir el castigo sobre quienes quebrantan sus leyes. Si una persona es juzgada en un tribunal por haber asesinado a alguien, sería injusto si de repente se le condonaran los cargos por los que es culpable. Sería ofensivo para la persona asesinada, para la familia de la víctima, la comunidad y la posición del juez. Si los pecados contra el Dios Todopoderoso no son castigados, entonces se hace defectuoso el carácter de Dios.

Sin una norma absoluta por la cual castigar el pecado, las leyes de Alá son subjetivas y verdaderamente impredecibles. Ante un juez tan caprichoso, es verdaderamente imposible saber si uno va a ir al cielo. La visión de la salvación del islam es ilógica e irrazonable.

¿Mahoma dudó de su propia salvación?

Sin discusión alguna, Mahoma dudó de su propia salvación. En el *Jadit*, que se considera una fuente con autoridad en el islam después del *Corán*, Mahoma admite su temor a una mujer que está de duelo por la muerte de un ser querido. Cuando ella le expresa seguridad de que la persona muerta se ha ido al paraíso, Mahoma la reprende:

> "¿Cómo sabes que Alá lo ha honrado?", respondí. "No lo sé. Que mi padre y mi madre sean sacrificados por ti, ¡oh, apóstol de Alá! ¿Pero quién más es digno de ello (si no 'Uthman)?" Él dijo: "En cuanto a él, por Alá, la muerte lo ha tomado, y espero lo mejor para él. Por Alá, aunque soy el Apóstol de Alá, no sé todavía qué hará Alá conmigo" (Sahih al-Bukhari *Jadit* 5.266).

¿Por qué seguir a una persona que sostiene ser el más grande de los profetas pero que no conoce su propio destino eterno? Mahoma fue tomado cautivo por su propia teología. Él informó a los demás sobre lo elusivo del Paraíso. Él basó el Paraíso no en la obra de Dios sino en el esfuerzo humano. Él sostuvo que la salvación no es algo que puede tomarse aquí sino solo algo que puede adquirirse en el futuro. Finalmente, él explicó que la decisión final está en la voluntad de Alá (*sura* 14:4). Por lo tanto, el musulmán debe hacer lo mejor que pueda y esperar que suceda lo mejor.

Por otra parte, el cristiano está siguiendo al que creó los cielos y la tierra y tiene tanto la autoridad como la base para perdonar el pecado. Jesús les habló a sus discípulos muchas veces de su partida y su regreso al cielo (Jn. 16:5). Les dio a los demás el derecho de ir con Él si solo creían en Él como Salvador y Señor. Jesús le aseguró al ladrón en la cruz: "*De cierto* te digo que hoy estarás conmigo en el paraíso" (Lc. 23:43, cursivas añadidas). Es sorprendente reconocer que Jesús no solo promete el cielo a todo creyente, sino que es responsable de preparar el cielo para el creyente (Jn. 14:2). Finalmente, Jesús estaba seguro de su destino ya que Él es el Creador, Sostenedor, Autor, Consumador y Rey que pronto vendrá. Él no solo garantiza el cielo a todo creyente, un día personalmente Él los escoltará allí (1 Ts. 4:13-18).

¿A quiénes ofrece salvación Cristo?

Muchos musulmanes ven al cristianismo como un club exclusivo al cual no están invitados a unirse. Sin embargo, nada más lejano de la verdad. El amor incalculable de Dios por la humanidad se demostró en el sacrificio de su Hijo Jesucristo (Ro. 5:8). Ese amor no se dio selectivamente, sino a nivel universal. El evangelio es claro: "Porque de tal manera amó Dios al mundo, que ha dado a su Hijo unigénito, para que todo aquel que en él cree, no se pierda, mas tenga vida eterna" (Jn. 3:16). Sin duda alguna, el amor de Dios por los árabes es tan fuerte como lo es para los occidentales.

Si bien el evangelio está disponible en Cristo para cualquier persona en la tierra (1 Jn. 2:2), no todos serán salvos puesto que muchos se niegan a aceptar el camino al perdón por la sangre que Cristo derramó en la cruz por los pecados de ellos. Rechazan a su único Defensor, Jesucristo, quien se entregó a sí mismo como "rescate", alguien que paga el precio para que liberar a un hombre condenado. La Biblia habla de Dios como "el cual quiere que todos los hombres sean salvos y vengan al conocimiento de la verdad" por lo que "se dio a sí mismo en rescate por todos, de lo cual se dio testimonio a su debido tiempo" (1 Ti. 2:4, 6).

Debemos recordar que, si bien Dios es extraordinariamente personal en su oferta de salvación, la fe genuina debe ser voluntaria. El arrepentimiento, el alejamiento del pecado para seguir a Jesucristo, debe ser la decisión del que está acongojado, o no es un verdadero arrepentimiento (Mt. 3:2). En consecuencia, en la soberanía de Dios, Él da tiempo, dentro de su mayor gobierno de la vida, para que los hombres y las mujeres se alejen del pecado y se vuelvan al Salvador (2 P. 3:9).

El alcance de la expiación está determinado por el alcance del amor de Dios. El islam enseña que el amor y el perdón de Alá está condicionado por la justicia de uno (*sura* 2:279; 17:25, 19:60). La Biblia enseña que el amor y el perdón de Dios son incondicionales, basados no en cuán bueno ha sido uno sino en la muerte de Cristo. Jesús pagó el costo infinito del pecado a favor de los que aceptan la expiación para sus propias vidas (Ro. 10:9-10, 13). La salvación no se basa en la obra de cada persona, sino en la obra terminada de Cristo (Jn. 19:30). Afirmar que Jesucristo murió por el mundo afecta mi teología. Admitir que Jesucristo murió por mí afecta mi destino eterno.

¿Cómo puede la sangre de un hombre perdonar a todos?

Dos negaciones esenciales separan a los musulmanes del entendimiento cristiano del sacrificio de Cristo por el pecado. Primero, los musulmanes rechazan toda necesidad de algún sacrificio por el pecado, mucho menos el sacrificio de Cristo mismo (*sura* 22:37). Segundo, el sistema del sacrificio es rechazado como inapropiado, ya que solo el individuo es responsable de ganarse el favor de Alá (*sura* 22:34-35; 39:61). De hecho, el *Corán* menciona a los sacrificios solo como un medio para ilustrar el dominio del hombre sobre los animales y la bondad de Alá al sostener a la humanidad con alimentos. Ya que la salvación está totalmente relacionada con el individuo y su bondad, no hay necesidad en la mente musulmana de depender de la bondad de un sacrificio por ellos.

Para el musulmán, el sistema de sacrificios que culminó en la fe cristiana representa al paganismo más que a la verdadera fe. Como lo explica el comentarista Yusuf 'Ali: "Nadie debería suponer que la carne o la sangre es aceptable al único Dios verdadero. Es una moda pagana el hecho de que Alá puede ser apaciguado por el sacrificio de la sangre".[3] Por lo tanto, el sistema de sacrificios encontrado dentro del judaísmo y el cristianismo, así como en cualquier otra doctrina, caracteriza la corrupción de ambos tipos de fe. El tema de la ofrenda por el pecado dentro del sistema de sacrificio —el inocente que toma sobre sí la culpa del pecador— esperaba su cumplimiento final en la cruz. El significado se malentiende porque se le reduce a una ofrenda de carne y sangre para apaciguar a un dios.

Una importante insuficiencia de la teología musulmana se ubica en el área que los teólogos denominan "antropología", la comprensión de lo que es un ser humano en relación con Dios. El cristiano sabe que ninguna persona puede ser lo bastante buena para obtener el favor de Dios (Ro. 3:10). Incluso si la bondad pesara más que la pecaminosidad (algo que no es posible), la persona sigue siendo culpable de quebrantar la ley, y aún se prescribe un castigo por los delitos realizados en contra del Dios todopoderoso y santo. Dios toma el pecado con seriedad y lo demuestra a través de su ira. Dios como Juez es responsable de mantener la ley que Él ha prescrito o bien Él se ha descalificado a sí mismo como Juez. De hecho, si Él permite que el pecado no sea castigado, Él se ha convertido en cómplice del hecho.

Sin embargo, la teología islámica presenta una deficiencia aún mayor en su visión de la salvación. En el islam, la salvación se centra en el hombre (humanística). En el cristianismo, la salvación se centra en Dios (teocéntrica). En el islam, la gente está intentando obtener el acceso al paraíso, una morada sensual y espiritual. En el cristianismo, todo el mundo tiene el deseo innato de tener relación con Dios. El cielo no ha sido creado para satisfacer deseos de la carne, sino como un lugar donde las personas reconciliadas con Dios pueden ser lo que Dios tuvo la intención de que fueran antes que el pecado entrara en escena (Ap. 21:1-8).

Por ende, para comprender el sacrificio de Cristo se debe tener una visión bíblica adecuada de la salvación. El apóstol Pablo escribió: "que Dios estaba en Cristo reconciliando consigo al mundo, no tomándoles en cuenta a los hombres sus pecados" (2 Co. 5:19a). El teólogo cristiana evangélico Leon Morris explica la necesidad de la cruz: "Otras religiones tienen sus mártires, pero la muerte de Jesús no fue la de un mártir. Fue la de un Salvador".[4]

Jesucristo es un Mediador en la reconciliación de Dios con los pecadores (1 Ti. 2:5). Únicamente Él tenía el carácter para realizar el aporte necesario para la salvación. Él es el Dios-hombre que, siendo totalmente humano, puede representar al pecador humano y como Dios encarnado puede perdonar el pecado sobre la base de que Él mismo ha satisfecho la justicia. Los cristianos están de acuerdo con los musulmanes en que la sangre de un animal no puede ser la base para el perdón del pecado (He. 10:4). Los sacrificios del Antiguo Testamento representaron y esperaban el sacrificio final, suficiente y perfecto de Cristo (vv. 5-10). Entonces, la salvación tiene numerosos aspectos importantes que se cumplen exclusivamente en la persona y obra de Cristo:

1. Cristo pagó la pena del pecado. Como resultado de ello, su sacrificio es universal (Ro. 3:25-26; Gá. 3:13).
2. Cristo nos redimió pagando el precio para liberarnos (1 Co. 6:20; Gá. 2:20).
3. Cristo manifestó la victoria sobre el pecado y la muerte en la resurrección (1 Co. 15:55-57).
4. Cristo, al cargar el pecado sobre sí, apartó la ira de Dios (Ro. 3:25).
5. Cristo derribó las barreras entre la humanidad y Dios, reconciliando a los enemigos para que pudieran ser amigos (Ef. 2:16).[5]

Finalmente, un musulmán acepta o rechaza la validez del argumento de que un hombre puede morir por todo sobre la base de su determinación de quién es Cristo. Si Él solo fuera un ser humano, entonces Jesús podría pagar solo el castigo por sí mismo. Si Él es plenamente Dios, entonces Él tiene derecho sobre su creación para juzgarla, intervenir para satisfacer la justicia, perdonar y reconciliarla consigo mismo.

¿Por qué es necesario el derramamiento de sangre?

Algo diferente de la anterior, esta pregunta con frecuencia pertenece menos a la persona de Jesucristo y más al plan de Dios para satisfacer la justicia, lo que exige un pago completo por un acto pleno de rebelión. El Antiguo Testamento es claro acerca del plan de Dios para la salvación. Quizá Dios podría haber elegido otra forma de redimir a la humanidad, o tal vez no, pero Él eligió una manera que fue costosa al dar el mayor don posible: Su Hijo. Las ofrendas por el pecado del sistema de sacrificios estaban estrechamente relacionadas con Jesucristo. Dios había ordenado antes de la creación del mundo reconciliar a los que Él sabía que se iban a rebelar contra Él ofreciéndose a sí mismo como un sacrificio perfecto. En la sangre, no está solo el castigo completo de la muerte sino el poder para vencer a la muerte y al pecado eternamente y así dar vida. Moisés escribió sobre este aspecto: "Porque la vida de la carne en la sangre está, y yo os la he dado para hacer expiación sobre el altar por vuestras almas; y la misma sangre hará expiación de la persona" (Lv. 17:11). La carta a los hebreos continúa con esta línea de pensamiento y declara: "sin derramamiento de sangre no se hace remisión" (He. 9:22b).

La mayoría de los musulmanes no tiene problemas con la pena capital como consecuencia por un asesinato. Después de todo, si una persona derrama la sangre de otra, parece justo que se derrame la sangre del asesino (Gn. 9:6; *sura* 17:33). El criminal debe pagar el precio por el asesinato de una vida inocente. Puesto que el pecado está tan cerca como para que una criatura pueda llegar a asesinar al Creador —demostrando una falta de respeto por el ser del Creador— el pago final de la muerte eterna es razonable. Incluso el musulmán, que no cree en el pecado original, cree que todos han pecado (Ro. 3:23; *sura* 10:54). Dios condenó al pecador a pagar el castigo por el pecado y tomó cartas en el asunto para ocupar el lugar del pecador. La encarnación y el derramamiento de sangre en la cruz fueron ambos absolutamente necesarios. Su sustitución en la cruz demuestra su disposición a cargar con el pecado del hombre. Es por nuestros actos escandalosos y nuestra disposición pecaminosa que Él se puso en nuestro lugar y dio su vida en la cruz de un ladrón.

Finalmente, la sangre fue necesaria como un pago final y suficiente por el pecado. Los musulmanes se preocupan toda su vida acerca de las balanzas. Sin embargo, el derramamiento de una vez por todas de la sangre de Cristo aliviará toda agonía a los que creen (He. 10:11-18). La sangre es un recordatorio asegurador para el creyente de la suficiencia, el amor y la gracia que se encuentran en Jesucristo. En otras palabras, la sangre fue necesaria no solo para eliminar el castigo del pecado sino para eliminar el poder y la presencia del pecado. Mientras que el islam no explica adecuadamente cómo se protegerá a la gente del pecado mientras está en el cielo, la Biblia aclara que la sangre es la respuesta eterna.

¿La misericordia de Dios depende o no de mi cambio?

Si bien tanto cristianos como musulmanes hablan acerca de la misericordia de Dios, lo que significa es diametralmente opuesto.

A veces se dice que los musulmanes, como los cristianos, creen que pueden obtener la misericordia de Alá si se vuelven a él y le piden perdón (*sura* 5:74). Pero Alá solo otorga misericordia condicionalmente sobre la base de obras futuras (*sura* 6:54). De hecho, la retribución de Alá es igual a su promesa de misericordia (*sura* 7:167; 13:6). Por lo tanto, no solo la misericordia es contingente en el islam, es también continua, no por el amor de Alá sino por su ira. La principal suposición teológica en el islam es que el hombre tiene la capacidad de cambiar. Si bien se dice que Alá guía al musulmán (*sura* 6:88; 92:12), el *Corán* no estipula que Alá cambie al musulmán. En cambio: "Alá es rápido en ajustar cuentas" las acciones que son beneficiosas y misericordiosas o pecaminosas y egoístas (*sura* 24:39).

De forma distinta, Cristo no prometió misericordia a los que cambien sino a los que crean (Jn. 10:38). El cambio subsiguiente es el resultado natural de Dios impartiendo su justicia sobre el creyente (Ro. 4:6-8) y renovando la imagen de sí mismo en el individuo que ha sido manchado por el pecado (2 Co. 5:17). Esto es un proceso constante, que se llama "santificación", pero la salvación de la persona se considera completa y suficiente en el momento en que Dios la otorga (Ro. 8:28-30). La persona es libre de elegir a quién seguir, pero el que ha sido cambiado verdaderamente por Dios al final elegirá seguir libremente al Señor Jesucristo. Los que verdaderamente han sido hechos de nuevo pueden caer en el pecado y sufrir sus consecuencias (He. 6:4-6), pero serán conducidos de nuevo a Cristo por el Espíritu de Dios que mora en ellos.

Por lo tanto, la misericordia nunca depende del cambio. La fe es la única condición requerida para que se aplique la misericordia (Sal. 51; Ro. 10:13). En términos islámicos, la teología cristiana cree que la misericordia por su naturaleza pesa más que el juicio (Stg. 2:13). Es la voluntad de Dios mostrar misericordia a las personas, no porque se la merezcan, sino porque Él lo desea. Dios no está buscando gente que ha limpiado sus vidas. Nadie lo ha hecho. Dios acepta al que se rinde al Señor y lo recibe como el Autor y Consumador de la fe, capaz de limpiar el más sucio de los vasos (Is. 1:18).

¿Es la gracia una excusa para pecar?

Los musulmanes objetan que la doctrina de la gracia gratuita conducirá a un estilo de vida desenfrenado de pecado. Como evidencia, algunos señalan al país que está más identificado con el cristianismo: Estados Unidos de América. Este país es culpable de una inmoralidad incesante, que debe ser al menos parcialmente el resultado de esta enseñanza. Los musulmanes también pueden proporcionar innumerables ejemplos individuales de cristianos que dicen que son salvos por la gracia y viven como el diablo. Además, si la salvación es plenamente por gracia, entonces surge una objeción de que la ley está muerta y no tiene autoridad sobre el cristiano. Finalmente, la salvación por gracia solamente conduce a una fe perezosa.

En primer lugar, es absolutamente cierto que Estados Unidos y otros países identificados con el cristianismo se caracterizan por una gran inmoralidad. Pero esa crisis de moral no se ha producido porque los estadounidenses estén siguiendo una enseñanza cristiana, sino porque la mayoría ha rechazado el evangelio de salvación solo por gracia. Estados Unidos ha perdido su rumbo moral porque no quiere seguir los principios que se hallan en la Palabra de Dios. El sistema legislativo de Estados Unidos históricamente tuvo por lo menos un lazo filosófico con el cristianismo, pero muchas de las leyes de una época anterior han sido invertidas o abolidas. Además, incluso si fuera posible juzgar a un país por sus leyes, se debe verdaderamente juzgar a un país por su gente. El gobierno puede obligar que se cumplan las leyes, pero no puede obligar a que se sea humilde o se viva en santidad.

Para obtener una imagen precisa de Dios en la cultura occidental, los musulmanes deben aprender que un sistema político puede estar separado de los valores religiosos. Occidente no vincula la religión y la política como inseparables, tal como se encuentran unidas dentro de la comunidad islámica. Irónicamente, muchos musulmanes admiten que las culturas musulmanas pueden parecer morales y puras en lo exterior, pero ser tan decadentes como en occidente.

En segundo lugar, la impureza entre los que se identifican a sí mismos como cristianos ha ocasionado que muchos musulmanes rechacen la brújula moral cristiana. Deben darse cuenta de que millones de los así llamados cristianos están viviendo una fe fraudulenta. Estos seudocreyentes se han infiltrado en las iglesias y se han convertido en líderes que ahora predican un evangelio falso. Los falsos maestros de forma habitual excusan su propio comportamiento depravado diciendo que Dios es amor. El líder de la iglesia en la Inglaterra del siglo XIX, Carlos Haddon Spurgeon advirtió una vez:

> Por cierto, ningún ser inteligente puede realmente persuadirse de que la bondad de Dios es un motivo para ofenderlo más que nunca. La falta de salud moral produce un razonamiento extraño, pero estoy solemnemente convencido de que muy rara vez los hombres consideran de manera práctica la gracia de Dios como un motivo para pecar. Esto que parece tan probable en primera instancia, no lo es cuando lo consideramos.[6]

Cabe advertir que el cristianismo no es la única religión con falsos seguidores. El porcentaje de musulmanes nominales también es elevado. De hecho, uno debe observar a los musulmanes fieles o a los cristianos fieles para tener un cuadro preciso de la fe de ellos. Los hipócritas son innumerables. La gracia no permite más pecado sino que conduce a la abolición gradual de los patrones pecaminosos. Así, la gracia que salva le da poder a la persona para vencer al pecado. El pecado ya no tiene el mismo atractivo y satisfacción que tenía cuando la persona vivía bajo la ley natural. El cristiano está más capacitado para discernir qué está bien y qué está mal mediante la obra del Espíritu de Dios que mora en él. Como escribió el apóstol Pablo a los creyentes en Roma: "¿Perseveraremos en el pecado para que la gracia abunde? En ninguna manera. Porque los que hemos muerto al pecado, ¿cómo viviremos aún en él?" (Ro. 6:1b-2).

Esto convierte en absurda la idea de que los cristianos ya no están interesados en vivir en forma justa. Alguien que es salvo tiene normas más elevadas de pensamiento y de conducta. La diferencia reside en que ya no es la ley que apunta a nuestro pecado y al fracaso, sino una nueva norma perfecta que esta enraizada en Jesucristo. En cualquier caso, la suposición de que cumplir con la ley salvará a alguien no tiene fundamento. La ley fue dada no como un salvador sino como un tutor. Su trabajo es declarar culpable y llevar a la persona a la misericordia de Cristo (Gá. 3:19-25). Los musulmanes nunca encontrarán una norma perfecta para la vida en sus reglamentos. La norma para la vida solo puede hallarse en el que es la vida: Jesucristo (Jn.14:6).

Finalmente, el camino cristiano es cualquier cosa menos perezoso. Los cristianos siguen una norma que es más elevada que incluso la que observa los musulmanes. Una breve comparación de los cinco pilares del islam con las normas del cristianismo ilustra el tema:

1. En el islam, la confesión debe decirse continuamente. En el cristianismo, el centro de la confesión común es en Cristo (Mt. 10:32). Los pecados deben confesarse periódicamente, no como un recitado sino en conversación en la oración (1 Jn. 1:9).
2. Los musulmanes oran una plegaria ritual cinco veces al día. La oración cristiana debe ser un patrón continuo de pensamiento (1 Ts. 5:17).
3. En el islam, el 2,5 por ciento debe entregarse a los pobres y los necesitados. Los cristianos deben dar al menos el 10 por ciento (Mal. 3:8-12; 2 Co. 8–9).
4. Los musulmanes deben ayunar durante el mes de Ramadán. A los cristianos se les ordena ayunar en relación con la oración, sin embargo sus ayunos no están limitados a los alimentos (Mt. 6:16-18; 1 Co. 7:5).
5. Los musulmanes deben hacer peregrinaje a La Meca. Los cristianos deben llevar el mensaje de Cristo por todo el mudo (Mt. 28:18-20).

Queda bien claro que la gracia no conduce a la pereza sino a la fidelidad. Por este motivo, Jesús exigió que sus discípulos contaran el costo del discipulado, ya que puede costar mucho ser una persona religiosa, pero ser un cristiano lo cuesta todo (Lc. 14:25-33).

¿Los judíos irán automáticamente al cielo?

Un motivo de la tensión entre el islam y el cristianismo evangélico es que los cristianos, más que cualquier otro grupo, expresan su apoyo por la nación de Israel. Este apoyo no deja de criticar cada acto del gobierno secular que está ahora en el poder de esa nación. Pero por lo general los cristianos sí creen que Dios ha hecho un pacto incondicional con los judíos y que el resurgimiento de un Estado judío en Israel es parte del plan de Dios (Gn. 12:1-3). Algunos musulmanes han cuestionado si el aparente apoyo incondicional a Israel llega a la creencia de que los judíos van automáticamente al cielo como miembros de la raza elegida de Dios.

Nada pudiera estar más lejos de la verdad. El apóstol Pablo, israelita él mismo, explicó: "Porque deseara yo mismo ser anatema, separado de Cristo, por amor a mis hermanos, los que son mis parientes según la carne; que son israelitas, de los cuales son la adopción, la gloria, el pacto, la promulgación de la ley, el culto y las promesas" (Ro. 9:3-4). El evangelio vino a través de Israel y fue primero confiado a la comunidad judía, sin embargo los líderes religiosos en su totalidad rechazaron las bendiciones especiales de Dios. Él les dio su presencia en el tabernáculo (Éx. 24:16-17), los instruyó y llamó al arrepentimiento por medio de los profetas. Él profetizó y luego cumplió sus promesas, pero solo una minoría siguió sus palabras.

Israel fue juzgado por Dios mediante el cautiverio y la opresión. Muchas de las bendiciones que se les dieron primero a los judíos ahora las disfrutan los cristianos porque el pueblo judío las rechazó. Los seguidores de Cristo son adoptados por Dios (Ef. 1:5), forman parte de la comunidad del nuevo pacto (He. 9—10) y tienen a Abraham como padre espiritual (Gá. 3:7). Por lo tanto, muchos cristianos tienen una obligación para con los judíos por estas similitudes. Es más, la Biblia dice que el rechazo de Israel del Mesías no es irrevocable (Ro. 10). Finalmente, Dios atraerá de nuevo a sí mismo a muchos de los integrantes de su pueblo elegido. Juntos, muchos judíos y cristianos celebrarán la gloria del Señor Jesucristo en los últimos días.

Sin embargo, hoy día la mayoría de los judíos sigue rechazando al Mesías. Esto no niega su posición en el programa de Dios, ya que no está determinado por su bondad sino por la fidelidad de Dios. Su Palabra nunca cambia y sus promesas nunca se descartan. Sin embargo, los únicos judíos que estarán en el cielo serán los que se vuelvan al Cristo, el Hijo del Dios viviente. En el plan de Dios, habrá muchos de su pueblo elegido que lo harán. No solo será Israel "según la carne", sino Israel espiritual, "hijos de Dios" (Ro. 9:8).

¿Cómo alguien puede tener seguridad eterna?

Cuando se trata de estar seguro de la propia salvación, la inseguridad es una virtud para la mentalidad musulmana. Estar seguro de su morada eterna no demuestra confianza, sino orgullo. De hecho, los estudiosos musulmanes enseñan que la incertidumbre conduce a la obediencia, lo que mejora la oportunidad de alcanzar el paraíso. El creyente en Alá demasiado confiado será indiferente en cuanto a su fe y probablemente pierda el cielo. El fatalismo, la creencia de que el destino eterno de uno está únicamente determinado por la voluntad arbitraria de Alá, también alimenta esta ansiedad. Como se advirtió anteriormente, Mahoma admitió su propia inseguridad (*jadit* 5.266) y enseñó a sus seguidores que tomaran su ejemplo (*sura* 33:21). En el pensamiento musulmán, el infierno siempre está mucho más cerca que el paraíso. Mahoma creía que en la enfermedad física "la fiebre proviene del calor del infierno" (*jadit* 7.619). Numerosos pasajes del *Corán* especifican la mucha gente a quien Alá no ama (*suras* 2:190; 2:276; 3:57; 4:360). Todo musulmán fiel vive con temor y perturbación, no con fe y tranquilidad.

Sin embargo, es la voluntad de Dios que todo el que desee la seguridad eterna pueda hacerse de ella con confianza. El apóstol Juan descansa en esta promesa al decir: "Estas cosas os he escrito a vosotros que creéis en el nombre del Hijo de Dios, para que sepáis que tenéis vida eterna" (1 Jn. 5:13a). Cada persona dentro de la deidad participa en la seguridad del creyente. El Padre ha elegido al creyente antes de la creación del mundo para que sea su hijo (Ef. 1:4). El Hijo ha derramado su sangre y ha hecho a todos los creyentes "aceptos en el Amado" (v. 6). El Espíritu Santo "es las arras de nuestra herencia" (v. 14).

Por lo tanto, la seguridad eterna se basa en la autoridad de Dios y no en la capacidad humana. Es Él, el dador de la gracia, quien merece la gloria. Hacer otra cosa sería un insulto a Dios. Ser humilde en sí mismo es una virtud, reconociendo la fragilidad y la limitación humanas. Estar ansioso en cuanto al carácter de Dios es desnaturalizante, al cuestionar su reputación y sospechar de su honor.

Cuando la eternidad está establecida, se libera le fe para que sea lo que se ha intentado que fuera. El creyente seguro tiene plena confianza en el Señor Jesucristo para lograr todo lo que Él desea (Fil. 4:13). Ante cualquier desastre que suceda, el creyente puede permanecer firme (2 Ti. 1:7). La oración puede ser valiente (He. 4:16). El camino cristiano pede ser valeroso (Fil. 1:14). Al final, la confianza en Dios no solo conduce a la salvación, basada en la obra terminada de Cristo, sino a la glorificación, basada en la inminente segunda venida de Jesucristo, quien completará lo que Él inició en cada creyente (1 Ts. 4:13-18).

¿Es el fatalismo aceptado en el islam?

El fatalismo, la creencia de que cada acontecimiento de la historia está determinado arbitrariamente por Dios, es una premisa de la fe sostenida por millones de musulmanes, si bien no por todos. Aunque algunos cristianos creen que Dios ha determinado quién será salvo, el fatalismo supone que todo suceso en el tiempo es caprichoso, de modo tal que la gente no tiene esperanza. En términos populares, este es el significado común de la frase musulmana *Ensh'allah*, que se traduce: "Si Alá así lo quiere". Los musulmanes adoptan su aceptación bastante desesperanzada de varios pasajes del *Corán* que incluyen:

> Alá invita a la Morada de la Paz y dirige a quien Él quiere a una vía recta. (*sura* 10:25)

> Alá extravía a quien Él quiere y dirige a quien Él quiere. Él es el Poderoso, el Sabio. (*sura* 14:4)

Estas declaraciones fueron difundidas por los primeros eruditos musulmanes tales como Ibn Hazn, quien afirmó: "Nada es bueno pero Alá lo ha hecho así, y nada es malo, sino por su hacer".[7] Con la aceptación de dicha interpretación, el fatalismo ha jugado una parte fundamental en la teología islámica desde sus años de formación.

El fatalismo conduce a tres consecuencias:

Primero, a los humanos no se les da alguna esperanza en esta vida ya que toda acción ha sido predeterminada por la voluntad de un Alá trascendente e impersonal.

Segundo, la desesperanza se extiende a una baja anticipación de la salvación, puesto que Alá descarriará a quién él escoge. La mayoría de las personas será maldecida por la eternidad, y ciertamente no tendrán opción en este lado del infierno. Por lo tanto, las personas pueden resignarse a un estado de derrota propia. O la gente puede negar toda responsabilidad personal del pecado, un estado de victimización. Finalmente, el fatalismo conduce a la anarquía o al legalismo, al negar toda libertad que un individuo pueda tener.

En tercer lugar, el costo más alto del fatalismo es que hace que Dios sea la causa directa del mal. Como Dios es el autor del mal, Él no puede ser definido como absolutamente bueno. Además, si Dios es la causa del mal y Dios es eterno, entonces el mal en sí tiene veredicto. Al final, Dios se convierte en una fuerza impersonal en lugar de en un Padre cercano. Lamentablemente, el fatalismo conduce a un dios al que ni siquiera le importa lo suficiente salvar a algunos hijos. Como informa el *Jadit*: "Aisha, la madre de los creyentes, informó que murió un niño y yo dije: Hay alegría para este niño que es un pájaro entre los pájaros de entre los pájaros del Paraíso. A partir de allí, el Mensajero de Alá (que tenga paz) dijo: ¿No sabes que Alá creó el Paraíso y creó el Infierno y a los moradores de él (Paraíso) y los habitantes de éste (Infierno)?"[8]

Notas

1. Macksood Aftab, "Missionary Traps for Muslims", [Trampas misioneras para los musulmanes] *Islamic Herald* (abril de 1996).
2. Vea Muhammed Abul Quasem, *Salvation of the Soul and Islamic Devotions* [Salvación del alma y devociones islámicas] (Londres: Kegan Paul International, 1983).
3. Abdullah Yusuf 'Ali, *The Meaning of the Holy Qur'an* [El significado del sagrado *Corán*] (Brentwood, Md.: Amana, 1992), 831.

4. Walter A. Elwell, ed., *Evangelical Dictionary of Theology* [Diccionario evangélico de teología] (Grand Rapids: Baker, 1984), 97.
5. *Ibíd.*
6. Carlos Haddon Spurgeon, "The Doctrines of Grace Do Not Lead to Sin" [Las doctrinas de la gracia no conducen al pecado], http://www.spurgeon.org/sermons/1735.htm (16 de diciembre de 2002).
7. Ergun Mehmet Caner y Emir Fethi Caner, *Unveiling Islam* [Desenmascaremos el islam] (Grand Rapids: Kregel, 2002), 242. Este libro se encuentra publicado en castellano por Editorial Portavoz.
8. Sahih Muslim, 33.6435.

7

Preguntas respecto de la escatología (fin de los tiempos)

La escatología es la teología del fin de los tiempos o de las últimas cosas. Desde aproximadamente el año 1840, los cristianos occidentales han estado muy interesados en las profecías de las Escrituras. En años recientes, libros y novelas sobre el tema son éxitos de ventas perpetuos. Películas sobre temas sobre el fin del mundo, incluso producidas desde una perspectiva secular, atraen mucha atención. Los seminarios sobre escatología y profecía tienen muchos asistentes, y libros de trabajo, guías de estudio y gráficos están en constante demanda en determinadas tradiciones cristianas.

Los que miran desde afuera el mundo cristiano quedan naturalmente meditabundos por todo este interés, que ha desarrollado su propio lenguaje. Algunos pastores cristianos periódicamente predican sermones sobre los últimos días, y sus oyentes se alimentan con una dieta estable de tales términos teológicos como premileniarismo, posmileniarismo, preterismo, amilenarismo y rapto antes de la ira. Nada de esto está mal. ¡En realidad, es muy alentador para dos profesores de teología e historia de la iglesia que dedican cada minuto libre a escribir libros!

Sin embargo, podemos volvernos tan centrados en cada detalle de la profecía de Abdías que lleguemos a ignorar cuáles son las creencias escatológicas del islam. La escatología islámica afecta en gran medida la ética islámica.

Con esto en mente, resumimos los puntos de vista islámicos de los últimos tiempos, del cielo, el infierno, los ángeles y el juicio, comparándolos con la teología cristiana.

¿Es Jesús (*Isu*) el centro de la escatología islámica?

Jesús no es el centro de la escatología islámica, pero sí juega un papel integral. Las preguntas subsiguientes sondearán la visión islámica del regreso de Jesús, visto como un tipo de Elías o un precursor del juicio de Alá. Uno de los textos básicos que hacen referencia al regreso de Jesús el profeta es el *sura* 43:61:

> Será [Jesús] un medio de conocer la Hora [del juicio]. ¡No dudéis, pues, de ella y seguidme! ¡Esto es una vía recta! [1]

En el comentario de 'Ali acerca del *Corán*, se encuentra una declaración clara de la visión islámica del motivo por el cual Jesús regresará: Para llevar a todos a la fe en Alá:

> Esto se comprende como la segunda venida de Jesús, en los Últimos Días antes de la Resurrección, cuando él destruirá las falsas doctrinas que se consideran como suyas y prepare el camino para la aceptación universal del islam, el Evangelio de la Unidad y la Paz, el Sendero recto del *Corán*.[2]

Tal interpretación del regreso de Cristo seguro sorprendería a los escritores del Nuevo Testamento, sin embargo, más de mil millones de personas en el planeta creen fervientemente en esta versión. Para que nadie piense que este singular versículo es una aberración o una obsesión para algunos pocos selectos musulmanes, Abdulazziz Abdulhussein Sachedina ha resumido la importancia de este Jesús modificado:

> Él descenderá en Tierra Santa en un lugar llamado Afiq con una lanza en su mano, matará con ella al *al-Dajjal* (Anticristo) e irá a Jerusalén en el momento de la oración de la mañana. El *Imán* (clérigo musulmán) tratará de

darle su lugar, pero Jesús se rehusará y adorará tras de él de acuerdo con la *sharia* de Mahoma. A partir de allí, él matará a los cerdos, romperá las cruces y matará a todos los cristianos que no crean en él. Una vez muerto el *al-Dajjal*, todos los Pueblos del Libro (es decir, judíos y cristianos) creerán en él y formarán un único *umma* de los que se someten a la voluntad de Alá. Jesús establecerá la regla de la justicia y permanecerá durante cuarenta años, luego de lo cual morirá. Su funeral se llevará a cabo en Medina, donde será enterrado al lado de Mahoma, en un lugar entre Abu Bakr y Umar.[3]

¿Dónde regresará Jesús?

En el cristianismo, Jesús regresará al mismo lugar desde donde ascendió, según Hechos 1:9-11. En el islam, el retorno de Jesús se describe en términos extrañamente específicos. *Jadit* Abu Dawud 37.4310 advierte: "Jesús (la paz sea con él), Él descenderá (a la tierra). Cuando lo vean, reconocedlo como un hombre de mediana estatura, belleza rojiza, vistiendo dos ropas amarillo claro".

Muchos creen que Jesús llegará a un alminar en Damasco, Siria. "La mayoría de los musulmanes cree que el descenso de Jesús del cielo se logrará colocando sus manos en las alas de dos ángeles. Él descenderá en el alminar blanco, situado en la región oriental de Damasco. Él invitará a todo el mundo a ser musulmán, incluso a los cristianos y a los judíos".[4]

Esto presenta una marcada diferencia con el regreso de Cristo al Monte de los Olivos, como puede verse en Zacarías 14:4a: "Y se afirmarán sus pies en aquel día sobre el monte de los Olivos, que está en frente de Jerusalén al oriente".

¿Jesús en realidad mata al anticristo (*al-Dajjal*) en la enseñanza islámica?

Si Jesús matará al *al-Dajjal* es un tema de cierto debate. Los shiitas proclaman una enseñanza del duodécimo imán, Mohammed ibn al-Hanifiyah. Aproximadamente en el año 875, al-Hanifiyah desapareció. Los shiitas creen que él nunca murió sino que está esperando el regreso de Jesús, para poder ser el *Mahdi* ("el que guía correctamente") quien matará al *al-Daijal*. El ayatola Komeini pertenecía a esta secta *ithna-ashariyya* de los shiitas.

Otros musulmanes sí creen que Jesús matará personalmente al anticristo en una batalla en las llanuras. Sundquist cita el *Jadit* Dhikr Dajjal musulmán:

> Cristo... avanzará con los musulmanes para luchar en contra del Dajjal. El enemigo se replegará antes del poderoso asalto de Cristo el hijo de María, y el Dajjal huirá hacia Israel por la pendiente de Afiq (una montaña cerca de la ciudad de Fiq en Siria). Cristo perseguirá al Dajjal y lo destruirá en el... campo de Lydda. Seguirá una gran matanza de judíos y cada uno de ellos será aniquilado. La nación de los judíos será exterminada. Al proclamar Jesús la verdad, la religión cristiana se extinguirá. Luego el hijo de María perseguirá al Dajjal y lo alcanzará en la puerta de Lydda y lo matará.[5]

Si de hecho la mayoría de los musulmanes cree que Jesús se reunirá con el duodécimo imán, entonces surge un tema interesante. El Jesús islámico en realidad comienza a parecerse a uno de los dos testigos que nunca murieron en Apocalipsis 11:3, ya que ni Él ni el duodécimo imán jamás probaron la muerte. En el *Corán*, Jesús no fue nunca crucificado ni murió.

> y por haber dicho: "Hemos dado muerte al Ungido, Jesús, hijo de María, el enviado de Alá", siendo así que no le mataron ni le crucificaron, sino que les pareció así. Los que discrepan acerca de él, dudan. No tienen conocimiento de él, no siguen más que conjeturas. Pero, ciertamente no le mataron, sino que Alá lo elevó a Sí. Alá es poderoso, sabio. (*sura* 4:157-58)

Evidentemente, si Cristo no fue crucificado, entonces Él no regresará horadado, como se profetiza en Zacarías 12:10 ("y mirarán a mí, a quien traspasaron"). Así, Jesús comienza a parecerse a alguien como Elías o Enoc, ninguno de los cuales murieron sino que fueron transpuestos, según la Biblia.

¿Al regresar, Jesús romperá todas las cruces y matará a todos los cerdos?

De acuerdo con la colección de al-Muslim de *ajadit*, Jesús romperá todas las cruces y matará a todos los cerdos por dos razones. Primero, Él dará fin al uso de todo icono religioso, una práctica prohibida en el islam y terminará con el uso de animales impuros, de los cuales los cerdos son considerados emblemáticos. Los musulmanes han considerado desde hace mucho el uso de los católicos romanos y los ortodoxos de íconos como muy ofensivos y pecaminosos. Muchos de las sectas más estrictas islámicas ni siquiera permiten que se les tome una fotografía, por temor a violar esta enseñanza.

> Cuando los musulmanes se postren para ofrecer oraciones, Cristo hijo de María ("La paz sea con él") descenderá del cielo ante sus ojos. Él conducirá las oraciones. Cuando se terminen las oraciones le dirá a la gente: "Limpien el camino entre mí y este enemigo de Alá". Alá le dará una gran victoria a los musulmanes sobre las huestes del Dajjal. Los musulmanes infligirán un castigo horrendo al enemigo. Incluso los árboles y las piedras clamarán: "Ah *Abdullah*, Ah *Abdul Rahman*, Ah *Muslim*, vengan, aquí hay un judío detrás de mí, mátenlo". De esta manera Alá hará que los judíos sean aniquilados y los musulmanes tendrán la victoria. Romperán la cruz, matarán a los cerdos y abolirán el *jizya* (el impuesto sobre los incrédulos que viven en países islámicos).[6]

Es interesante recalcar que Apocalipsis, el último libro del Nuevo Testamento y el centro de la escatología cristiana, se refiere más comúnmente a Jesús como "el Cordero". En todo caso, la cruz como un símbolo de la muerte de Cristo por el pecado no es más que eso, un símbolo. No es un ídolo que es adorado o al que los ortodoxos cristianos le asignan poder místico. La idea de que una cruz tiene algún poder mágico en sí no es un concepto bíblico, sino el resultado de influencias paganas ajenas a la Biblia.

¿Al regresar, Jesús se convierte en esposo y padre?

En el *Jadit* del musulmán Sahih se dice que Jesús: "vivirá durante cuarenta años durante los cuales se casará, tendrá hijos y realizará *Hajj* (peregrinaje)".[7] El significado de los cuarenta años no queda claro en la teología islámica, pero muchos especulan con un paralelo al uso que hace la Biblia del número, el cual fue la tentación de Cristo por cuarenta días en Mateo 4:1-11.

Esto presenta un gran contraste con el regreso de Cristo a buscar a su novia, el nombre simbólico de la iglesia como el cuerpo espiritual de Cristo en las Escrituras. "Gocémonos y alegrémonos y démosle gloria; porque han llegado las bodas del Cordero, y su esposa se ha preparado" (Ap. 19:7). El término novia (esposa) es puramente metafórico, una descripción de todo creyente en Jesucristo a lo largo de la historia. Si bien los comentaristas liberales han especulado que había algo más que una amistad entre Jesús y las hermanas de Lázaro, María y Marta, los evangélicos son unánimes al afirmar que Jesús nunca cortejó, se casó ni siquiera pensó en las mujeres en un sentido romántico. El Señor soberano del universo seguramente no tuvo lascivia sexual ni cometió un pecado sexual, como han sugerido los que quisieran eliminar toda deidad del Señor.

¿El Jesús que regresa finalmente morirá?

Como advierte Sachedina, los musulmanes creen que Cristo vive durante cuarenta años y hasta realiza un peregrinaje a La Meca. "Hará perecer a todas las religiones menos al islam. Destruirá al anticristo y vivirá en la tierra durante cuarenta años y luego morirá".[8]

El propósito es poner en la misma posición a Jesús que al resto de los profetas. La importancia de este principio central en el islam no puede dejar de tomarse en cuenta. Los cristianos le dan supremacía a Cristo, entonces los musulmanes son celosos al destacar su piedad humana como un humilde seguidor de Alá. Al regreso de Cristo, Él toma un segundo lugar en el tiempo de oración, detrás del hombre, para demostrar su posición. Los musulmanes con frecuencia apuntarán al bautismo de Jesús como una narrativa paralela, pero recuerde las palabras de Juan el Bautista cuando se acercó Cristo:

El siguiente día vio Juan a Jesús que venía a él, y dijo: He aquí el Cordero de Dios, que quita el pecado del mundo. Este es aquel de quien yo dije: Después de mí viene un varón, el cual es antes de mí; porque era primero que yo. Y yo no le conocía; mas para que fuese manifestado a Israel, por esto vine yo bautizando con agua. También dio Juan testimonio, diciendo: Vi al Espíritu que descendía del cielo como paloma, y permaneció sobre él. Y yo no le conocía; pero el que me envió a bautizar con agua, aquél me dijo: Sobre quien veas descender el Espíritu y que permanece sobre él, ése es el que bautiza con el Espíritu Santo. Y yo le vi, y he dado testimonio de que éste es el Hijo de Dios. (Jn. 1:29-34)

En su vida, Jesús es retratado como alguien digno de honra como profeta pero no como Dios el Hijo. Incluso el entierro de Jesús entre Abu Bakr y Umar Lo ubica en línea e igualdad en la historia islámica, en lugar de tener una posición exaltada en el trono de David.

Se deber destacar la visión islámica en contraste con las propias palabras de Cristo según se encuentran registradas en Apocalipsis 1:18: "y el que vivo, y estuve muerto; mas he aquí que vivo por los siglos de los siglos, amén. Y tengo las llaves de la muerte y del Hades". Cristo probó la muerte por la humanidad, pero su conquista de la muerte significa que Él está vivo por siempre. Como escribe Pablo en Hebreos 7:24: "mas éste, por cuanto permanece para siempre, tiene un sacerdocio inmutable".

¿Es el Armagedón la *yijad* final?

En ocasiones, los musulmanes señalarán la batalla de Armagedón como un equivalente cristiano de la *yijad*, refiriéndose a pasajes tales como Apocalipsis 19:11-16:

> Entonces vi el cielo abierto; y he aquí un caballo blanco, y el que lo montaba se llamaba Fiel y Verdadero, y con justicia juzga y pelea. Sus ojos eran como llama de fuego, y había en su cabeza muchas diademas; y tenía un nombre escrito que ninguno conocía sino él mismo. Estaba vestido de una ropa teñida en sangre; y su nombre es: EL VERBO

> DE DIOS. Y los ejércitos celestiales, vestidos de lino finísimo, blanco y limpio, le seguían en caballos blancos. De su boca sale una espada aguda, para herir con ella a las naciones, y él las regirá con vara de hierro; y él pisa el lagar del vino del furor y de la ira del Dios Todopoderoso. Y en su vestidura y en su muslo tiene escrito este nombre: REY DE REYES Y SEÑOR DE SEÑORES.

Sin embargo, debajo de la descripción militarista superficial residen algunas diferencias distintivas. La *yijad* le da mérito al participante musulmán que está intentando alcanzar el cielo. En el Armagedón, los creyentes que acompañen a Cristo ya habrán heredado el cielo. Están regresando no para luchar, sino simplemente para observar el cumplimiento de la profecía. Solo Cristo es retratado teniendo un arma. Esta batalla final no es la preparación para el juicio, sino el inicio del juicio final.

Lo más importante es que la muerte de los incrédulos no está en manos de los creyentes. Solo Dios tiene la autoridad para tomar sus vidas. Las Escrituras nunca registran la advertencia de Cristo de matar a los infieles. La autoridad sobre toda la vida —incluso la muerte— se encuentra en las manos de Dios únicamente.

¿La escatología islámica depende de la conquista musulmana del mundo?

Los teólogos islámicos se encuentran divididos sobre el objetivo de la conquista del mundo. Muchos repudian la conquista del mundo como una meta del islam, mientras que otros ven la subyugación de todos los pueblos como algo necesario para prepararse para el juicio de Alá. Un defensor de la necesidad del dominio y la conquista fue el ayatola Komeini, un shiita que llegó al poder en Irán cuando el sha fue derrocado en 1979. Komeini habló con una franqueza atemorizadora:

> El islam obliga a todos los hombres adultos, siempre que no estén incapacitados, a prepararse para la conquista de países de modo que la Escritura del islam sea obedecida en todo país del mundo. Pero los que estudian la Guerra Santa

> islámica comprenderán por qué el islam quiere conquistar el mundo... Los que no saben nada del islam pretenden que el islam está en contra de la guerra. Estos (los que dicen eso) son necios. El islam dice: Matad a todos los incrédulos así como ellos los matarían a todos. ¿Esto significa que los musulmanes deban quedarse sentados hasta que sean devorados por (los incrédulos)? El islam dice: Mátenlo (a los no musulmanes), pásenlos por la espada y dispersen (a sus ejércitos). ¿Esto significa quedarse de brazos cruzados hasta que (los no musulmanes) nos venzan? El islam dice: Matad en servicio de Alá a los que quieran mataros. ¿Esto significa que debemos rendirnos al enemigo? El islam dice: Cualquier cosa buena que haya existe gracias a la espada y a la sombra de la espada. La gente no puede ser obediente salvo con la espada. La espada es la llave al Paraíso, que solo puede abrirse para los guerreros santos... ¿Esto significa que el islam es una religión que evita que los hombres libren la guerra? *Hablo lleno de cólera sobre aquellas almas tontas que sostienen esto.*[9]

Como añadidura a los que creen que la conquista del mundo por parte del islam es inevitable, Mohamed Azad y Bibi Amina han escrito un libro aterrador que delinea sus creencias, titulado *El islam conquistará a todas las demás religiones y el poder estadounidense decrecerá.*[10] El titulo lo dice todo. Si de hecho esta conquista tiene un sentido escatológico, entonces los musulmanes casi se equipararían con los posmileniaristas en su creencia de que las obras de los hombres devotos pueden llevar al fin del mundo.

¿El *Corán* apoya los argumentos del dominio mundial islámico?

¿El *Corán* apoya tales argumentos de dominación mundial en un sentido geopolítico? Los que creen en la dominación mundial por parte del islam citan el *sura* 61:9: "Él es Quien ha mandado a Su Enviado con la Dirección y con la religión verdadera para que prevalezca sobre toda otra religión, a despecho de los asociadores".

Este versículo es tan central para la ética islámica que se repite tres veces, primero en el *sura* 9:33 y se lo modifica en el *sura* 48:28, que convoca a Alá a dar testimonio de la verdad. 'Ali agrega un punto fascinante que manifiesta la posición de muchos musulmanes:

> En realidad hay una única Religión verdadera, el Mensaje de Alá, la sumisión a la Voluntad de Alá. A esto se lo llama islam. Fue la religión predicada por Moisés y Jesús; fue la religión de Abraham, Noé y de todos los profetas, cualquiera sea el nombre que lleven. Si la gente corrompe esa luz pura y llama a sus religiones por diferentes nombres, debemos soportar con ellos, y podemos permitir los nombres a los fines de la conveniencia. Pero la Verdad debe prevalecer por sobre todo.[11]

Los cristianos y los judíos rechazarían con vehemencia su evaluación. Semejante a la Iglesia de Jesucristo de los Santos de los Últimos Días (mormones) y la Iglesia de la Unificación (de Moon), el islam abrogó, adaptó y modificó la fe ortodoxa de Abraham, Isaac, Jacob y José, y luego procedió a sostener que realmente tiene el verdadero mensaje.

¿Cómo regresará Jesús según la teología islámica?

Uno de los bosquejos más claros de la escatología islámica es de la autoría de Mufti A. H. Elias, en su artículo: "Jesús (*Isu*) A.S. en el islam y su segunda venida". Proporciona treinta bendiciones atribuidas al regreso del profeta Jesús:

1. *Isu* descenderá y permanecerá en la tierra.
2. Su descenso será en la última era de Ummat.
3. Será un gobernador y un juez justo.
4. Su ummat serán los califa (delegados) de Rasullah (Mahoma).
5. Él actuará por sí mismo e instruirá a los demás sobre el *Corán* y el *Jadit.*
6. Conducirá al pueblo en la *Salat* (oración).

7. Permanecerá en la tierra durante un período de cuarenta años después de su descenso. Será la mejor época de los Ummat luego de la primera época del islam.
8. Alá protegerá a sus compañeros de *Jahannam* (uno de los siete niveles del infierno).
9. Los que observen la *Deen* (religión) del islam asociándose con (Jesús) estarán entre los más amados por Alá.
10. Durante este período, todas las demás religiones y *mazhabs* fuera del islam perecerán, por lo que no habrá más *kafirs* (incrédulos) en el mundo.
11. Se detendrá la *yijad.*
12. No se cobrará *Khiraaj* (impuesto a la tierra).
13. Ni *Jizya* (impuesto a la protección), dinero de los *kafirs.*
14. La riqueza y la prosperidad estarán en demasía hasta el punto en que nadie aceptará la riqueza de otros.
15. Se descartará recibir *zakat* (caridad) y la *sadaqa* (dádiva voluntaria) (puesto que no habrá pobres que la reciban).
16. La gente amará el *sajda* (postrarse ante Alá) más que al mundo y de lo que está compuesto.
17. Todo tipo de *Deen* y bendiciones mundanas descenderán sobre la tierra (se crearán muchas cosas *halal* [lícitas]).
18. Habrá paz, armonía y tranquilidad durante la época en que... *Isu* (A.S.) permanezca en el mundo.
19. No habrá animosidad durante un período de siete años, incluso entre dos personas.
20. Todos los corazones estarán libres de mezquindad, envidia, odio, malicia y celos.
21. Durante un período de cuarenta años nadie se enfermará ni morirá.
22. Se quitará el veneno de todos los animales venenosos.
23. Las serpientes y los escorpiones no lastimarán a nadie hasta el punto en que si un niño coloca la mano en su boca, no será dañado.
24. Los animales salvajes no lastimarán a nadie.
25. Si un hombre pasa cerca de un león, no será molestado ni lastimado, o incluso si alguna niña le abre su boca para probar si hará algo.

26. Los camellos pastarán entre leones, los leopardos con el ganado y los chacales con los corderos.
27. La fertilidad de la tierra crecerá hasta tal punto que incluso si se planta una semilla en una roca dura, germinará.
28. Una granada será tan enorme que una *jamaat* (nación) podrá comerla y la gente usará su cáscara como sombra.
29. Habrá tanta *barakaat* (bendición) en leche que un camello será suficiente para una enorme *jamaat*, una vaca para una tribu y un cordero para una familia.
30. En pocas palabras, la vida será sumamente placentera luego del descenso de Jesús.

Los cristianos podrán ver paralelos en esta lista con descripciones de la vida en el reino durante el milenio, tales como los que se encuentran en Isaías y Ezequiel.

¿Todos se postrarán ante Cristo?

Recientemente, un musulmán llamó a un programa radial en el que nosotros estábamos invitados y citó Filipenses 2:9-11 como evidencia de la conquista de los infieles en el cristianismo: "Por lo cual Dios también le exaltó hasta lo sumo, y le dio un nombre que es sobre todo nombre, para que en el nombre de Jesús se doble toda rodilla de los que están en los cielos, y en la tierra, y debajo de la tierra; y toda lengua confiese que Jesucristo es el Señor, para gloria de Dios Padre".

¿Este texto insinúa la muerte del infiel y por lo tanto es análogo a la *yijad*? Es cierto, el texto es escatológico en sustancia, ya que significa que finalmente, toda criatura viviente se postrará ante Cristo reconociéndolo como Señor. Sin embargo, nos precipitamos a agregar que esto sucederá en el juicio, después del fin de los tiempos, no en la época presente. Ni tampoco sugiere que se mate al infiel, incluso después del juicio. La existencia en el infierno se describe como "eterna" (Mt. 18:8). Filipenses 2 no se está refiriendo a una conversión "forzada", sino a una respuesta universal a la majestad y señorío de Jesucristo en el juicio.

¿Se describe el cielo en términos sensuales en el islam?

Más allá de ser la morada eterna de los musulmanes que han encontrado el Sendero Recto, las descripciones del *Corán* y del *Jadit* sobre el cielo parecen inusuales para los que están acostumbrados a las descripciones bíblicas de la gloria eterna. El *sura* 56:12-38 presenta un retrato claro del cielo como una morada sensual:

> en los jardines de la Delicia. Habrá muchos de los primeros y pocos de los últimos. En lechos entretejidos de oro y piedras preciosas, reclinados en ellos, unos enfrente de otros. Circularán entre ellos jóvenes criados de eterna juventud con cálices. jarros y una copa de agua viva, que no les dará dolor de cabeza ni embriagará, con fruta que ellos escogerán, con la carne de ave que les apetezca. Habrá huríes de grandes ojos, semejantes a perlas ocultas, como retribución a sus obras. No oirán allí vaniloquio ni incitación al pecado, sino una palabra: "¡Paz! ¡Paz!" Los de la derecha -¿qué son los de la derecha- estarán entre azufaifos sin espinas y liños de acacias, en una extensa sombra, cerca de agua corriente y abundante fruta, inagotable y permitida, en lechos elevados. Nosotros las hemos formado de manera especial y hecho vírgenes, afectuosas, de una misma edad, para los de la derecha.

'Ali añade en su comentario coránico que la "juventud y la frescura con la que los asistentes se servirán es un símbolo del verdadero servicio como el que podemos esperar en el mundo espiritual. Esa frescura será perpetua y no sujeta a algún cambio de ánimo u oportunidades o cambios".[12]

El *Corán* está repleto de referencias a estas vírgenes, llamadas *hurís*:

> Tendrán a las de recatado mirar, de grandes ojos, como huevos bien guardados. (*sura* 37:48-49)

> Estarán en ellos las de recatado mirar, no tocadas hasta entonces por hombre ni genio, ¿cuál, pues, de los beneficios de vuestro Señor negaréis? (*sura* 55:56-57)

> En cambio, a los temerosos de Alá se les deparará el éxito: vergeles y viñedos, de turgidos senos, de una misma edad, copa desbordante. (*sura* 78:31-34)

Mucho se ha hecho acerca de la anticipación de los mártires de vírgenes vestales que los esperarán en el cielo. La creencia de setenta y dos vírgenes se basa en *jadit* 4.2687:

> Se oyó decir al Profeta Mahoma: "La recompensa más pequeña para la gente del paraíso es una morada donde hay 80.000 sirvientes y 72 esposas, sobre el cual hay un domo decorado con perlas, aguamarina y rubí, tan ancho como la distancia desde al-Jabiyyah (un suburbio de Damasco) a Sana'a (Yemén)".

¿Es el diablo de la Biblia el mismo que el *Iblis* en el islam?

En términos generales, la descripción del diablo islámico, llamado *Iblis* o *Shaytan*, se parece a la descripción bíblica de Satanás, con unas pocas distinciones. Los autores musulmanes Azad y Amina escriben:

> Según la enseñanza coránica, el ser que se convirtió en Satanás... previamente había ocupado un alto cargo pero cayó de la gracia divina por su acto de desobediencia al rehusarse a honrar a Adán cuando a él, junto a otros ángeles, se le ordenó hacerlo. Desde ese entonces, su obra ha sido engañar al hombre al error y al pecado. Satanás es, por lo tanto, el contemporáneo del hombre, y el propio acto de desobediencia de Satanás se interpreta en el *Corán* como el pecado del orgullo. Las maquinaciones de Satanás cesarán únicamente en el Último Día.[13]

Si bien encontramos algunas similitudes, el uso del término contemporáneo al describir la relación de Satanás con la humanidad pudiera molestar a los estudiosos de la Biblia. Además, el hecho de que Satanás se niega a postrarse ante Adán no se halla en las descripciones de su caída en Isaías 14:12-15 y Ezequiel 28:11-19, que han considerado tradicionalmente la caída de Lucifer de la posición de arcángel. Advierta el objeto del escarnio de Lucifer en Isaías 14:12-15:

> ¡Cómo caíste del cielo, oh Lucero, hijo de la mañana! Cortado fuiste por tierra, tú que debilitabas a las naciones. Tú que decías en tu corazón: Subiré al cielo; en lo alto, junto a las estrellas de Dios, levantaré mi trono, y en el monte del testimonio me sentaré, a los lados del norte; sobre las alturas de las nubes subiré, y seré semejante al Altísimo. Mas tú derribado eres hasta el Seol, a los lados del abismo.

Su desobediencia premeditada fue una burla directa al reino soberano de Dios, no a la posición de Adán. Cinco veces, Lucifer habla de su deseo de estar en el lugar de Dios, de ser Dios. Su caída, en el registro bíblico, fue la idolatría final: La adoración del yo.

¿Cómo se describe el infierno en la teología islámica?

Para el que no logre un buen equilibro de las balanzas, le espera un infierno de interminable tortura. Los infieles serán golpeados con varas hechas de hierro mientras intentan escapar repetidas veces, según el *sura* 22:21-22: "se emplearán en ellos focinos de hierro. Siempre que, de atribulados, quieran salir de ella se les hará volver. '¡Gustad el castigo del fuego de la gehena!'"

En segundo lugar, el fuego abrasará al infiel, como se ve en el *sura* 14:49-50: "Ese día verás a los culpables encadenados juntos, sus indumentos hechos de alquitrán, cubiertos de fuego sus rostros". Ali advierte que el "alquitrán" mencionado es el *qatirn* árabe, una sustancia semejante a resina que se inflama rápidamente.[14] Además, esto de quemar y abrasar será por siempre y repetido, según el *sura* 74:27-29.

Sura 40:49 indica que los consignados al infierno rogarán a los ángeles asignados para montar guardia que intercedan a su favor, sin lograrlo: "Los que estén en el Fuego dirán a los guardianes de la gehena: '¡Rogad a vuestro Señor que nos abrevie un día del castigo!'". El ruego es comprensible, ya que los infieles también se ahogarán con bacterias líquidas. *Sura* 14:16 advierte: "Le espera la gehena y se le dará a beber una mezcla de pus y sangre". El *Corán* enseña que el infierno es protegido por los *al-Zabaniyya*, diecinueve guardianes angélicos, que "actúan violentamente" contra los que intentan encontrar un lugar para ocultarse. Vea *suras* 74:30 y 96:18 para mayor información sobre estos guardianes.

En medio del infierno, el islam enseña que habrá un Árbol de amargura, llamado *al-Zaqqum*. Este árbol exhalando amargura en el abismo del infierno se parecerá a las cabezas demoníacas. Los estómagos de los pecadores obligados a comer de este árbol del infierno se quemarán horriblemente.[15]

También pueden verse las similitudes entre el infierno bíblico y el infierno islámico. Las imágenes utilizadas en el *Corán*, tales como manantiales hirvientes (*sura* 88:5), oscuridad helada (*sura* 38:57) y un abismo (*sura* 101:9-10), también se encuentran en el registro bíblico.

¿Hay niveles en el infierno para la teología islámica?

Las similitudes entre las descripciones bíblicas e islámicas del infierno terminan aquí. El *Corán* enseña que el infierno está dividido en siete niveles, específicamente diseñados para diversos grupos de infieles. El *sura* número setenta del *Corán*, al-Maarij, se traduce como "Las gradas". Netton expone sobre el capítulo:

> Significa "Los ascensos" o "Las escaleras". El *sura* pertenece al período de La Meca y tiene 44 versículos. Su título refleja el versículo 3 donde se describe a (Alá) como "Señor de las gradas" (*Thi 'l-Maarij*). La majestad de (Alá) está enfatizada vívida y bellamente al comienzo del *sura* con una referencia a los ángeles que ascienden a (Alá) en un día cuya medida se interpreta como "cincuenta mil años". Se describen los terrores del Día del Juicio. Los malignos irán al infierno mientras que los dignos y píos serán honrados en el Paraíso.[16]

Entonces, ¿cuáles son los niveles del infierno? El término común *al-Nar* es el término literal para "infierno" en árabe, pero no designa alguna variación entre niveles. En cambio, la tradición islámica ha construido estos niveles alrededor de los diversos términos árabes usados en el *Corán*.

Uno de los niveles más ligeros se llama *Jahannam*, que es el equivalente árabe para el término griego *gehena*. "La palabra tiene connotaciones en árabe de 'profundidad' y se le emplea muy comúnmente en el *Corán* para designar al infierno. Aparece setenta y siete veces. La tradición envía a los musulmanes malignos que no se arrepienten a esta capa del infierno para que sufran durante un tiempo hasta que son finalmente transferidos al Paraíso".[17] En esto puede verse rápidamente un paralelo con la doctrina católica romana del purgatorio, que hace surgir un conjunto de preguntas totalmente nuevas que no son pertinentes a este tratamiento.

Saqar es un nivel de infierno reservado para los zoroastras. Esta religión de Oriente Medio fue estudiada especialmente por los califas islámicos debido a su falta de disposición a aceptar a Alá y al *Corán* como la única revelación y ser. El término, usado solo cuatro veces en el *Corán*, se traduce aproximadamente como "abrasado por el sol".

Sair es el nivel del infierno preparado por Alá como un "infierno ardiente", tradicionalmente para los sabaeanos. Si bien tres grupos diferentes han ostentado este título, la mayor parte de los musulmanes cree que es un grupo del norte de Siria que enseñaba el pensamiento neoplatónico y el gnosticismo. El término se usa dieciséis veces en el *Corán*.[18]

Al-Jahim es el nivel del infierno que se consigna a los idólatras. El término aparece veinticinco veces en el *Corán*.

El quinto nivel más bajo del infierno se llama *Laza*, que literalmente significa "fuego ardiente". Ian Richard Netton dice que "*Laza* es uno de los siete niveles del infierno que luego por tradición consignaron los cristianos. La palabra solo aparece una vez en el *Corán* (*sura* 70). Aquí, en el versículo 15, se describe a *Laza* como un gran horno que quemará el cuero cabelludo del pecador y tragará al miserable y a los que den sus espaldas a la verdad".[19] *Sura* 70:15-16 dice: "¡No! Será una hoguera, que arrancará el cuero cabelludo".

El sexto nivel más bajo del infierno se llama *al-Hutama*, que significa "el que destroza, destruye o aplasta". Netton escribe: "*Al-Hutama* es uno de los siete niveles del infierno que luego la tradición asignó a los judíos".[20] Se lo describe en el *sura* 104:1-9:

> ¡Ay de todo aquél que difame, que critique, que amase hacienda y la cuente una y otra vez, creyendo que su hacienda le hará inmortal! ¡No! ¡Será precipitado, ciertamente, en la hutama! Y ¿cómo sabrás qué es la hutama? Es el fuego de Alá encendido, Que llega hasta las entrañas. Se cerrará sobre ellos en extensas columnas.

El nivel más bajo del infierno se llama *al-Hawiya*, que significa "el abismo" o el "precipicio". La interpretación islámica tradicional considera a este nivel como sin fondo, reservado para los peores hipócritas. Aparece en el *sura* 101:8-11: "mientras que el autor de obras ligeras tendrá un abismo por morada. Y ¿cómo sabrás qué es? ¡Un fuego ardiente!".

¿Es el islam la "ramera de Babilonia"?

Los cristianos inquisitivos consideran la embestida de los acontecimientos actuales y se preguntan si el islam es el sistema religioso maligno mencionado en Apocalipsis 17:1-6:

> Vino entonces uno de los siete ángeles que tenían las siete copas, y habló conmigo diciéndome: Ven acá, y te mostraré la sentencia contra la gran ramera, la que está sentada sobre muchas aguas; con la cual han fornicado los reyes de la tierra, y los moradores de la tierra se han embriagado con el vino de su fornicación. Y me llevó en el Espíritu al desierto; y vi a una mujer sentada sobre una bestia escarlata llena de nombres de blasfemia, que tenía siete cabezas y diez cuernos. Y la mujer estaba vestida de púrpura y escarlata, y adornada de oro, de piedras preciosas

> y de perlas, y tenía en la mano un cáliz de oro lleno de abominaciones y de la inmundicia de su fornicación; y en su frente un nombre escrito, un misterio: BABILONIA LA GRANDE, LA MADRE DE LAS RAMERAS Y DE LAS ABOMINACIONES DE LA TIERRA. Vi a la mujer ebria de la sangre de los santos, y de la sangre de los mártires de Jesús; y cuando la vi, quedé asombrado con gran asombro.

¿Es este el islam? Por cierto la descripción de la naturaleza difundida del sistema ("muchas aguas") y de la persecución sangrienta que ejecutan sobre los mártires encajaría en el crecimiento islámico. Sin embargo, como afirman los que estudian la profecía, el sistema religioso descrito en Apocalipsis será una fuerza unificadora de paz y amor para todos los pueblos. Como le sucedió anteriormente al catolicismo romano, el islam ha sido acusado de ser más penetrante de lo que en realidad es. Nosotros creemos que este sistema de Apocalipsis 17 no puede ser solo un sistema, sino una amalgama de muchos sistemas. Será un embate abarcativo que no amenaza a nadie y que une a cada pagano en una "religión" que le cabe bien a todo el mundo.

¿Es el conflicto cristiano-musulmán un precursor de la venida de Cristo?

Los que creen que el islam pudiera ser el sistema religioso mencionado en Apocalipsis 17 suelen añadir que el caos actual está preparando la historia para la venida de nuestro Señor. ¿Lo apoyan las Escrituras?

Nuestra respuesta a esta pregunta toma la forma de nuestra visión de cómo sucederá el fin de los tiempos. Los cristianos están en desacuerdo en cuanto a lo que la Biblia enseña sobre el fin de los tiempos. Ambos autores aceptan la posición denominada "Pretribulacionalismo premilenario". Básicamente, esperamos que Cristo llame de regreso a la iglesia en un rapto repentino antes del comienzo del período de tribulación descrito en Apocalipsis 6 al 19. Creemos que toda preparación profética que preceda a la venida de Cristo en las nubes ha sido cumplida y que Él puede venir en cualquier momento. En la misma línea de pensamiento, es nuestra opinión que el rapto viene antes de la tribulación, seguida por la Segunda Venida, que inaugura el reino milenario y finalmente, el gobierno eterno de Dios. Reconocemos que otros ven otro patrón y otra secuencia, y que va más allá del alcance de este estudio comparar las diversas opiniones o defender la nuestra.

Dada esta advertencia, no creemos que el islam juegue un papel central en este conflicto más de lo que lo hace cualquier otro movimiento mundial. Cada generación de cristianos ha presenciado algún conflicto mundial con el temor o la esperanza de que estaba viendo desenvolverse la crisis final. Cristo puede volver en cualquier momento. Sí creemos que el regreso de Cristo es inminente, pero también creemos que el pánico no es la emoción apropiada para el creyente. Vivimos, oramos y damos testimonio como si Cristo regresara hoy día, pero planeamos como si Cristo no regresara hasta dentro de cincuenta años. Esto permite una perspectiva equilibrada.

¿Dios se regocija al enviar personas al infierno?

En *Desenmascaremos el islam*,[21] bosquejamos la naturaleza estoica de Alá según se describe en el *Corán*. Alá elige a los que quiere llevar al cielo y a los que quiere maldecir, y su complacencia divina es la única que importa. Una pregunta que surgió durante una entrevista de la televisión nos dirigió a esa idea como cristianos: "Bueno, ¿su Dios de la Biblia se regocija cuando un alma va al infierno? ¿Un individuo enviado al infierno no le da a su Dios algún tipo de gloria y placer divino?"

Con cada fibra de nuestro ser repudiamos esta idea. Solo es necesario estudiar la Biblia para ver el motivo por el que Cristo se convirtió en hombre: "vino a buscar y a salvar lo que se había perdido" (Lc. 19:10). En un caso en particular, los fariseos enfrentaron a Jesús acerca de su hábito de dedicar tiempo a los considerados "impuros". Cristo declaró enfáticamente: "Los sanos no tienen necesidad de médico, sino los enfermos. Id, pues, y aprended lo que significa: Misericordia quiero, y no sacrificio. Porque no he venido a llamar a justos, sino a pecadores, al arrepentimiento" (Mt. 9:12b-13).

El ofrecimiento de salvación, limpieza y liberación en Cristo es el mensaje central del evangelio. De hecho, Pedro muestra el corazón de Dios en 2 Pedro 3:9: "El Señor no retarda su promesa, según algunos la tienen por tardanza, sino que es paciente para con nosotros, no queriendo que ninguno perezca, sino que todos procedan al arrepentimiento".

El infierno no es la opción de Dios, sino la de los rebeldes contra Dios. Jesús enseñó que la creación del infierno no era para el castigo eterno de los seres humanos, sino un lugar de separación de Dios para Satanás y sus seguidores (Mt. 25:41). Dios no se regocija cuando un alma va al infierno, tampoco lo desea. De hecho, el ofrecimiento del Señor es claro: "Venid a mí todos los que estáis trabajados y cargados, y yo os haré descansar. Llevad mi yugo sobre vosotros, y aprended de mí, que soy manso y humilde de corazón; y hallaréis descanso para vuestras almas" (Mt. 11:28-30).

Notas

1. Abdullah Yusuf 'Ali, *The Meaning of the Holy Qur'an* [El significado del sagrado *Corán*] (Brentwood, Md.: Amana, 1992), 1276.
2. *Ibíd.*, n. 4662.
3. Abdulazziz Abdulhussein Sachedina, *Islamic Messanism* [Mesanismo islámico] (Albany, N.Y.: SUNY Press, 1981).
4. A. A. Mawdudi, *Finality of Prophethood* [La finalidad de la calidad de profeta] (n.p.), 58-61; Sahih al-Bukhari *Jadit*, 18.814. Los autores están en gran deuda con James Sundquist en la sección de preguntas, por su investigación diligente y profunda. Vea James Sundquist, *Muslim Jesus Versus Biblical Jesus: Twenty Two Scriptural Reasons Why They Are Not the Same* [El Jesús musulmán en contraposición al Jesús bíblico: Veinte motivos bíblicos por los que no son el mismo Jesús] (Rock Salt Publishing, 2002).
5. Sundquist, *Muslim Jesus Versus Biblical Jesus* [El Jesús musulmán en contraposición al Jesús bíblico].
6. *Ibíd.* Sundquist agrega que Hafiz Ibn Hajar, Fath-ul-Bari (6.450) declara que esta tradición es auténtica.
7. Sahih Muslim, tomo 1, p. 92.
8. Sunan Abu Dawud, 37.4310.

9. Ibn Warraq, *Why I Am Not a Muslim* [Por qué no soy musulmán] (Amherst, N.Y.: Prometheus, 1995), 11-12.
10. Mohamed Azad y Bibi Amina, *Islam Will Conquer All Other Religions and American Power Will Diminish* [El islam conquistará a todas las demás religiones y el poder estadounidense decrecerá] (Brooklyn: Bell Six, 2001).
11. 'Ali, *The Meaning of the Holy Qur'an* [El significado del sagrado *Corán*], n. 5442.
12. *Ibíd.*, n. 5231.
13. Azad y Amina, *Islam Will Conquer* [El islam conquistará], 15.
14. *Ibíd.*, 1928.
15. Ian Richard Netton, *A Popular Dictionary of Islam* [Un diccionario popular del islam] (Chicago: NTC, 1992), n. 264.
16. *Ibíd.*, 154-55.
17. *Ibíd.*, 133.
18. *Ibíd.*, 221.
19. *Ibíd.*, 152.
20. *Ibíd.*, 108-9.
21. Ergun Mehmet Caner y Emir Fethi Caner, *Unveiling Islam* [Desenmascaremos el islam] (Grand Rapids: Kregel, 2002). Este libro se encuentra publicado en castellano por Editorial Portavoz.

8

PREGUNTAS RESPECTO DE LA ÉTICA Y LA POLÍTICA

UN SISTEMA ÉTICO RIGE LA FORMA EN QUE las creencias religiosas o morales se aplican en las circunstancias cotidianas. Por ejemplo, el cristiano occidental en este momento lucha con la aplicación de las enseñanzas de la Biblia en el contexto de la eutanasia, el aborto, la pena de muerte, la justicia social, las relaciones raciales, la pobreza y los avances biomédicos. En el islam, las posiciones éticas pueden deducirse a partir de las advertencias coránicas, pero la ética musulmana básicamente está prescrita para casi todo escenario directamente del *Corán* y el *Jadit*. Como lo advirtió un eticista:

> La mayoría de la gente de occidente cree que el islam es una religión en el sentido tradicional del término. Sin embargo, esta es una mala concepción fatídica. El islam no es solamente una religión. Es mucho más que una religión. Los musulmanes mismos describen su fe diciendo: "El islam es una manera completa de vivir". Esta por cierto es una descripción más adecuada, porque el islam es una forma de vida religiosa, social, económica, política y filosófica. De hecho, el islam es una ideología utópica sumamente abarcativa que comprende todo campo del quehacer humano.[1]

Teniendo esto presente, nos ocupamos en relacionar preguntas respecto de los asuntos islámicos y también preguntas formuladas por musulmanes dentro del terreno ético. Deseamos que estas respuestas puedan servir para permitirles a los musulmanes y a los cristianos entablar un diálogo en lugar de respuestas estereotipadas.

¿Hay algo así como un "cristianismo cultural"?

En el contexto pluralista especialmente de Occidente, parecería existir una identificación cristiana que es más cultural que real. En casi todo informe estadístico de afiliación religiosa en los Estados Unidos, el cristianismo –específicamente el cristianismo protestante– parece ser la identificación generalizada. La encuesta de afiliación de *The Pew Research Council* de 2002 registró que el 82 por ciento de los entrevistados estadounidenses se consideraban protestantes.[2] La Encuesta Nacional de Identificación Religiosa (*NSRI*, en inglés) de 2001 identificó a 159 millones de estadounidenses como "cristianos".[3] Esto equivale a más del 76 por ciento de la población de Estados Unidos. Más específicamente, la encuesta Harris de abril de 2000 encontró un 49,5 por ciento de votantes registrados encuestados que se consideraban protestantes.[4]

Esta es una tragedia de proporciones épicas. Supongamos que el promedio de las diversas encuestas es cierto, y que la mitad de la población de Estados Unidos se considera cristiana. ¿Eso significa que todos ellos son genuinos creyentes de Jesucristo? Por supuesto que no, pero para los efectos de nuestro tratamiento supongamos que lo son. Muchos creyentes nacidos de nuevo en una cultura estimularían un renacimiento increíble que competiría con cualquier movimiento de Dios en la historia. Sin embargo, el panorama estadounidense parece más alejado de Dios que nunca antes. ¿Por qué sucede esto? El cristianismo cultural es una religión falsa.

Muchos musulmanes se forman una opinión del cristianismo después de conocer gente que se denomina a sí misma creyente y puede adherirse a alguna estructura intelectual de los reclamos de Cristo, pero nunca se han arrepentido de sus pecados ni se vuelto a Jesucristo como su Señor. Pueden formar parte de alguna iglesia, pero no son miembros del Cuerpo de Cristo. Están sin quebrantarse, sin entregarse, sin convertirse. Se parecen a la gente que se unió a las iglesias durante el período colonial estadounidense bajo el "Pacto de medio camino", cuando uno podía convertirse en miembro de una iglesia debido al bautismo de la niñez pero que no era en realidad creyente en ningún sentido de la palabra. El efecto trágico es que nuestras iglesias se han llenado de miembros no convertidos, que con frecuencia asumen un liderazgo sin un "conocimiento de corazón" acerca de nuestro Señor. Esto es el "cristianismo cultural". Y es un fraude.

¿Cómo han encontrado estas personas un lugar en nuestras iglesias? ¿Por qué se les ha permitido dar a otras religiones y a los escépticos tal mal testimonio en contra del evangelio? Algunas razones son:

Algunos son cristianos culturales, únicamente interesados en las cosas de Dios siempre que sea algo popular. Mientras los alumnos restrinjan sus testimonios a usar brazaletes "¿Qué haría Jesús?" (*WWJD?*, en inglés) y a orar en mástiles de las escuelas secundarias un día al año, participarán. Compran libros cristianos que están en las listas de los más vendidos. Quieren un cristianismo popular que sigue las tendencias y toma su lugar como un fenómeno cultural. Esto es algo falso.

Algunos son cristianos por conveniencia, comprometidos a Dios siempre que encaje en su programa "piloto" alrededor de sus partidos de golf y viajes rápidos a la costa. Aceptan asistir a la iglesia o incluso ocasionalmente participar en la adoración. El Dios viviente soberano del universo debe amoldarse a sus tiempos agitados. Esto es algo falso.

Algunos son cristianos cómodos, solo dispuestos a formar parte de la comunidad siempre que los requisitos y las expectativas no interfieran con sus rutinas o su comodidad. Estas personas se afilian a ministerios donde se sienten necesitados, que les calman los nervios, les dicen lo que quieren escuchar, les sostienen de la mano y acallan sus conciencias. Cualquier ministro o ministerio que los rete a salir de su letargo es considerado como una amenaza. Desechan de inmediato cualquier llamado al sacrificio como innecesario o superfluo. Esto es algo falso.

Algunos son cristianos corruptos, que solo están dispuestos a aceptar el título de "cristiano" siempre que esté de acuerdo con sus ideas preconcebidas. Estos son los que creen que "toda religión está bien siempre que sea sincera". Niegan el reclamo de Cristo como único Señor. Quieren a un Jesús del "tipo buffet", donde se le pueda comparar con las otras variedades de experiencia religiosa, todas las cuales deben ser degustadas. Nuevamente, esto es algo falso.

Esto les parece patético a los musulmanes que nunca se atreven a apartarse de las advertencias del *Corán* y del *Jadit* porque le temen a la balanza. Siguen de forma obsesiva las enseñanzas que les instruyen cómo comer, vestirse, hablar, orar y vivir. Luego van a Inglaterra, Canadá o Estados Unidos y ven qué ocurre con la santificación cristiana. En el mejor de los casos, es carnal, y en el peor, una abominación al llamado de nuestro Señor. El testimonio del evangelio es denigrado continuamente por los que se llaman a sí mismos cristianos y luego niegan su nombre.

¿Qué debe hacer el testigo cristiano cuando se lo enfrenta con las acusaciones de los musulmanes que ven este horror? No discuta ni se defienda. Como Daniel, todo lo que puede hacer es seguir al Señor con las ventanas abiertas y orar por el avivamiento. No debe actuar como si los musulmanes estuvieran equivocados, porque no lo están. Lo que ellos ven es trágicamente cierto. Han sido expuestos a una forma falsa de la ética cristiana, sin santidad. Decir otra cosa insulta la inteligencia de los musulmanes y conforma el sacrilegio a nuestro Señor.

En cambio, apunte la dirección de sus miradas al perfecto ejemplo de la vida cristiana: Nuestro Señor. La Biblia es un libro escrito por Dios que está lleno de hombres falibles y actos errados. Pedro negó a nuestro Señor. Abraham mintió. David asesinó. Sin embargo, Dios eligió incluir estos acontecimientos bíblicos porque la esencia del cristianismo no son los cristianos, sino Cristo. Todo lo que creemos y todo por lo que vivimos gira alrededor de Él.

¿Hay algo así como un "islam cultural"?

Extrañamente, un fenómeno reciente se ha infiltrado en el mundo islámico: Los musulmanes seculares. La naturaleza oximorónica de este asunto se ha visto en días recientes. Los líderes musulmanes de Estados Unidos estiman que en viven entre 6.5 millones y 8 millones de musulmanes en los Estados Unidos.[5] Sin embargo un estudio realizado por el grupo de investigaciones *ARIS* en 2001 contó solo de 1.1 a 2 millones de musulmanes practicantes.[6] Siguió una conmoción cuando el estudio de las Congregaciones y condición de miembros en entidades religiosas fue publicado por el *Glenmary Research Center* en septiembre de 2002. El estudio calculó que los musulmanes que vivían en Estados Unidos eran 1.56 millones, un cuarto de la cantidad contada por los musulmanes. El Centro de Graduados de la Universidad de la Ciudad de Nueva York estimó 1.8 millones de musulmanes, contando a los niños, y el *American Jewish Committee* informó 2.8 millones musulmanes en Estados Unidos.[8]

Las cifras de *Glenmary* en realidad provinieron de aproximadamente un tercio de las 1209 mezquitas en Estados Unidos, que enviaron la lista de sus asistentes activos, junto con las estadísticas de migración y del crecimiento de la población.[9] Puesto que las cifras provinieron de las mismas mezquitas, contando a los adherentes, ¿cómo se concilian esos números?

Una explicación posible pudiera ser un asombroso nuevo desarrollo en la historia islámica: El advenimiento de un islam cultural. En casi cualquier otro país con un gran número de musulmanes, la observancia de las enseñanzas islámicas, y especialmente a las mezquitas, era incuestionable. Pero en América del Norte se ha desarrollado un nuevo movimiento entre ciudadanos de segunda y tercera generación que aún se identifican con sus herencias de familias musulmanes, pero que en la práctica son en el mejor de los casos, nominales. Dentro de este círculo del "islam cultural", hay una cantidad cada vez mayor de musulmanes para Eid al-Fits, la celebración que rompe el ayuno de Ramadán, pero una decreciente asistencia en los horarios de oración normales de los viernes.

El efecto tal cambio sísmico en cuanto a la observancia no se puede desestimar. Reflexionando sobre estas cifras, algunos comentaristas han elegido creer que la cantidad de musulmanes ha sido exagerada por la propaganda islámica. De hecho, la respuesta pudiera ser que ambos conjuntos de números son correctos. La población real de musulmanes en Estados Unidos puede ser de hecho de 8 millones, pero la población practicante, que asiste a las mezquitas, puede ser de cerca de 2 millones. Si esto es cierto, entonces tres de cada cuatro musulmanes son, en el mejor de los casos, nominales.

¿Exactamente cómo luciría un "musulmán nominal"? Un musulmán cultural, más que probable mantendría las restricciones islámicas respecto de la dieta (*halal*) y tal vez oraría cinco veces al día en la privacidad de su hogar y leería el *Corán* de vez en cuando. Su círculo de amigos estaría compuesto predominantemente de musulmanes.

Sin embargo, este musulmán cultural o nominal funciona en una sociedad pluralista y tiene amigos no musulmanes. Esta persona suele ser educada, hablar inglés fluidamente y es conocedor de la política mundial. Sin embargo, el factor alentador es la apertura. Los musulmanes nominales se sienten menos amenazados por una comparación de ideas y de filosofías. Defienden tenazmente sus creencias cuando se ponen a la defensiva, pero son considerados cuando se los aborda con la razón y el diálogo.

El musulmán cultural asiste esporádicamente a la mezquita, por lo general durante los días santos como el Ramadán. Sin embargo, tales personas son muy concientes de que constituyen una minoría en su tierra de adopción, y su exposición a los cristianos puede haber cambiado sus ideas preconcebidas. Dicho musulmán quiere saber que usted y si sus creencias son genuinas.

¿Se puede ser a la vez musulmán y cristiano?

¿Es posible adherirse a los absolutos del islam y del cristianismo simultáneamente? Esta es la pregunta del sincretismo. Por lo general la formulan cristianos con buenas intenciones. La respuesta es no. Ambos sistemas se aferran a argumentos absolutos de la verdad, y la ley aristotélica de la no contradicción afirma que no puede creerse en dos declaraciones de verdad contradictorias al mismo tiempo de la misma manera.

El cristianismo y el islam se encuentran en posiciones abyectas diferentes uno del otro. Si bien ambas religiones honran claramente a Jesús, sus argumentos respecto de Jesús son claramente incompatibles entre sí. Si bien algunas denominaciones principales han dedicado un siglo intentando redefinir a Jesús como un maestro sabio cuya vida está abierta a la interpretación, la Biblia deja muy en claro que dicho Cristo no pertenece al cristianismo histórico. En Juan 14:6, Jesús mismo dijo: "Yo soy el camino, y la verdad, y la vida; nadie viene al Padre, sino por mí". En 1 Timoteo 2:5 se advierte: "Porque hay un solo Dios, y un solo mediador entre Dios y los hombres, Jesucristo hombre".

El islam es claro en cuanto a sus enseñanzas de que es tanto la culminación de la religión como la reconstrucción de la verdadera fe. En esta enseñanza queda claro que Jesús, si bien un profeta enviado por Alá, no es el hijo de Alá ni la segunda persona de la Trinidad (*sura* 5:75). Jesús no murió (*sura* 4:157-58) y mucho menos se ofreció como expiación por el pecado.

Esta redacción del registro bíblico se observa en el ejemplo de Abraham. Si bien la Biblia llama a Abraham el padre de la nación judía, el *Corán* señala que era musulmán. Los cristianos y los judíos son condenados por ignorar este hecho:

> Abraham no fue judío ni cristiano, sino que fue hanif, sometido a Alá, no asociador. Los más allegados a Abraham son los que le han seguido, así como este Profeta y los que han creído. Alá es el Amigo de los creyentes. Un grupo de la gente de la Escritura desearía extraviaros; pero a nadie sino a sí mismos extravían y no se dan cuenta. ¡Gente de la Escritura! ¿Por qué no creéis en los signos de Alá, siendo, como sois, testigos de ellos? ¡Gente de la Escritura! ¿Por qué disfrazáis la Verdad de falsedad y ocultáis la Verdad conociéndola? (*sura* 3:67-71)[10]

Ni el islam ni el cristianismo son sincretistas, y ninguno de los dos acepta una conversión "parcial".

Con bastante frecuencia hacen esta pregunta los que en realidad están dando testimonio a los musulmanes. ¿Exactamente cuánto de sus vidas debe rechazar un ex musulmán? Esta es otra pregunta y necesita algún tipo de explicación. Los que provienen del islam con frecuencia se sienten afectados por el total rechazo que reciben cuando se convierten en cristianos. Para el ex musulmán, la conversión a Cristo significa la pérdida de la familia, de los amigos, del hogar, del trabajo y a veces de su vida.

Además, casi todo aspecto de la vida está dictaminado por los protocolos de la enseñanza islámica y ahora que son liberados por la gracia, sienten cierta pérdida de identidad. Necesitan que se les asegure que es perfectamente aceptable mantener una herencia cultural. Un ex musulmán sigue teniendo una herencia en la historia, la cultura, las comidas y los idiomas de Oriente Medio. Estas cosas le han dado forma al individuo, así como han contribuido a dar forma al mundo.

El elemento de conflicto llega cuando la herencia de uno exige una práctica que es totalmente islámica por naturaleza, tal como el ayuno durante Ramadán. Uno puede ir a las enseñanzas de Pablo respecto de comer carne sacrificada a los ídolos en 1 Corintios 10:23-33. En el texto, Pablo trata sobre si un creyente pudiera comer carne vendida en el mercado (ágora) que había sido sacrificada a dioses paganos. El dilema: Si la como, ¿seré culpable de adorar al ídolo? La respuesta de Pablo es que hay que ser bondadoso, especialmente para con el incrédulo que le invita a cenar (vv. 25, 27). El creyente que come no está participando de los rituales y no está avergonzando al anfitrión al rechazar la comida. Esta es gracia extendida en medio del testimonio para Cristo (v. 33).

Por lo tanto, ¿cómo puede un nuevo creyente con tales antecedentes comer alimentos que han sido sacrificados de acuerdo con los métodos islámicos, guardar las alfombras de la oración o escuchar la música de sus compatriotas? De manera colateral, ¿cómo reacciona el misionero que sirve en un país islámico cuando se le ofrecen estos alimentos o elementos? El Señor nos dice a través de Pablo que usemos esas oportunidades y esa herencia para llegar al musulmán, para construir puentes hacia sus vidas y para mantener nuestras identidades culturales. ¿Estamos insinuando que un cristiano debe participar en la oración, pasar por el al-wuddo (limpieza) y por los pasos para decir las rakats (oraciones), pero en lugar de recitar el primer sura del Corán, orarle a Jesús? ¡Por supuesto que no! Pero estamos diciendo que uno debería ser respetuoso con el musulmán que lo está haciendo. El cristiano no debe mostrar desdén por los musulmanes que dicen las rakats, ni tampoco el cristiano debe comer abiertamente durante las horas del día del Ramadán. Así es como se mantiene la conducta de Pablo de la gracia en libertad.

Recomendemos que los nuevos cristianos que han salido del islam debieran mantener su herencia cultural tanto como sea posible, siempre que las prácticas no tengan la intención de ocultar la verdadera identidad en Cristo. Mantener los lazos culturales fuertes permite que el Padre use a un testigo cristiano para alcanzar su cultura e incluso su patria con las buenas nuevas de Cristo.

¿Son todos los cristianos hipócritas?

Los musulmanes señalan los defectos de los cristianos y dicen: "Todos los cristianos son hipócritas". ¿Es esta una evaluación justa? Tal vez. Como hombres y mujeres caídos, somos redimidos por Cristo, pero continuamos luchando contra el pecado cada día. Esta lucha con frecuencia es vista por el mundo incrédulo y es utilizada para desacreditar la fe en Cristo. Por cierto, innumerables personas que profesan ser cristianos se han avergonzado a causa de sus testimonios con actos imprudentes.

Sin embargo, incluso esta hipocresía puede usarse para explicar el evangelio. Somos salvos y nacidos de nuevo. El castigo y la ira por nuestro pecado fueron tomados por Cristo en la cruz, y la deuda de nuestro pecado ha sido pagada. Pero seguimos luchando con la presencia de nuestro pecado en nuestra vida y en nuestro mundo. Esta no es cuestión de nuestra salvación, sino de nuestra santificación. Con frecuencia alentamos a los creyentes a ser completamente sinceros con sus amigos musulmanes. Admitir nuestras fallas, pero sin deleitarnos por ellas, alienta a otras personas con fallas a mirar hacia Cristo. Continuamente sostenemos lo que dice 1 Juan 1:9: "Si confesamos nuestros pecados, él es fiel y justo para perdonar nuestros pecados, y limpiarnos de toda maldad".

Desde el punto de vista teológico no tenemos culpa ante Dios a causa de nuestra salvación. Él es nuestro Padre, nosotros somos sus hijos. Esta relación es segura. Pero nuestros actos y acciones pecaminosos afectan nuestra comunión con nuestro Padre. No siempre andamos como debiéramos. Sin embargo, debemos rápidamente arrepentirnos ante Dios y pedir el perdón a los que nos observan. Esta autenticidad ante los demás con frecuencia abre una puerta para testificar de la gracia de Cristo. Esta hipocresía no es una licencia para que el creyente haga gala de una naturaleza pecaminosa o se oculte tras la seguridad eterna. De hecho, somos nuevas criaturas en Cristo y el rumbo de nuestra vida debe cambiar cuando somos salvos.

¿Está justificada la "conversión por la espada"?

La conversión por la espada no solo no está justificada, sino que no es en ningún sentido una conversión. La fe forzada es una contradicción de términos. Lamentablemente, tanto cristianos como musulmanes a veces exigieron lealtad bajo amenaza de daño o muerte. Durante las Cruzadas medievales, principalmente desde el siglo XI hasta el siglo XIII, guerreros supuestamente "cristianos" exigieron que los musulmanes y los judíos aceptaran el cristianismo o murieran. Algunos dijeron lo que fuera necesario para permanecer vivos, pero muchos más fueron trágicamente asesinados. Durante las inquisiciones bajo Tomás de Torquemada (1388-1468) poblaciones enteras fueron torturadas para forzar la retractación de alguna herejía percibida. El líder anabaptista Baltasar Hubmaier (1480-1528) fue torturado dos veces y se retractó una vez.

Tales actos nunca logran sus fines. La esencia de la fe estipula que es un acto de la voluntad personal. Para escoger algo, a una persona se le debe dar una opción. Incluso el amor es un acto de la voluntad. La aplicación de la ley sharia islámica con frecuencia significa una adherencia forzada al islam bajo una intensa presión e incluso la amenaza de muerte o tortura. Este asunto debe tomarse humildemente, dándose cuenta de que ambas religiones han sido usadas como una excusa para el maltrato y la injusticia. Esto es cierto respecto del pasado distante y de la historia más reciente.

¿Llamó Cristo a sus seguidores a que murieran por Él?

Algunos cristianos fueron llamados a morir por su fe. Cristo generalmente les pide a sus discípulos que hagan algo bastante más peligroso. Él nos llamó a vivir para Él. Las referencias a "la espada" en los Evangelios por lo general no son bien comprendidas, enseñando que Cristo llamó a los cristianos a dar sus vidas en servicio al Señor, similar al compromiso del *yijadín*. La diferencia fundamental es que el sacrificio cristiano no es un conflicto armado violento, sino una dedicación personal.

> Al salir él para seguir su camino, vino uno corriendo, e hincando la rodilla delante de él, le preguntó: Maestro bueno, ¿qué haré para heredar la vida eterna? Jesús le dijo: ¿Por qué me llamas bueno? Ninguno hay bueno, sino sólo uno, Dios. Los mandamientos sabes: No adulteres. No mates. No hurtes. No digas falso testimonio. No defraudes. Honra a tu padre y a tu madre. El entonces, respondiendo, le dijo: Maestro, todo esto lo he guardado desde mi juventud. Entonces Jesús, mirándole, le amó, y le dijo: Una cosa te falta: anda, vende todo lo que tienes, y dalo a los pobres, y tendrás tesoro en el cielo; y ven, sígueme, tomando tu cruz. Pero él, afligido por esta palabra, se fue triste, porque tenía muchas posesiones. (Mr. 10:17-22)

En esta narración, leemos acerca del que estaba buscando obtener la vida eterna. Jesús, percibiendo que su verdadero dios era la riqueza, le dijo que entregara todo, si es que realmente estaba dispuesto a seguirlo. El hombre rico no lo hizo y no se convirtió.

Sin embargo, ¿qué puede entenderse de las palabras de Jesús "tomando tu cruz"? ¿Jesús quiso decir que un verdadero discípulo debe estar preparado para matar y ser muerto en su nombre? ¿Nos llamó a dar nuestra vida en un conflicto? La respuesta es mucho más profunda. Jesús nos convocó a seguirlo en la erradicación completa y total de nosotros mismos. Somos llamados a crucificar la carne. Cristo no nos llamó a matar a nuestros enemigos. Él nos llamó para amarlos. Este amor niega todo deseo de venganza o de "guerra santa". De hecho, la cruz es un instrumento de muerte solo para el que la cargó.

Cristo nos llamó a abandonarnos totalmente a su voluntad. Así somos en realidad "crucificados con Cristo", pero esa "crucifixión" es diferente de la suya. Nuestra muerte es a nuestro yo. El final de nuestra ambición personal no nos hace ganar nuestra salvación. Solo la muerte de Cristo compró nuestra salvación, la del Cordero de Dios. Por esto Pablo pudo continuar en Gálatas 2:20-21: "Con Cristo estoy juntamente crucificado, y ya no vivo yo, mas vive Cristo en mí; y lo que ahora vivo en la carne, lo vivo en la fe del Hijo de Dios, el cual me amó y se entregó a sí mismo por mí. No desecho la gracia de Dios; pues si por la ley fuese la justicia, entonces por demás murió Cristo".

Si nuestra muerte pudiera lograr alguna parte de la salvación, entonces el sacrificio de Cristo fue en vano. Este llamado a morir y vivir por Cristo y en Cristo es nuestra respuesta a nuestras inclinaciones pecaminosas. Nunca se nos llama a matar a otros en el nombre de nuestro Señor. Esta crucifixión es nuestro deseo personal de entregarnos por completo a Cristo.

De forma esporádica en años recientes, los militantes han intentado matar en el "nombre de Cristo". Las bombas colocadas en las clínicas de abortos e incluso la matanza de médicos abortistas han sido perpetradas en nuestra sociedad por algunos que creen que son "llamados" para hacerlo. Los autores de este libro son provida, creyendo que la vida comienza en el momento de la concepción. Sin embargo, el asesinato de los que realizan estos actos horribles es tan ofensivo como el aborto. Esta ética de pragmatismo, de que "el fin justifica los medios", no se halla en ninguna parte de las Escrituras. Jesús nos enseñó que hay algo correcto por hacer, y una forma correcta de hacer lo correcto. Esos individuos que llevan a cabo asesinatos están en directa desobediencia del Cristo que nos llamó a amar a nuestros enemigos. De hecho, la capacidad de amar a nuestros enemigos es prueba de nuestra salvación: "Oísteis que fue dicho: Amarás a tu prójimo, y aborrecerás a tu enemigo. Pero yo os digo: Amad a vuestros enemigos, bendecid a los que os maldicen, haced bien a los que os aborrecen, y orad por los que os ultrajan y os persiguen; para que seáis hijos de vuestro Padre que está en los cielos" (Mt. 5:43-45a).

¿Es el evangelismo cristiano realmente proselitista?

"No nos importaría que vinieran a nuestros países islámicos, si no fueran tan intensos en hacer proselitismo con nuestra gente.

Actúan como si quisieran alimentar y vestir a nuestra gente, pero en cambio, solo quieren que nuestra gente se una a vuestra religión". En una universidad, un diplomático de un país islámico estaba dando su parecer en una conversación privada con los autores. Su punto era que los cristianos eran inherentemente engañosos, puesto que ofrecemos ayudar pero lo que queremos es convertir a la gente a nuestra religión. Nuestros actos de servicio social no son puros.

En otro contexto, oímos acerca de una sociedad misionera que, en un tiempo, había sido un ferviente organismo para ganar almas. Sin embargo, cambiaron la política y fueron criticados por centrarse en los aspectos sociales de alimento, techo y asistencia médica excluyendo el evangelismo.

Atrapados por estas acusaciones, ¿qué pueden hacer los cristianos evangélicos?

En su misión central, el cristianismo está impulsado por la comisión dada a sus discípulos por Cristo en Mateo 28:18-20: "Toda potestad me es dada en el cielo y en la tierra. Por tanto, id, y haced discípulos a todas las naciones, bautizándolos en el nombre del Padre, y del Hijo, y del Espíritu Santo, enseñándoles que guarden todas las cosas que os he mandado; y he aquí yo estoy con vosotros todos los días, hasta el fin del mundo".

La esencia de la vida del evangelio es profunda. Si el único propósito de la salvación fuera hacer que la persona entrara al cielo, lo mejor que pudiera suceder sería que muriera al momento de ser salvo. Por cierto, en ese preciso momento el creyente estaría tanto preparado como dispuesto para entrar a la eternidad. Pero un motivo por el cual no morimos al momento de ser salvos es que somos llamados a conocer a Cristo y hacer que otros lo conozcan.

¿Esto significa que estamos "haciendo proselitismo"? La definición cultural común del término es: "Inducir a alguien a convertirse a la religión de uno". ¿Vamos a un país principalmente con el propósito de reclutar a su gente para que se convierta en bautista o pentecostal? No. Los ganamos para Jesucristo, no para la fe bautista o para cualquier otra denominación. El deseo de nuestro corazón es ver salva a la gente. La pregunta que determina la eternidad no es cuál afiliación denominacional o titulo sectario tiene uno, sino si es un creyente en la obra terminada de expiación de Jesucristo. No vamos para ganarlos a nuestra denominación; vamos para ganarlos para Cristo.

En segundo lugar, los actos de justicia y misericordia tales como alimentar a los hambrientos y vestir a los pobres no son solo una introducción importante del evangelio, son esenciales para abrir esa puerta. Advierta las palabras de Cristo acerca de cómo considera Él la importancia de servir a los demás:

> Porque tuve hambre, y me disteis de comer; tuve sed, y me disteis de beber; fui forastero, y me recogisteis; estuve desnudo, y me cubristeis; enfermo, y me visitasteis; en la cárcel, y vinisteis a mí. Entonces los justos le responderán diciendo: Señor, ¿cuándo te vimos hambriento, y te sustentamos, o sediento, y te dimos de beber? ¿Y cuándo te vimos forastero, y te recogimos, o desnudo, y te cubrimos? ¿O cuándo te vimos enfermo, o en la cárcel, y vinimos a ti? Y respondiendo el Rey, les dirá: De cierto os digo que en cuanto lo hicisteis a uno de estos mis hermanos más pequeños, a mí lo hicisteis. (Mt. 25:35-40)

Sin embargo, no podemos confundir los actos de justicia y misericordia con el resultado final. Se ha dicho que podemos enviar a la gente al infierno con los estómagos llenos y con ropas nuevas. El esfuerzo social cristiano sin evangelismo está solo a la mitad. Trata los síntomas y no la enfermedad. El evangelismo cristiano sin tareas sociales, o la misericordia sin evangelismo, es solo indiferencia.

¿Es el evangelismo cristiano inherentemente racista?

"No queremos al Jesús del hombre blanco europeo".

Esta queja es pronunciada por los musulmanes y otros sistemas de fe no occidentales. La lógica de esta falacia sostiene que el cristianismo es un intento de sublimar todas las culturas con una perspectiva occidental. ¿Es el cristianismo una religión anglo usada por los europeos para violar otras culturas?

La obra misionera del pasado a veces ha dado credibilidad a este argumento. Los misioneros identificaban al cristianismo con sus propios valores victorianos y entonces avanzaban hacia otras sociedades con la decisión de "llevar la cultura a los sucios paganos". Partían para alcanzar la otra cultura enseñando inglés, etiqueta, buenos modales y deportes, hasta que los paganos fueran civilizados. Dada esta mentalidad, las estaciones de trabajo misionero llegaron a parecerse a puestos de avanzada para el país de donde procedían los misioneros. Esto no era ni es el evangelio.

De nuevo debemos diferenciar al Cristo al que servimos de la maldad ocasionada por siervos falsos e ignorantes. Jesús no nació en la cultura europea occidental, y por cierto Él no era un "hombre blanco". Afortunadamente, la mayoría de los misioneros hoy comprende y está mejor capacitada en la dinámica cultural. Mientras todavía estamos aprendiendo, pocos son los errores atroces del pasado en las visitas a los nacionales por parte de organizaciones cristianas evangélicas. Los misioneros calificados ahora se ven a sí mismos como siervos de la obra de las iglesias nacionales. El propósito de Cristo en cualquier civilización, incluso la occidental, es el de transformar la cultura para reflejar su Palabra, no los intereses paternalistas e imperialistas de alguien. Los cristianos no deberían ser demasiado sensibles sobre la crítica justificada, ni tratar de justificar los fracasos del pasado o del presente. Debemos aprender de ellos.

El asunto más delicado es la sospecha de que Jesús no los quiere en realidad, que Él murió para salvar a determinadas culturas o pueblos, y otros que se deslizan por una puerta lateral serán ciudadanos de segunda clase del reino. La creencia inherente es que Cristo solo ofrece perdón a los pocos selectos e ignora los clamores de los demás. A esto se puede responder con la lectura de 2 Pedro 3:9: "El Señor no retarda su promesa, según algunos la tienen por tardanza, sino que es paciente para con nosotros, no queriendo que ninguno perezca, sino que todos procedan al arrepentimiento". La oferta de salvación, de vida eterna en Cristo y de perdón, paz y seguridad eternas, es para todos. Dios está dispuesto a aceptar a todos como sus hijos, y todos sus hijos están al mismo nivel ante Él.

¿Por qué hay tantos "tipos" de cristianismo?

¡Buena pregunta! De hecho, muchos cristianos también se hacen eco de esta cuestión. Una encuesta informal del paisaje cristiano muestra cientos de denominaciones, pequeñas sectas, divisiones y variantes. Esto parece particularmente inapropiado a la luz de las palabras de Cristo en Juan 17:11: "Y ya no estoy en el mundo; mas éstos están en el mundo, y yo voy a ti. Padre santo, a los que me has dado, guárdalos en tu nombre, para que sean uno, así como nosotros".

Las denominaciones dentro del movimiento protestante derivaron de muchos temas teológicos, políticos y sociales. La Reforma protestante normalmente se considera que comenzó cuando Martín Lutero intentó formular preguntas que debían ser debatidas en la iglesia romana en 1517 hasta el final de la Guerra de los treinta años en 1648. En los primeros años de este período, la mayoría de los reformadores intentaba arreglar los problemas de la iglesia católica y permanecer dentro de ella. Querían "reformar" la iglesia. Pero ya había otros grupos de cristianos que solo querían abandonar a los católicos y seguir su propio camino.

Así que, desde el comienzo, los reformadores vieron los males y las doctrinas aberrantes que tenían que ser corregidas, pero se dividieron en dos grupos diferentes sobre cómo hacerlo. Los reformadores radicales, tales como los Hermanos Suizos, creían que Roma ya no tenía arreglo y querían comenzar de nuevo. Por lo tanto, incluso al inicio, se formaron denominaciones a partir de las diferencias entre el propósito del movimiento continental. Cada grupo tenía diferencias específicas que les hacía desarrollar sus propias comunidades. Europa estaba comenzando a solidificar sus gobiernos nacionales modernos, y el clima político alentaba las divisiones a lo largo de las fronteras regionales o nacionales. Se produjeron divisiones más recientes porque algunos cristianos querían una expresión más emocional de su fe, y otros abandonaron denominaciones que estaban siendo infectadas por la falta de fe.

Las iglesias locales, por supuesto, se dividieron por asuntos más profundos, algunos de los cuales eran vergonzosamente insignificantes.

Para que el musulmán no se sienta demasiado presumido por esta división del mundo cristiano, debería recordar que el islam mismo no es monolítico. Las guerras civiles entre los musulmanes shiitas y los suni en el conflicto Irán-Irak de la década de 1980 es solo un ejemplo de la guerra abierta y sangrienta que todavía se vive dentro de la comunidad islámica. El ayatola Komeini persiguió a los musulmanes sufi, tal como algunos reformadores cazaron a los anabaptistas.

Un estudio rápido de las sectas islámicas también mostraría grupos variados, algunos de los cuales periódicamente se declaran unos a otros como *ghulat* (sectas). Además de las tres sectas principales, los shiitas, los suni y los sufi, están también los wahhabi, los kharijitas, los alawitas, los azalis, los druzos y muchos otros subgrupos. De hecho, el islam está tan dividido como el cristianismo, lo que habla más de la condición humana que del llamado a la unidad de los líderes de cada movimiento.

¿Dice el *Corán* que no hay coerción en la religión?

Cuando los disertantes musulmanes citan del *sura* 2:256, de hecho están citando una razón fundamental tremenda respecto del apoyo de la libertad de culto, incluso en las repúblicas islámicas: "No cabe coacción en religión. La buena dirección se distingue claramente del descarrío. Quien no cree en los taguts y cree en Alá, ese tal se ase del asidero más firme, de un asidero irrompible. Alá todo lo oye, todo lo sabe".

El comentario de 'Ali sobre el versículo constituye un punto lúcido:

> La compulsión es incompatible con la religión porque (1) la religión depende de la fe y la voluntad, y estas no tendrían significado si fueran inducidas por la fuerza; (2) la Verdad y el Error han sido tan claramente demostrados por la misericordia de Alá que no debería haber dudas en la mente de ninguna persona de buena voluntad en cuanto a los fundamentos de la fe; (3) la protección de Alá es continua, y su plan siempre consiste en apartarnos de las profundidades de las tinieblas para llevarnos a la más clara luz.[11]

Si esta fuera la posición completa del pueblo musulmán, se pudiera anticipar una paz similar entre las diversas religiones y el islam. En los últimos tiempos, este versículo ha sido citado con frecuencia contra los que cuestionan la paz del islam. ¿Cómo responder a este versículo claramente pacifista?

Lamentablemente, otros versículos parecen no estar de acuerdo con este. Un simple estudio de los capítulos subsiguientes nos permite hallar tres secciones en los tres capítulos siguientes que son bastante combativas:

> Si alguien desea una religión diferente del islam, no se le aceptará y en la otra vida será de los que pierdan. (*sura* 3:85)

> Cuando estéis de viaje, no hay inconveniente en que abreviéis la azalá, si teméis un ataque de los infieles. Los infieles son para vosotros un enemigo declarado. (*sura* 4:101)

> ¡Creyentes! ¡No toméis como amigos a los judíos y a los cristianos! Son amigos unos de otros. Quien de vosotros trabe amistad con ellos, se hace uno de ellos. Alá no guía al pueblo impío. (*sura* 5:51)

El apologista musulmán dirá de inmediato que estos versículos han sido sacados de contexto. A los fines de claridad y justicia, analizaremos el contexto de los tres en otra sección de este libro.

El propio capítulo de donde proviene la cita de "no compulsión" también incluye versículos que obran contra la implicación de la "libertad religiosa" que se oye cuando se recita el versículo:

> Combatid por Alá contra quienes combatan contra vosotros, pero no os excedáis. Alá no ama a los que se exceden. Matadles donde deis con ellos, y expulsadles de donde os hayan expulsado. Tentar es más grave que matar. No combatáis contra ellos junto a la Mezquita Sagrada, a no ser que os ataquen allí. Así que, si combaten contra vosotros, matadles: ésa es la retribución de los infieles. (*sura* 2:190-91)

¿Entonces cuál es la discusión? El musulmán dirá que esta es una posición de guerra pasiva, o únicamente en el contexto de la guerra, pero por cierto esta es una posición diferente de la interpretación de "libertad religiosa" del *sura* 2:256.

¿La Biblia también exige que las mujeres usen velo?

Extrañamente, muchos líderes de occidente de los derechos de la mujer permanecieron en silencio cuando las mujeres musulmanas fueron brutalizadas en Afganistán, alejadas de la educación y oprimidas de una manera infame.

Aquí el cristiano evangélico debe ser enfático. El principal propósito de un velo, según el hombre musulmán, es la modestia. Por cierto muchos de nosotros que asistimos a la iglesia en nuestra cultura podemos apreciar una vestimenta modesta al enfrentarnos con la vestimenta no modesta que ocasionalmente encontramos en la iglesia. Nunca estaríamos en desacuerdo con el deseo tanto de los hombres como de las mujeres de presentarnos de una manera tal que honre a Dios y actúe con respeto.

Por cierto, las Escrituras parecen indicar el uso del velo a primera vista en 1 Corintios 11:1-12:

> Sed imitadores de mí, así como yo de Cristo. Os alabo, hermanos, porque en todo os acordáis de mí, y retenéis las instrucciones tal como os las entregué. Pero quiero que sepáis que Cristo es la cabeza de todo varón, y el varón es la cabeza de la mujer, y Dios la cabeza de Cristo. Todo varón que ora o profetiza con la cabeza cubierta, afrenta su cabeza. Pero toda mujer que ora o profetiza con la cabeza descubierta, afrenta su cabeza; porque lo mismo es que si se hubiese rapado. Porque si la mujer no se cubre, que se corte también el cabello; y si le es vergonzoso a la mujer cortarse el cabello o raparse, que se cubra. Porque el varón no debe cubrirse la cabeza, pues él es imagen y gloria de Dios; pero la mujer es gloria del varón. Porque el varón no procede de la mujer, sino la mujer del varón, y tampoco el varón fue creado por causa de la mujer, sino la mujer por causa del varón. Por lo cual la mujer debe tener señal de autoridad sobre su cabeza, por causa de los ángeles. Pero en el Señor, ni el varón es sin la mujer, ni

> la mujer sin el varón; porque así como la mujer procede del varón, también el varón nace de la mujer; pero todo procede de Dios.

¿Esto significa que debemos comenzar a exigir que las mujeres se cubran la cabeza en la iglesia? La respuesta es no. Es importante leer todo el texto. El velo, en la advertencia de Pablo, es simbólico de la protección del marido, no de su superioridad sobre ella. De hecho, el versículo final indica que se nos da a nuestro cónyuge como un honor de Dios también. En el meollo del asunto, debemos comprender el contexto de la cultura corintia. En el mundo del siglo I, una mujer que exponía su cabeza en público con frecuencia lo hacía para proclamar su promiscuidad. Pablo dice que una mujer también podría raparse la cabeza, como una mujer que ha sido públicamente desgraciada o que hacía alarde de las tradiciones culturales. Si tuviéramos que tomar este versículo en su valor nominal y predicar desde nuestros púlpitos que las mujeres se cubrieran las cabezas en público, ¿también completaríamos la enseñanza y proclamaríamos que el cabello corto también es un pecado?

Continuamos siguiendo la analogía que presenta Pablo. Así como Cristo era para Dios el Padre, la mujer es para su esposo. ¿Es Cristo, como la segunda persona de la deidad, menos Dios que el Padre? ¿Es de alguna manera un Dios "menor"? Por supuesto que no. Ni la esposa está sometida a su marido antes que a Dios. La clave es que Cristo, como el Hijo de Dios, se sometió voluntariamente a la obra y la voluntad del Padre, y en su encarnación, dejó de lado transitoriamente sus prerrogativas divinas. Por lo tanto Él pudo decir: "He venido a hacer la voluntad del Padre". Entonces también la esposa se somete voluntariamente a su marido, no como una criatura inferior sino como un igual a su esposo en todas las formas. Cristo es tan Dios como Dios el Padre, y la esposa está al mismo nivel que su marido.

Para el cristiano, el hecho de que una mujer use un velo es descriptivo, significando que presenta una instrucción específica que da un principio contemporáneo. ¿El hecho de que vemos el texto con un significado específico para la iglesia corintia niega de alguna forma la advertencia para nuestros días? No. Encontramos en el texto el principio que es aplicable universalmente, sin importar la cultura o el contexto. En toda cultura se llama a los creyentes para que nos presentemos como hijos de Dios y por lo tanto, modestos. En Ucrania, las mujeres cristianas con frecuencia se cubren la cabeza como muestra de modestia. En algunas culturas, las mujeres usan sombreros como un símbolo de sumisión. Independientemente del contexto cultural, sería bueno que recordáramos que nuestra adoración es en presencia de Dios y que le llevamos lo mejor a Él: Nuestras mejores actitudes, nuestro mejor servicio, nuestro mejor sacrificio y nuestras mejores ropas.

Para la comunidad musulmana, el uso del velo por parte de las mujeres es prescriptivo, con un significado absoluto y sin interpretación. Se requiere y punto, así que los musulmanes consideran a las mujeres occidentales como lascivas.

> Y di a las creyentes que bajen la vista con recato, que sean castas y no muestren más adorno que los que están a la vista, que cubran su escote con el velo y no exhiban sus adornos sino a sus esposos, a sus padres, a sus suegros, a sus propios hijos, a sus hijastros, a sus hermanos, a sus sobrinos carnales, a sus mujeres, a sus esclavas, a sus criados varones fríos, a los niños que no saben aún de las partes femeninas. Que no batan ellas con sus pies de modo que se descubran sus adornos ocultos... (*sura* 24:31)

Los países musulmanes no se ponen de acuerdo cómo las mujeres deben usar el velo. Algunas usan cobertura total, incluso todo el rostro, llamada *burqa*. Otras usan un *niqab* para cubrir el ojo izquierdo y el puente de la nariz, o la *hijab* para cubrir todo menos el rostro y las manos. Además, la ornamentación del velo ha pasado a escudriñamiento. Algunas sectas permiten colores y diseños variados; otras permiten solo un único color y ningún tipo de decoración.

¿Está prohibido el cerdo en la Biblia?

Levítico 11:1-47 y Deuteronomio 14:3-21 les dieron a los hijos de Israel un código de dieta muy estricto, que excluía alimentos tales como el cerdo:

> Pero de los que rumian o que tienen pezuña, no comeréis éstos: el camello, porque rumia pero no tiene pezuña hendida, lo tendréis por inmundo. También el conejo, porque rumia, pero no tiene pezuña, lo tendréis por inmundo. Asimismo la liebre, porque rumia, pero no tiene pezuña, la tendréis por inmunda. También el cerdo, porque tiene pezuñas, y es de pezuñas hendidas, pero no rumia, lo tendréis por inmundo. De la carne de ellos no comeréis, ni tocaréis su cuerpo muerto; los tendréis por inmundos. (Lv. 11:4-8)

Los judíos siguen cumpliendo con la mayoría de las instrucciones sobre la dieta que Dios ordenó, lo que se llama "*kosher*" y "permisible". En el islam, restricciones similares de la dieta también son explícitas. Al musulmán se le enseña que todas las comidas son "*halal*, *haram* o *mushbooh*".[12] *Halal* es el término árabe para "lícito", e incluye comidas tales como leche, miel, pescado con espinas, verduras, frutas, nueces y cereales. Los alimentos *haram* (prohibido o pecaminoso) incluyen alcohol, cerdo y alimentos que no se hayan preparado correctamente. Los alimentos *mushbooh* son sospechosos o cuestionables, tales como el suero y los aditivos alimenticios.

Estas restricciones provienen del *Corán* y del *Jadit*, como por ejemplo el *sura* 2:168: "¡Hombres! ¡Comed de los alimentos lícitos y buenos que hay en la tierra y no sigáis los pasos del Demonio! Es para vosotros un enemigo declarado". El *sura* 5:88 también invoca: "¡Comed de lo lícito y bueno de que Alá os ha proveído! ¡Y temed a Alá, en Quien creéis!"

¿Se siguen aplicando estas leyes? Si bien algunas sectas adventistas o sabáticas cristianas insistirían en que las leyes levíticas continúan en vigencia, la gran mayoría de los cristianos cree que Dios limpió estos alimentos al hablar a Pedro en Hechos 10:9-16:[13]

> Al día siguiente, mientras ellos iban por el camino y se acercaban a la ciudad, Pedro subió a la azotea para orar, cerca de la hora sexta. Y tuvo gran hambre, y quiso comer; pero mientras le preparaban algo, le sobrevino un éxtasis; y vio el cielo abierto, y que descendía algo semejante a un gran lienzo, que atado de las cuatro puntas era bajado a la tierra; en el cual había de todos los cuadrúpedos terrestres

> y reptiles y aves del cielo. Y le vino una voz: Levántate, Pedro, mata y come. Entonces Pedro dijo: Señor, no; porque ninguna cosa común o inmunda he comido jamás. Volvió la voz a él la segunda vez: Lo que Dios limpió, no lo llames tú común. Esto se hizo tres veces; y aquel lienzo volvió a ser recogido en el cielo.

¿En qué consistió esta limpieza de la comida? ¿Dios estaba diciendo que las instrucciones de dieta, incluso el cerdo, eran ahora borradas por Dios y que ya no se practicaran? ¿Dios estaba diciendo que las restricciones eran un error o hechas por el hombre? No. En cambio, Cristo mismo habló de la necesidad de las leyes levíticas. En Mateo 15:10-11: "Y llamando así a la multitud, les dijo: Oíd, y entended: No lo que entra en la boca contamina al hombre; mas lo que sale de la boca, esto contamina al hombre".

La ley, en todas sus firmes y explícitas instrucciones, nunca podría salvar, pero sí podría mostrar cuán lejos estábamos de un Dios santo. Cristo cumplió la ley y se convirtió en el único camino por el cual cualquiera podía llegar a Dios (Mt. 5:17-18). El corazón (en la Biblia la "persona interior") es el elemento más importante de adoración, no los actos externos. La limpieza de alimentos en Hechos 10:9-16 también fue un precursor de otro suceso profundo: La obra del evangelismo. Pedro continúa con una enseñanza asombrosa, dada la cultura de la época: "Y hablando con él, entró, y halló a muchos que se habían reunido. Y les dijo: Vosotros sabéis cuán abominable es para un varón judío juntarse o acercarse a un extranjero; pero a mí me ha mostrado Dios que a ningún hombre llame común o inmundo" (Hch. 10:27-28).

A los que estaban sin Jesucristo, de cualquier raza, ya no se les debía evitar, en cambio se les debía involucrar y alcanzar. Cristo llamó a los creyentes para que alcanzaran las vidas de ellos, llegaran hasta sus mundos y les testificaran las maravillosas Buenas Nuevas.

¿Es un mandato la poligamia en el Antiguo Testamento?

El *Corán* enseña que un hombre musulmán puede tener dos, tres o cuatro esposas (*sura* 4:3), siempre que él pueda cuidarlas. Los musulmanes dicen que el Antiguo Testamento enseña que muchos de los patriarcas y líderes del pueblo de Dios tenían múltiples esposas, así que Dios debe aprobar la poligamia.

La primera mención de un hombre con múltiples esposa se encuentra en Génesis 4:19: "Y Lamec tomó para sí dos mujeres, el nombre de la una fue Ada, y el nombre de la otra, Zila". Lamec era el hijo de Metusael y el chozno de Adán. Esaú se casó con más de una esposa, para el desagrado de su padre, Isaac (Gn. 28:6-9). El otro hijo de Isaac, Jacob, fue engañado para casarse con dos mujeres, mientras estaba trabajando para ganarse la mano de Raquel. Es difícil hablar de aprobación, especialmente cuando el Pentateuco incluye la prohibición de Dios a que los reyes se casaran con muchas esposas, en especial si eran paganas:

> Cuando hayas entrado en la tierra que Jehová tu Dios te da, y tomes posesión de ella y la habites, y digas: Pondré un rey sobre mí, como todas las naciones que están en mis alrededores; ciertamente pondrás por rey sobre ti al que Jehová tu Dios escogiere; de entre tus hermanos pondrás rey sobre ti; no podrás poner sobre ti a hombre extranjero, que no sea tu hermano. Pero él no aumentará para sí caballos, ni hará volver al pueblo a Egipto con el fin de aumentar caballos; porque Jehová os ha dicho: No volváis nunca por este camino. Ni tomará para sí muchas mujeres, para que su corazón no se desvíe; ni plata ni oro amontonará para sí en abundancia. (Dt. 17:14-17)

El retrato de un hombre que tiene múltiples problemas porque no obedeció esta regla fue Salomón. A medida que crecía su poder y legado, crecía la codicia de Salomón por las mujeres. Estas mujeres, con frecuencia hijas de reyes extranjeros, alejaron de Dios el corazón de Salomón:

> Pero el rey Salomón amó, además de la hija de Faraón, a muchas mujeres extranjeras; a las de Moab, a las de Amón, a las de Edom, a las de Sidón, y a las heteas; gentes de las cuales Jehová había dicho a los hijos de Israel: No

> os llegaréis a ellas, ni ellas se llegarán a vosotros; porque ciertamente harán inclinar vuestros corazones tras sus dioses. A éstas, pues, se juntó Salomón con amor. Y tuvo setecientas mujeres reinas y trescientas concubinas; y sus mujeres desviaron su corazón. Y cuando Salomón era ya viejo, sus mujeres inclinaron su corazón tras dioses ajenos, y su corazón no era perfecto con Jehová su Dios, como el corazón de su padre David. Porque Salomón siguió a Astoret, diosa de los sidonios, y a Milcom, ídolo abominable de los amonitas. E hizo Salomón lo malo ante los ojos de Jehová, y no siguió cumplidamente a Jehová como David su padre. (1 R. 11:1-6)

El punto esencial aquí puede perderse mientras observamos a un hombre con mil esposas y amantes. Dios nunca le dijo a alguien que se casara con más de una persona. Ni la Biblia jamás muestra un matrimonio múltiple que haya tenido buenos resultados. De hecho, la Biblia describe al matrimonio como la analogía entre Cristo y su iglesia (Ef. 5:22-33). La intensa devoción y singular lealtad se perdió en un hogar establecido por matrimonios múltiples y simultáneos.

¿Por qué los cristianos usan árboles de Navidad y huevos de Pascua, que son de origen pagano?

La cuestión de sí los cristianos pueden o deben usar imágenes y símbolos paganos es buena, ya que nuestras prácticas con frecuencia son consideradas establecidas en el mundo por los no creyentes. Las celebraciones de las festividades incluyen costumbres y símbolos que no tienen absolutamente nada que ver con la conmemoración de la encarnación de nuestro Señor, ni con su crucifixión, sepultura y resurrección.

Algunos de estos elementos, incluso el uso de los huevos en Pascua y los árboles en Navidad, tienen orígenes paganos. Los árboles verdes datan de la antigua mitología escandinava. El conejo y los huevos simbolizaban la fertilidad eterna y la prosperidad en regiones del mundo antiguo. Por lo tanto, los cristianos no están de acuerdo en cuán lejos debemos llegar al permitir estos símbolos en las conmemoraciones de nuestras festividades y si involucran un sincretismo no santo con la cultura incrédula.

Muchos cristianos se han negado a usar símbolos de las festividades con connotaciones no cristianas, y algunos rechazan por completo la celebración de la Navidad. El tema fundamental que trasciende los conejos de Pascua es cómo concentrarse en entregar gloria a Dios en esas fechas, en lugar de la representación de estas tradiciones, cualquiera sea su origen. La magnificencia de actividades que rodea a las festividades puede convertirse en una afrenta a los hechos de Dios que celebramos. ¿Exactamente cómo endeudarse para comprar regalos celebra el advenimiento de nuestro Señor? ¿Cómo celebran los niños la resurrección de Cristo que derrota la muerte, el infierno y el sepulcro buscando huevos después del culto matutino?

Los cristianos pueden distraerse de la esencia de los momentos sagrados que celebramos. Nos consumimos por nuestro deseo de brindar momentos memorables para nuestras familias, de modo tal que se olvida a Jesús e incluso a la responsabilidad fiscal. Lo más trágico es que olvidamos que los demás, incluso los musulmanes, están mirando.

En medio del griterío y el comercialismo de Navidad, los musulmanes se reúnen para el Ramadán. Durante más de un mes, ayunan durante las horas del día, incluso negándose un sorbo de agua. Las familias se reúnen cada noche para la cena. Si es que se entregan regalos, los mismos son sencillos. La familia se reúne para leer una parte significativa del *Corán*, de manera que puedan terminar todo el libro durante la festividad. En medio de esta conmemoración de sacrificio, sencillez y unidad, los excesos de los cristianos parecen superficiales e irritantes. Quizá seguir el modelo del islam de concentrarse en el propósito de los días santos nos permitiría disfrutar del espíritu de esas fechas.

Notas

1. "Islamic Law and Its Challenge to Western Civilization", [La ley islámica y su reto para la civilización occidental], http://www.Muhammadanism.com (18 de mayo de 2002).

2. Pew Research Council, "Americans Struggle with Religion's Role at Home and Abroad" [Los estadounidenses luchan contra el papel de la religión en casa y en el extranjero], informe publicado el 20 de marzo de 2002.
3. Esta encuesta se realizó juntamente con la *American Religious Identity Survey* (*ARIS*), bajo el liderazgo de los sociólogos Barry A. Kosmin y Seymour P. Lachman en la Escuela de Graduados de la Universidad de la Ciudad de Nueva York. Estas cifras presentan un sesgo ya que incluyen a miembros de la Iglesia de Jesucristo de los Santos de los Últimos Días (mormones) y Testigos de Jehová como "cristianos".
4. Las estadísticas pueden ser engañosas, sin embargo, estas encuestas son ejemplos de la afiliación religiosa estadounidense. La encuesta Harris fue realizada por Internet y no todos los ciudadanos de este país tienen acceso a la red informática. En este caso, la muestra incluyó a 13.224 votantes registrados que optaron por estar en la encuesta.
5. Aly Abuzaakouk, *American Muslim Council*, 1999.
6. *Glenmary Research* tiene una estimación similarmente baja.
7. Art Toalston, "U.S. Muslims, Tallied at 1.56M, Far Below Leaders' 6-7M Claims", [Musulmanes estadounidenses, estimados en 1.56 millones, muy por debajo de lo que sostienen los líderes que están entre los 6 y los 7 millones] en *Baptist Press* 27 (septiembre de 2002).
8. *Ibíd.*
9. *Ibíd.*
10. Traducción de Shaykh Ahmad Darwish, *The Holy Koran: Its Meaning Rendered into English, Mosque of the Internet* [El sagrado *Corán*, su significado en inglés, Mezquita de la Internet], versión 1.0 (2001). Vea http://www.allah.com.
11. Abdullah Yusuf 'Ali, *The Meaning of the Holy Qur'an* [El significado del sagrado *Corán*] (Brentwood, Md.: Amana, 1992), n. 300.
12. Tales listas pueden hallarse en escuelas islámicas, incluso en el Consejo Islámico de Alimentos y Nutrición de Estados Unidos y el Control de Alimentos *Halal* de Canadá.
13. Los cristianos dieron por terminadas oficialmente las leyes de las dietas en la reglamentación que aceptó a los gentiles en la iglesia

como miembros plenos (Hch. 15:23-29). Si bien Pedro interpretó su visión en Hechos 10 como una instrucción de que los gentiles eran aceptables ante Dios y no se refirió literalmente a los alimentos, el Concilio de Jerusalén evidentemente consideró que aceptar a los gentiles implicaba abandonar los mandamientos de alimentos limpios.

9

Preguntas respecto de la cultura y el pluralismo

En su "revisión del año" para 2002, la revista *World* relató el choque de culturas como un conflicto definitorio de nuestra época. Las tensiones de polarización entre grupos con visiones del mundo contrarias se han incrementado enormemente. Como Gene Edward Veith advirtió, 2002 "fue un mal año para los multiculturalistas, los relativistas y las personas que insisten en que todas las religiones son igualmente válidas. Y sin embargo, tuvieron razón en sus afirmaciones y no dejaron que los hechos se interpusieran en su camino".[1]

Veith quiere decir que, más que nunca antes, los que creen en la verdad absoluta son considerados militaristas racistas. Si occidente cuenta con una sociedad pluralista, ¿debemos hacer caso omiso a todos los argumentos respecto de la verdad exclusiva? Esta sección planteará algunos de los temas relevantes relacionados con esta cuestión, asuntos que conciernen a cristianos, musulmanes y amigos con mentalidad multicultural.

¿No son todas las religiones lo mismo?

"¡Únanse o perecerán!"

Este lema era el mantra en un Parlamento de las Religiones del Mundo. Seis mil personas que asistían oyeron las palabras repetidas una y otra vez hasta que fueron plantadas como una doctrina de fe. Erwin Lutzer, pastor de la Iglesia Moody de Chicago, observó:

"El grupo que más apuntaba la crítica –las personas de quienes no se esperaba que compraran este programa de unidad– era el de los que pertenecían a la fe cristiana histórica".[2] El parlamento representa solo una fracción de una creciente población de pluralistas religiosos, que creen que todas las religiones son esencialmente lo mismo desde el punto de vista social, histórico, moral y teológico.

En este punto, los musulmanes y los cristianos fieles a la vez sacuden las cabezas con frustración.

Este movimiento moderno tiene su base en la tolerancia y no en la verdad. De hecho, la tolerancia es solo un escalón para el ideal de la aceptación. Los pluralistas están bastante dispuestos a sacrificar los reclamos de la verdad exclusiva de Jesucristo en la cruz de la unidad. En consecuencia, Jesús se convierte en un individuo iluminado, comparable pero nunca superior a Buda, Mahoma y un panteón de místicos del pasado y del presente.

Esto implica un cambio impresionante en la forma en que la gente piensa de sí mima. Mientras los relativistas redefinen o hacen caso omiso de la necesidad de la salvación, imaginan alguna chispa de lo divino en sus propias mentes. Si todos somos participantes de Dios, entonces cualquier argumento intolerante de exclusividad niega egoístamente lo que es relativa y únicamente hermoso en cada persona.

Dicha creencia en la igualdad de todas las religiones es incoherente en sus exigencias. En primer lugar, el ecumenismo en su sistema de creencias se torna en el ideal del exclusivista para todo el que lo siga. Esta es la medida de hipocresía para condenar sin control a cualquiera que no esté de acuerdo con la filosofía de la verdad relativa. De hecho, muchos grupos ecuménicos están luchando por la aceptación obligatoria. Estar en desacuerdo con otra religión se convierte en equivalente a un gran delito. Lo que queda después de la remoción de la "traición" es un escrito muy simple aceptable para todos. No hay espacio para la fe apasionada.

El ecumenismo es ilógico en cuanto a que no permite el análisis crítico, solo la lealtad indivisible. Le pide al discípulo que acepte un modo de pensar que no puede conocerse, una verdad que no puede hallarse y una vida que no puede tener sentido universal.

Los ecumenistas ordenan que toda enseñanza crítica de otro debe considerarse inaceptable. La manera del ecumenista es entonces la manera del insensato, no del pensador. Sin embargo, el que no está buscando para encontrar no está buscando en lo absoluto. Los peregrinos son llamados a errar sin sentido a través de una tierra de nadie con falta de significado.

Al final, todas las religiones son lo mismo si fueron hechas por el hombre y centradas en el hombre. Los cristianos, por otra parte, saben que las tradiciones religiosas nunca satisfacen el alma. Solo una relación con el Dios viviente puede satisfacer el ansia de tener un Padre celestial (Is. 9:6). Los pluralistas de cualquier categoría religiosa pueden respetar a Jesús de Nazaret, pero únicamente un verdadero cristiano lo adora.[3]

¿Por qué los cristianos se preocupan en lo que creen los demás?

Imagine que alguien que conoce tiene un problema cardiaco que de no tratarse pronto lo matará. Imagine además que usted conoce personalmente al único cardiólogo en el mundo que puede realizar la cirugía necesaria. ¿No sería insensible, de hecho inmoral, no presentarle a la persona enferma la única persona que pudiera ayudarlo? En un mundo repleto de una enfermedad cardiaca espiritual que conduce a la muerte y a la destrucción, los cristianos pueden presentarles a los enfermos y a los moribundos a Jesucristo, el único que puede aliviar su dolor, su sufrimiento y su enfermedad. Sería algo impensable que a los cristianos no les importara bajo tales circunstancias.

Los cristianos deben estar dispuestos a ir a lugares a los que nunca han ido, a conocer personas que nunca conocieron, para llevarle el evangelio a la gente que lo necesita desesperadamente. Muchos de los que el testigo se dirige no están al principio abiertos al mensaje. El testigo de Dios espera esto, puesto que la Biblia habla de la vida del incrédulo como ciega a la luz y en oscuridad (Jn. 12:35-36). Parte de esta oscuridad proviene de tradiciones antiguas que carecen de verdad eterna (Hch. 17:22-34).

Es naturalmente evidente que todos, salvo los que están más endurecidos, desean una relación con Dios, aunque por lo general no comprenden su ansia e intentan llenar el vacío con otras cosas. Por lo tanto, los cristianos, que también una vez estuvieron en la oscuridad, son llamados para dar a conocer el mensaje de esperanza que alguien anteriormente les dio a ellos. Esta no es una mentalidad de "nosotros contra el mundo". El cristiano juicioso a veces comete errores culturales por ignorancia, pero comete errores porque él o ella sí respetan a la persona a la que testifican y reconocen la necesidad de la verdad espiritual. El testigo de Cristo ha sido descrito como "un hombre hambriento diciéndole a otro hombre hambriento dónde conseguir comida".

Otro motivo fundamental para ocuparse, incluso si la actitud no es recíproca, es que las creencias tienen consecuencias. Los que desean difamar a los misioneros que van a sus países diciendo que son intolerantes también difaman la verdad como relativa. Muchos defensores de la tolerancia no creen que haya ninguna repercusión eterna en sus vidas, de modo que esta vida es todo lo que importa. Los cristianos reconocen que la respuesta de una persona a la revelación que Dios les da, afecta el destino eterno de la persona.

Si el pluralista o agnóstico está en lo cierto en que no hay consecuencias, entonces debemos ser tolerantes, porque la vida es individualista, azarosa y sin significado. Pero si el cristiano tiene razón, entonces la "virtud" de la tolerancia es en realidad la peor manera posible de tratar a los demás. Si Jesús es el único camino al cielo, como Él mismo sostuvo serlo (Jn. 8:58), entonces el mayor llamado en la vida es testificar de Jesús a alguien que necesita conocerlo (Jn. 1:29).

¿Son los cristianos y los musulmanes ambos exclusivistas?

Sin duda, el cristianismo y el islam, que entre ambos cuentan más de 3 mil millones de seguidores de diversos niveles de compromisos, afirman que su mensaje es la verdad exclusiva. El *Corán* enseña que solo los que aceptan el mensaje de Mahoma se ganarán el cielo. Los politeístas, entre los cuales están los trinitarios, tendrán su lugar en el infierno (*sura* 98:6). Del mismo modo, el cristianismo exige obediencia exclusiva a Dios en una persona, Jesucristo (Jn. 14:6; Hch. 4:12). Cualquiera que rechace el sacrificio de Cristo por ellos en la cruz no tiene esperanzas de ir al cielo y "no tienen excusa" (Ro. 1:20).

Si bien muchos suponen que las dos religiones tienen mucho en común, puede demostrarse que están de acuerdo en muy poco fuera de su monoteísmo. Entre las diferencias esenciales se hallan:

1. Los cristianos tienen un Dios diferente. Él es personal y que se relaciona. Al mismo tiempo Él es la Trinidad (Un Dios en tres personas). Alá es trascendente e inalcanzable.
2. Los cristianos tienen una visión diferente de la salvación. Solo se puede ser salvo creyendo en Cristo para perdón del pecado. El islam cree que las obras pueden ganar el favor de Alá.
3. Los cristianos tienen una visión diferente de la humanidad. Los cristianos creen que todos son pecadores e injustos, con necesidad del Salvador. El islam enseña que todos nacen musulmanes y solo se corrompen posteriormente por las acciones individuales.
4. Los cristianos tienen una visión diferente de la Biblia. Los cristianos evangélicos creen que la Biblia es la Palabra de Dios inerrante, infalible e inspirada. Los musulmanes creen que la Biblia está totalmente corrupta, solo digna de aceptación cuando es confirmada por el *Corán*.
5. Los cristianos tienen una visión diferente de Jesús. Los cristianos identifican a Jesús como el Cristo o Mesías para todos, el Hijo de Dios que es el Salvador del mundo. Por ende, los cristianos lo honran orándole, aceptándolo para salvación y adorándolo. Los musulmanes creen que Jesús es un simple hombre que solo merece respeto, no adoración.

Estas dos religiones del mundo no pueden ser iguales, ya que se basan en argumentos que mutuamente se excluyen. Son diferentes no solo en términos de teología, sino en la moralidad. Mientras que un musulmán ve al mayor modelo para la vida en el "más grande de los profetas", Mahoma; el cristiano mira el ejemplo y las enseñanzas de Dios en el Salvador, Jesús (Fil. 2:5).

La diferencia más significativa está en las visiones conflictivas de la persona de Jesucristo. Él es un simple hombre (*sura* 5:75), que no tiene derecho a ser llamado el Hijo de Dios (*sura* 5:116; 19:88); o bien Él es el único y suficiente Salvador (1 Ti. 2:5).

¿Islam no quiere decir "paz"?

Luego de los horrores de los ataques terroristas del 11 de septiembre de 2001, los medios de comunicación mundiales entraron en una modalidad aceptada y les permitieron a los musulmanes distorsionar el significado real de islam. Islam, dicen ellos, deriva de *salam*, la palabra para "paz". Esto refleja la naturaleza pacífica de la religión. A modo de ejemplo, el *USA Today* publicó una breve valoración del islam que afirmaba: "El mensaje de Dios fue reafirmado y finalizado por el Profeta Mahoma. El islam es una religión de paz, misericordia y perdón".[4]

Esta evaluación pasa por alto algunos detalles importantes de la palabra islam. Primero, la palabra no tiene su raíz en el término paz (*salam*), sino en el infinitivo *salama*, que puede traducirse como "la picadura de una serpiente" o "el curtido del cuero".[5] La palabra raíz, de donde proviene también paz (*salam*), es entonces modificada. Esto cambia el significado enormemente. Por ende, el término islam se ha traducido tradicionalmente como "sumisión, entrega y resignación".

Segundo, no existe evidencia histórica de que islam haya tenido jamás la connotación de "paz". Esto explica por qué los apologistas musulmanes nunca han sustanciado su argumento de que islam significa paz. Por otra parte, Mahoma mismo explicó claramente su intención con la palabra. Cuando el fundador del islam envió cartas a los líderes tribales árabes pidiéndoles que se convirtieran en musulmanes y se entregaran a Alá, firmaba las cartas: "Entregaos y estaréis a salvo". Por lo tanto, el empleo de Mahoma de la palabra significaba entrega dentro del contexto de la conquista militar, no de la sumisión espiritual a Alá.

¿Van los musulmanes buenos al infierno?

Los musulmanes fieles comprometen toda su vida a hacer lo mejor que pueden para ganarse el favor de Alá. Más que ninguna otra religión del mundo, el islam se basa en obras. Como se ve en los cinco pilares, los musulmanes devotos repiten continuamente la confesión, oran cinco veces al día, dan una porción de sus ingresos a los pobres, ayunan durante todo un mes durante Ramadán y viajan por el mundo para hacer su obligado peregrinaje a La Meca. Además, la mayoría de los musulmanes son personas morales en general. Proveen a sus familias y participan en asuntos comunitarios, mientras que rechazan las enfermedades sociales prevalecientes dentro de la cultura.

Nada de esto es suficiente para apaciguar a un Dios santo. Las buenas obras no cubren las malas más que un acto de bondad puede quitarle la culpa a un asesino.

Para ser claros, los autores son exclusivistas de la norma más fuerte. No solo creemos que los "buenos musulmanes" van al infierno, sino que creemos que los "buenos bautistas" van al infierno. Pertenecemos a la tradición teológica cristiana que lleva ese nombre, así que tenemos sentimientos afectuosos hacia los bautistas. Pero cualquiera que rechace la misericordia de Dios no tiene derecho a la misericordia de Dios, se llamen como se llamen y vivan con tanta bondad como vivan. Al rechazar el sacrificio compasivo del Salvador, rechazan toda esperanza del cielo. De hecho, los incrédulos deben reconocer que no están meramente rechazando una verdad. Están rechazando la verdad hallada en la persona de Jesucristo, cuyo deseo es que todos los hombres sean salvos. Sin embargo, Cristo no forzará a nadie a seguirlo, ya que el amor verdadero es voluntario, no obligatorio. Es una opción y no una coerción. Pero el incrédulo debe reconocer cuánto está rechazando el que le dice no a los brazos abiertos del Señor.

1. El incrédulo rechaza al Cordero de Dios que quita el pecado del mundo (Jn. 1:29). Sin Cristo, uno debe asumir su responsabilidad personal por ofender al Dios perfecto e infinito.
2. El incrédulo rechaza al Gran Médico, que puede sanar entera y eternamente los efectos de la condición humana de muerte (Lc. 18:35-43). En efecto, el incrédulo debe soportar personalmente un cáncer espiritual que corroe el alma.
3. El incrédulo rechaza al Gran Pastor. La metáfora de las ovejas y el pastor es desconocida para la mayoría de nosotros, pero

podemos comprender la desvalidez total y la dependencia de quién uno protege. Cristo como Gran Pastor protege a sus ovejas de los peligros y las tentaciones de los lobos (1 P. 5:4). Sin un Defensor, el incrédulo debe valerse por sí mismo contra toda la oscuridad del mundo.

4. El incrédulo rechaza al Sumo Sacerdote que puede compadecerse de la lucha del hombre puesto que "fue tentado en todo según nuestra semejanza, pero sin pecado" (He. 4:15). La imagen de un sumo sacerdote proviene del judaísmo, donde el sumo sacerdote era designado como el mediador entre el pueblo y Dios. Sin tal mediación, el incrédulo debe soportar las pruebas y las tentaciones de la vida solo, sin el amor comprensivo de Dios.
5. El incrédulo rechaza al Salvador de la pena por el pecado, que salvará a su pueblo del pecado (Mt. 1:21). Sin Jesús, el incrédulo intenta lo imposible, satisfacer la norma perfecta de Dios para llegar al cielo.

Si alguien es "lo bastante bueno" como para ir al cielo, no hay necesidad de que Jesús cumpla estos cinco papeles para nosotros. Lamentablemente, no son solo los "buenos musulmanes" los que rechazan el pago por los pecados de parte de Jesús; mucha gente "buena" que adopta el rótulo de cristiano hace lo mismo. Al final, el argumento sobre la bondad no es bíblico. La gente no nace buena sino depravada. Es más, nadie puede ser considerado bueno si rechaza la obra terminada de la cruz, ya que es el principal pecado que envía a una persona, sin importar su afiliación religiosa, al infierno (Mt. 12:31).

¿Pueden el islam y el cristianismo estar de acuerdo en algo?

En los días recientes, muchos cristianos han tratado de encontrar puntos comunes con los musulmanes. Algunos cristianos liberales han ido tan lejos como negar que hay diferencias teológicas esenciales. Por ejemplo, el Papa Juan Pablo II emitió una declaración de solidaridad con los musulmanes al decir: "Si bien no reconocen a Jesús como Dios, lo reverencian como profeta. También honran a María, su madre virgen, a veces la mencionan también con devoción. Además esperan el día del juicio cuando Dios le dará a cada hombre lo que merece luego de resucitarlo".[6]

Tal juicio carece de base teológica, como lo ha demostrado este libro, pero es cierto que los musulmanes y los cristianos tienen algunos puntos en común. Moralmente, el islam y el cristianismo condenan muchas de las mismas maldades sociales. Los musulmanes inflexiblemente se oponen al aborto terapéutico como una ofensa contra Dios, el Dador de la vida.[7] El *Corán* dice: "¡Hombres! Si dudáis de la resurrección, Nosotros os hemos creado de tierra; luego, de una gota; luego, de un coágulo de sangre; luego, de un embrión formado o informe" (*sura* 22:5). Del mismo modo, de manera similar a la Biblia, el *Corán* condena inequívocamente la homosexualidad (*sura* 29:29), el suicidio y la eutanasia (*sura* 4:29). Como advierte un erudito respecto de la moralidad dentro del islam: "El islam no aprueba los placeres frívolos, la mentira, la blasfemia, la arrogancia, el alarde, las intrigas, la obscenidad, el insulto, el odio, la envidia y la inconstancia".[8]

El musulmán y el cristiano comparten cierto terreno teológico. Ambos están de acuerdo en que Dios es uno (Dt. 6:4; *sura* 2:255) y en que Él es el Creador del universo (Gn. 1–2; *sura* 13:12-13). Ambos concuerdan en que Dios lo sabe todo (omnisciente) y tiene todo poder (omnipotente). A diferencia de las religiones orientales, las dos religiones concuerdan en que Dios debe ser adorado (Jn. 4:23; *sura* 11:123). Esto no quiere decir que los musulmanes y los cristianos adoren al mismo Dios, pero los dos tienen unas pocas similitudes entre sus teologías respectivas que pueden servir como un punto de partida para la consideración.

De hecho, con estas similitudes es fácil entablar una conversación con un musulmán. Sin embargo, a diferencia de los cristianos ecuménicos que terminan la discusión con una cálida comparación de creencias compartidas, los cristianos evangélicos buscan la oportunidad de hablar sobre las cosas que más importan en la vida. La similitud también demuestra que la verdad es la verdad donde quiera que se la encuentre, y que cierta verdad se halla dentro de cada visión del mundo. Dios nunca a dejado a su pueblo sin un testigo (Ro. 1:18-32). Él ha manifestado la verdad a cada uno, incluso si los incrédulos optan por suprimirla. De hecho, ya que "las cosas invisibles de él... se hacen claramente visibles..." (Ro. 1:20), el musulmán tiene la oportunidad de buscar y encontrar quién es Dios.

¿Son perjudiciales las discusiones teológicas porque producen división?

El racionalismo moderno y la verdad relativa pos-moderna no han sido amables con la disciplina de la teología. Por diferentes razones, las dos filosofías relegan al estudio espiritual a un lugar de menos importancia que las ciencias "puras". La filosofía y la religión por lo general se consideran periféricas en el mejor de los casos. En esta era de la tecnología, los hombres y mujeres han degradado la importancia de la teología por debajo de las mejoras a su comodidad física. La conveniencia ha reemplazado la confesión. Las autoayudas psicológicas han suplantado al arrepentimiento verdadero. Es más, las ciencias teológicas, sociales y duras están tan compartamentalizadas que sus "verdades" se consideran no relacionadas por completo. Junto con esta mentalidad, los fines del siglo XX dieron entrada a una era de tolerancia y diversidad. Por lo tanto, la única espiritualidad que se puede saborear no ofende a nadie. Debe aceptar e integrar a otras clases de fe. Por ende, se formula la pregunta de si el diálogo cristiano-musulmán debería continuar o si hace más daño que bien.

A diferencia de la cultura pop occidental, los musulmanes reconocen la importancia de la teología. De hecho, la teología musulmana impulsa a la mayoría de las sociedades de Oriente Medio. El cristiano ha permitido durante demasiado tiempo que la conversación acerca de Dios se limite a sus propios encuentros. Los ciudadanos de Estados Unidos deben recordar que su país en particular fue fundado con el concepto de libertad de culto. Eso significaba que se permitía un tratamiento sin inhibiciones acerca de Dios en la plaza pública así como también en el centro de adoración privado. Incluso los padres fundadores de Estados Unidos que no eran cristianos valoraban la importancia que tenía la religión en la sociedad. Si bien todos son libres de creer en lo que les plazca, esto no significa que la religión deba ser barrida del mercado de ideas. Otra generación en el mundo angloparlante llamó a la teología la "reina de las ciencias". Era una fuerza impulsora dentro de otras áreas de especialidad.

Los musulmanes que miran a occidente tienen dificultades en comprender porque el tema de la teología es el único terreno verdaderamente considerado tabú. Se puede hablar públicamente de cualquier tema siempre que no se haga referencia a Dios. Una vez que surge el tema de Dios, se espera que se llegue al lugar donde se reúne la iglesia, fuera de los oídos de los demás. Sin embargo, la discusión teológica es necesaria para ayudar a la situación inmediata. Es la ignorancia, no el intelecto, lo que conduce a la sociedad a quitar de en medio las respuestas a estas peligrosas situaciones. No se debe temer que el desacuerdo apasionado conduzca a la violencia, siempre que la gente comprenda que tiene derecho a creer en lo que le plazca.

Además, el debate sobre los temas más emocionales puede conducir a la verdad, que es el objetivo proclamado de la libertad de expresión, de prensa y de culto. Algunas personas todavía señalan las guerras de la Reforma como un ejemplo de lo que puede suceder cuando hay demasiados rollos en religión. Lo que ocasionó los conflictos sangrientos entre 1530 y 1648 no fue la libertad de culto sino la falta de libertad, mientras diversos príncipes europeos intentaban consolidar el poder político alrededor de un único sistema religioso unificador. Había poca o ninguna distinción entre la iglesia y el Estado, de modo que los católicos y los protestantes por igual se perseguían entre sí a través de sus respectivos centros de poder del gobierno. Solo en zonas católicas romanas y en regiones del mundo ortodoxo oriental quedan algunas semblanzas de la oligarquía iglesia-Estado relacionada con el cristianismo.

¿Las discusiones teológicas públicas son útiles o dañinas? Reemplace la palabra teológicas con el nombre de cualquier otra disciplina. No muchos alemanes dirían que quitar el debate político conduciría a una unidad más pacífica entre las zonas occidental y oriental de la nación. No muchos canadienses dirían que la eliminación del debate intelectual resolvería las tensiones interculturales en Québec. Entonces, ningún cristiano debe comprar la falacia de que sofocar la discusión teológica conducirá a una sociedad más espiritual.

¿Es la sinceridad la medida de la verdad religiosa?

A partir del surgimiento de la teología liberal alemana a principios del 1800, ha habido una creciente noción entre las elites de las áreas históricamente cristianas del mundo de que la espiritualidad es un asunto de experiencia sincera y no una verdad absoluta. La idea se volvió endémica durante el siglo XX, de modo que innumerables filósofos y teólogos afirman ahora que no tiene sentido y que es irracional hablar de una realidad "sobrenatural". Esta ideología ha dejado a los seres humanos a merced de sus propios controles. Con razón la gente observa su propia experiencia como la medida final del bien y el mal.

Solo el cristianismo evangélico testifica que uno puede tener una experiencia real en relación con las realidades espirituales, pero esa experiencia sola puede no involucrar a Dios y su verdad. Se puede ser completamente sincero en cuanto a los sentimientos religiosos y sin embargo, estar totalmente fuera de la verdad. Al final, toda verdad debe ser experimentada, pero no toda experiencia es la verdad.

Tradicionalmente, tanto el islam como el cristianismo rechazan la noción de que los sentimientos sinceros pueden medir la validez de la verdad religiosa. El ataque a fondo sobre la confiabilidad de la Biblia durante los últimos doscientos años ha creado un cambio de paradigma dentro del cristianismo. Millones de cristianos han intentado aferrarse a una fe "relevante" dejando de lado la confiabilidad completa de la Biblia. Intercambian su verdad por emoción y una experiencia desencadenada. La experiencia cristiana ya no es medida por la fe correcta sino por un conjunto de conductas aceptables. Las conductas inaceptables se justifican al mismo tiempo sosteniendo que la experiencia en Jesucristo es la medida final de la verdad.

No se equivoque al creer que este es el verdadero cristianismo. Jesús no sostenía esta posición descarriada. Él enseñó que la Biblia es la verdad proposicional totalmente confiable (Jn. 17:3). La verdad no se halla en los sentimientos, sino en relacionarse con la persona de Cristo según es revelada en la Biblia (Jn. 14:6). La sinceridad puede revelar si a alguien de verdad le importa, pero no demuestra que ese alguien está en lo correcto.

La teología musulmana también rechaza de manera vehemente la sinceridad subjetiva como la base para la verdad religiosa. El islam no se basa en la experiencia sino en el argumento de que el *Corán* es la revelación final de Alá, un conjunto de verdades proposicionales que puede ser comprendido y seguido (*sura* 23:90). El islam no permite que un cristiano sincero que crea en la Trinidad vaya al cielo puesto que la creencia en el monoteísmo se exige categóricamente. El pasaje clave del *Corán* que niega la superioridad de la sinceridad dice:

> Los que no creen, tanto gente de la Escritura como asociadores, no podían renunciar hasta que les viniera la prueba clara: Un Enviado de Dios, que recitara hojas purificadas, que contenían Escrituras verdaderas... Pero no se les ordenó sino que sirvieran a Dios, rindiéndole culto sincero comohanifes, que hicieran la azalá y dieran el azaque. Ésa es la religión verdadera. (*sura* 98:1-3, 5)

Cabe advertir la importancia del *Corán* como evidencia de que es la vara de medir ("la prueba clara"). En el islam, la sinceridad es el resultado de la fe, no la originadora de la fe. Al final, ¿cómo puede uno discutir que el islam o el cristianismo deben estar en lo cierto porque la gente es sincera, cuando cada una de ellas en sí contradice tal idea?

¿Deben los cristianos atacar al islam y a su profeta Mahoma para presentar a Cristo?

Cuando un importante pastor bautista del sur se refirió a Mahoma, el fundador del islam, como "un pedófilo poseído por el demonio que tuvo 12 esposas, y la última de ellas era una niña de 9 años",[9] el alboroto de gran parte del público estadounidense, junto con el de los líderes de la comunidad musulmana, fue ponzoñoso. Grupos tales como el Consejo de las Relaciones Norteamericanasislámicas desaprobaron los comentarios como llenos de odio, fanáticos y deplorables. Se pidió una disculpa para la comunidad islámica por las declaraciones ofensivas. Grupos protestantes y judíos se unieron a la protesta contra tales declaraciones diciendo que eran faltas de amor, duras e innecesarias. Jesús mismo, dijeron, nunca habría sido culpable de tales ataques horrendos. Incluso algunos evangélicos se preocuparon porque los cometarios críticos colocaran a los misioneros de Cristo en peligro en países con gran cantidad de radicales musulmanes.

Según nuestra opinión, los comentarios fueron a la vez necesarios y apropiados. Nadie pareció muy preocupado acerca de sí las declaraciones eran precisas. Según el *Jadit*, Mahoma se casó con una niña de nueve años con la cual tuvo relaciones sexuales (7.64). Por lo menos según las normas modernas, tal acto se vería como pedofilia. Mahoma mismo expresó la creencia de que a veces estaba poseído por un demonio. El disertante estaba emitiendo un juicio acerca de hechos que hasta hace poco eran aceptados por todos en la comunidad musulmana. Irónicamente, pocos comentaristas usaron la ocasión de las declaraciones para plantear preguntas sobre la conducta controvertida de Mahoma, solo sobre la naturaleza controvertida de las declaraciones. En una cultura permisiva donde se evita cualquier confrontación, se ha vuelto más ofensivo criticar un acto pecaminoso que participar en una conducta pecaminosa.

¿Jesús alguna vez habló de una manera tan insensible y falta de amor? Revisemos algunas de las declaraciones de Jesús según están registradas en los Evangelios:

1. Jesús caracterizó a los fariseos como "generación de víboras". "¿Cómo podéis hablar lo bueno, siendo malos? Porque de la abundancia del corazón habla la boca" (Mt. 12:34). Jesús utilizó el término desestabilizador por lo menos en dos ocasiones (Mt. 3:7).
2. En un mensaje registrado en el Evangelio de Mateo, Jesús caracterizó tanto a los escribas como a los fariseos como "guías ciegos" (23:16), "insensatos" (v. 17), "hipócritas" (v. 25) y "sepulcros blanqueados" (v. 27). Por cierto, la última declaración, comparando a ambos grupos a sepulcros que son

bellos por fuera pero llenos de carne hedionda y podrida por dentro, sea probablemente el término más ofensivo utilizado por Cristo. Jesús declaró: "...porque sois semejantes a sepulcros blanqueados, que por fuera, a la verdad, se muestran hermosos, mas por dentro están llenos de huesos de muertos y de toda inmundicia" (v. 27).

3. Jesús caracterizó a los fariseos como hijos del diablo: "Vosotros sois de vuestro padre el diablo, y los deseos de vuestro padre queréis hacer" (Jn. 8:44).

Los apóstoles también fueron culpables de un lenguaje divisivo al referirse a otros grupos religiosos:

1. El apóstol Pablo caracterizó a algunos hombres como "blasfemos", "traidores" y "aborrecedores de lo bueno" (2 Ti. 3:1-9). Él advierte a los miembros más débiles de la fe que no sean aceptados por ellos.
2. El apóstol Pedro describió a los falsos maestros como "animales irracionales" (2 P. 2:12) y "fuentes sin agua" (v. 17). Finalmente, explica el resultado final de tales maestros: "El perro vuelve a su vómito" (v. 22).
3. El apóstol Juan describió a los falsos maestros como "anticristos" (1 Jn. 2:18) y "mentiroso" (v. 22). De hecho, él dice que el que niega que Jesús es el Cristo es un mentiroso.

En conclusión, el problema reside en cómo es "ofendido" uno. En la cultura psicológicamente impulsada de hoy día, la ofensa no tiene que ver con las imprecisiones fácticas sino con la irritación emocional. Sin embargo, la definición de Jesús era la de que una "ofensa" era una seducción a pecador (tropiezo, Mt. 18:7). En este significado, el lenguaje duro no puede ser ofensivo a no ser que sea impreciso.

Siempre nos preocupamos acerca de los peligros que enfrentan los misioneros. Pero parecería ser una acusación a la cultura musulmana si un predicador que está a miles de kilómetros de distancia hace que la gente reaccione con violencia contra inocentes. Si el islam es en verdad una religión de paz, entonces los que pacíficamente representan a otra religión no deberían correr peligro debido a tal declaración. Los cristianos no han reaccionado con violencia ante la difamación del nombre de Cristo. En cambio, han tratado de responder a los ataques con evidencia razonada de que el atacante no estaba en lo cierto.

La realidad de la vida cristiana actual es que el hecho de presentar el evangelio en una cultura predominantemente musulmana en sí generará animosidad que puede convertirse en violencia. La declaración que causó todo el alboroto no influirá en ese hecho de la vida. Sin embargo, Dios nunca prometió que los cristianos estarían protegidos de las tribulaciones, solo que Él estaría con ellos ante el peligro.

El evangelio es ofensivo ya que hace darse cuenta a la gente de su pecado y les pide que descarte su bagaje religioso por el verdadero evangelio hallado en Jesucristo y solo en Él. De hecho, los que recogen más frutos en el evangelismo no son los que se preocupan por las declaraciones ofensivas sino los que son valientes en su discurso, proclamando la verdad con amor. Los cristianos son llamados a ser valientes al presentar al Salvador mientras refutan a los que dicen mentiras y tratan de ocultar a los seguidores de la verdad. Los cristianos son llamados a dar amor en cuanto a que ven al individuo como a una persona por quien murió Jesús. Ellos reconocen que el acto más carente de amor es negarles a los pecadores la oportunidad de aceptar al Salvador.

¿No tienen defectos todas las religiones?

Hay una famosa analogía budista dada por numerosos profesores de religión que intentan justificar cómo todas las religiones del mundo son iguales. La situación, popularmente conocida como la parábola del hombre ciego y el elefante, es la siguiente:

> Había una vez un cierto rajá que llamó a su siervo y le dijo: "Ven, buen amigo, ve y reúne en un solo lugar a todos los hombres de Savatthi que nacieron ciegos... y muéstrales un elefante". "Muy bien, señor", respondió el sirviente, e hizo lo que le dijeron. Le dijo a los hombres ciegos reunidos allí: "Este es un elefante" y a un hombre le

> presentó la cabeza del elefante, a otro las orejas, a otros un colmillo, a otro el tronco, las patas, la cola y la trompa del elefante, diciéndoles a todos que eso era un elefante.
>
> Cuando los hombres ciegos habían sentido al elefante, el rajá se dirigió a cada uno de ellos y les dijo: "Bueno, hombre ciego, ¿has visto al elefante? Cuéntame, ¿qué cosa es un elefante?"
>
> Acto seguido, los hombres a los que se les presentó la cabeza respondieron: "Señor, un elefante es como una olla·". Y los hombres que habían observado las orejas respondieron: "Un elefante es como una cesta de zaranda". A los que se les había mostrado un colmillo dijeron que era una reja de arado. Los que conocieron solo el tronco dijeron que era un arado, otros dijeron que el cuerpo era un granero; la pata una columna; la espalda, un mortero; la cola, la mano de un mortero y la cola, un cepillo.

La moraleja de la historia según lo dice el maestro es doble. Primero, se encuentra la virtud al aceptar la verdad como relativa y parcial. Segundo, uno de los grandes vicios es pelear unos con otros sobre diferentes percepciones, y más todavía sobre el mismo Dios.

Sin embargo, la analogía es falsa. Primero, la conclusión de esta parábola no es que todas las religiones son igualmente correctas sino que todas las religiones son igualmente incorrectas. Los hombres ciegos están equivocados. Un elefante es un elefante, no una olla, una cola o un cepillo. Los hombres ciegos están equivocados. Eso es todo. Esto demostraría que nadie en este mundo tiene en realidad un verdadero entendimiento de Dios, lo que significa que solo nos quedan percepciones y conocimientos falsos.

Segundo, esta analogía es en realidad una buena imagen del hombre natural y finito intentando encontrar su camino hacia un Dios infinito y santo. Las verdades a las que se llega son inevitablemente incorrectas.

Esta analogía supone que Dios no se reveló a sí mismo de alguna manera en la historia. Si a Dios no le importa y dejó a los hombres ciegos con sus propias luchas y limitaciones, entonces la ceguera es una virtud ya que conduce a la unidad. Pero esto no es lo que ocurrió, y esta forma de pluralismo religioso ignora lo que Dios ha hecho, incluso cuando presume que Jesucristo no es un mejor camino que cualquier otro ser humano.

Surge otra pregunta. ¿Cómo sabemos que el elefante es en verdad un elefante en primer lugar, a no ser que uno deposite su confianza en Buda? La respuesta a esta parábola puede tener menos que ver con la historia y más que ver con el narrador. La diferencia entre el cristiano y otras religiones no es solo la cronología histórica, sino el Autor.

¿Sobre la base de qué criterios se designan a los países como estados islámicos?

El islam se enorgullece por ser una religión "de la cuna a la tumba" que abarca aspectos espirituales de la vida, así como también aspectos económicos, políticos y sociales. Por ende, después de que se declaró la independencia de sus gobiernos coloniales, muchos países musulmanes se volvieron de inmediato a la ley sharia. Si bien hay diferencias importantes en la forma en que se manejan estos gobiernos, tienen características en común:

1. Supremacía religiosa. El islam es la religión oficial del Estado. Otras religiones son toleradas o perseguidas, dependiendo de la interpretación de la ley. En el mejor de los casos, los que tienen una clase de fe diferente son considerados ciudadanos de segunda clase.
2. Códigos morales. Las leyes se basan en el *Corán* y el *Jadit*. Las leyes que pueden parecer arcaicas en occidente se cumplen, incluso amputaciones y decapitaciones. Estas leyes también comprenden los hábitos cotidianos, incluso leyes que dictan el vestir y que prohíben instituciones financieras que cobren intereses.
3. Códigos religiosos. Los delitos incluyen ofensas religiosas así como también violaciones criminales. Todo discurso ofensivo en contra del islam, Mahoma o el *Corán* es considerado blasfemo y digno de castigo.

Cualquier cosa que esté prohibida (*haram*) en el *Corán* es ilegal en el país.

En el momento de escribir este libro, hay veinticuatro estados islámicos, cinco de los cuales son particularmente estrictos al aplicar las leyes religiosas: Irán, Arabia Saudita, Pakistán, Egipto y Sudán. En años recientes, Sudán ha violado de la manera más tremenda el derecho a la vida y la libertad. El gobierno sudanés, apoyado por los *jihaddin* (guerreros santos) ha islamizado a sus ciudadanos mediante la conversión forzosa, la hambruna sistemática, la esclavitud, la tortura y el encarcelamiento. En los veinte años después de que Sudán se declaró un estado islámico, aproximadamente tres millones de cristianos fueron esclavizados o asesinados. Del mismo modo, Irán tiene una segregación religiosa que prohíbe que las minorías religiosas manipulen alimentos que serán comidos por musulmanes y prohíbe que los dueños de negocios musulmanes contraten a minorías religiosas. En Arabia Saudita, hogar de los dos sitios más sagrados del islam, se prohíbe toda adoración no islámica, incluso en los hogares privados. En Pakistán, una ley sobre blasfemia aprobada en 1986 dejó fuera de la ley a toda crítica a Mahoma o del *Corán*. Desde su inicio, miles han sido ejecutados.

Otros países que aceptan la ley islámica incluyen Afganistán, Argelia, Bahrein, Comoros, Dijboub, Irak, Jordania, Kuwait, Líbano, Libia, Mauritania, Marruecos, Omán, Qatar, Somalía, Siria, Emiratos Árabes Unidos y Yemen. Malasia es el país más reciente que implementó la ley islámica dentro de su sistema político, Ahora bien, una persona que es atrapada bebiendo alcohol recibirá de cuarenta a ochenta azotes, mientras que cualquiera culpable de adulterio será apedreado hasta morir.

¿Engendra inmoralidad la cultura occidental?

El menosprecio musulmán por la cultura de Estados Unidos en particular y por la de occidente en general es fomentado por la percepción de que la cultura ha alentado la inmoralidad, tanto nacional como internacionalmente. Observando la escena estadounidense en particular, no puede estarse en desacuerdo con que Estados Unidos se ha convertido en una nación cada vez más inmoral. La mentira, los robos, el engaño y el aborto son desenfrenados dentro de la población. Los musulmanes centran especialmente sus críticas en la promoción obsesionada del sexo por la pornografía, la homosexualidad y la promiscuidad sexual en general. La televisión, las películas y la música alimentan dicha crítica. El término Gran Satanás incluso se ha vuelto una designación popular para Estados Unidos en algunos círculos musulmanes.

Si bien se fundamenta en mucha evidencia, la crítica musulmana de la inmoralidad se basa en la premisa de que la libertad es un vicio, no una virtud, ya que es una puerta abierta al pozo negro del pecado. Los pecados morales tales como el adulterio y la homosexualidad deben ser castigados e impedidos. Rituales religiosos tales como la oración deben ser aplicados por vía de la ley para fomentar la fe. La falacia de este argumento es obvia: Para muchos musulmanes, el Estado tiene responsabilidades sobre el alma de la persona. La democracia, mantenida como la mayor forma de gobierno por parte de los occidentales, está desacreditada en gran parte del Oriente Medio como algo inferior a la teocracia.

En parte, los musulmanes no comprenden bien la historia y el gobierno occidentales. La democracia no es solo anárquica por naturaleza que acepta todo tipo de comportamiento como normal y tolerable. Hasta hace poco, Estados Unidos se aferraba a la santidad de la vida, al control propio de las relaciones sexuales, al apoyo del matrimonio monógamo y a otros elevados valores morales. El motivo del avance de la conducta pecaminosa no es el sistema, sino el quebrantamiento de las leyes dentro del sistema. Esto comenzó como un cambio filosófico que sostenía que la verdad es relativa y la vida, accidental. De hecho, la historia demuestra que todos los gobiernos son propensos al fracaso cuando las personas se tornan centradas en sí mismas y pecaminosas.

El musulmán no debe cometer el error de equiparar a Estados Unidos con el cristianismo. Estados Unidos no es un país cristiano, si bien le debe mucho a los principios cristianos en cuanto a su fundación y gran prosperidad. Muchos cristianos han luchado en contra de los vicios que los musulmanes enumeran en su andanada contra occidente. Los cristianos reconocen que pecados tales como el aborto deberían ser ilegales, pero los cristianos se oponen con vehemencia a un gobierno teocrático ya que la fe debe ser voluntaria, no forzada. Por ejemplo, si uno obliga a las personas a orar, entonces la oración aún tiene significado para quienes la consideran genuina.

Esto no quiere decir que los cristianos no tengan culpa al contenerse en el avance de la inmoralidad. Las iglesias durante el siglo pasado han cambiado de centrarse en la pureza para hacerlo en la paz. En su despertar, la moralidad fue sacrificada por la individualidad, y la iglesia se debilitó en su esenciaSin embargo, antes de estigmatizar a Estados Unidos en particular como totalmente inmoral, considere los siguientes ejemplos de virtud desde alrededor de 1950:

1. Las últimas siete acciones militares en las que ha participado Estados Unidos han tenido como meta principal la libertad de los pueblos o países islámicos.
2. Incluso antes del derrocamiento de los talibanes, Estados Unidos condujo al mundo a una ayuda humanitaria para Afganistán.
3. La generosidad de Estados Unidos después de la Segunda Guerra Mundial llevó a la prosperidad de Alemania, Gran Bretaña, Italia y Francia. De hecho, Estados Unidos nunca les solicitó a estos países que le pagaran sus préstamos. En 1956, una vez más Estados Unidos ayudó a Francia, salvándola de la bancarrota financiera.
4. El Plan Marshall y la Política Truman después de la Segunda Guerra Mundial envió miles de millones de dólares a países desalentados.
5. La persistencia estadounidense ayudó a llegar al fin de la antigua Unión Soviética, liberando a millones de musulmanes del gobierno tiránico del comunismo.
6. Los progresos médicos estadounidenses han elevado el nivel de la salud en todo el planeta.

Estando a la vista del público, las manchas de Estados Unidos y de la cultura occidental aparecen rápidamente a la vista. Pero uno debe formularse una última pregunta: ¿Preferiríamos una conformidad forzada que conduzca a la opresión política y religiosa o es mejor que tengamos libertad, a pesar de las enfermedades de la sociedad?

Notas

1. Gene Edward Veith, "Culture Year-in-Review" [Resumen cultural del año], *World* (28 de diciembre de 2002), 42.
2. Erwin W. Lutzer, Christ Among Other Gods [Cristo entre otros dioses] (Chicago: Moody, 1994), 11.
3. *Ibíd.*, 12.
4. "Q & A on Islam and Arab-Americans" [Preguntas y respuestas sobre el islam y árabes-estadounidenses], http://www.usatoday.com/news/world/islam.htm (17 de diciembre de 2002).
5. Vea Hans Wehr, *Dictionary of Modern Written Arabic* [Diccionario del árabe moderno escrito] (Nueva York: French & European Publications, 1985) para más detalles. Esta fuente se considera con autoridad no solo por las principales universidades, sino por los musulmanes en general.
6. Alex Kirby, "What Muslims and Christians Share" [Lo que comparten los musulmanes y los cristianos], http://news.bbc.co.uk/1/hi/uk/1762359.stm (17 de diciembre de 2002).
7. George Braswell, *Islam* (Nashville: Broadman & Holman, 1996), 137. Vea también, http://www.submission.org/pro-life.html (17 de diciembre de 2002).
8. *Ibíd.*, 120.
9. Todd Starnes, "Southern Baptists Leaders Affirm Vines in Wake of National Attacks" [Líderes bautistas del sur afirman relaciones entre los ataques nacionales], 19 de junio de 2002, en http://www.baptistpress.org/bpnews.asp?ID=13645 (18 de diciembre de 2002).

10

Preguntas respecto de la libertad religiosa

El 28 de abril de 2002, doce cristianos fueron asesinados en un ataque antes del amanecer en Ambon, Indonesia. Un informe de prensa describió el horroroso suceso:

> (Los doce cristianos) fueron asesinados brutalmente y otros seis fueron heridos en un ataque mortal en la aldea de Soya durante las primeras horas de la mañana... El ataque a la aldea cristiana protestante Soya cerca de Ambon fue llevado a cabo por hombres armados alrededor de las cuatro de la mañana del domingo. Los musulmanes vestidos de negro "fueron casa por casa mientras proclamaban la grandeza de Alá, asesinando a todos los que les podían poner las manos encima, incluso un bebé de nueve meses que fue muerto por las balas", de acuerdo con el *Crisis Centre Diocese* de Amboina. Seis de las víctimas fueron apuñaladas o asesinadas con armas de fuego mientras que las otras seis fueron quemadas hasta morir.[1]

¿Es este incidente una aberración, parte de una guerra civil cultural que solo utilizó terminología religiosa, o es algo más? Tales historias rara vez son cubiertas por la prensa, sin embargo la persecución de cristianos ha alcanzado proporciones épicas. ¿Está prescripta esta aparente exterminación sistemática por la doctrina islámica, o los musulmanes están desafiando las enseñanzas de tolerancia del islam? ¿La historia de la lucha entre protestantes y católicos en el Norte de Irlanda excusa a los que defienden la violencia en el nombre de Alá? Esta sección analizará las doctrinas y prescripciones de las respuestas cristiana e islámica a la diversidad.

¿Promociona el islam la libertad religiosa?

Ninguna república o nación islámica gobernada por la ley islámica adopta la libertad religiosa. Esto siempre ha sido así. Aunque algunos señalan que grupos cristianos medievales buscaban refugio en países islámicos por la persecución católica romana, el registro histórico muestra muy poca coexistencia pacífica. El Pacto de Umar, un documento del siglo VII preparado para el segundo califa musulmán, tocaba los problemas de gobernar a un número creciente de pueblos conquistados. El Pacto desarrolla la norma de que las minorías religiosas no islámicas son ciudadanos de segunda clase a los que no se les debe otorgar los mismos derechos que a los musulmanes. A modo de intercambio por protección, cristianos y judíos cederían sus derechos religiosos y prometerían:

> No construiremos, en nuestras ciudades o en su vecindad, nuevos monasterios, iglesias, conventos ni celdas de monjes, ni repararemos, de día o de noche, ninguno de ellos si se caen como ruinas o están situados en los barrios de los musulmanes.
>
> No enseñaremos el *Corán* a nuestros hijos.
>
> No manifestaremos públicamente nuestra religión ni convertiremos a nadie a ella.
>
> No evitaremos que alguno de nuestros familiares entre al islam si así lo desean.
>
> Mostraremos respeto hacia los musulmanes, y nos levantaremos de nuestros asientos cuando ellos quieran sentarse.
>
> No mostraremos nuestras cruces ni nuestros libros en los caminos o mercados de los musulmanes.
>
> Solo usaremos badajos en nuestras iglesias muy bajos en volumen.

> No alzaremos nuestras voces cuando sigamos a nuestros muertos.
>
> No mostraremos luces en ninguno de los caminos de los musulmanes o en sus mercados.
>
> No enterraremos a nuestros muertos cerca de los musulmanes.[2]

En general, se puede ver con claridad la *yijad* del islam en la reducción del cristianismo ortodoxo oriental. En zonas que tenían mayorías ortodoxas tan altas como de un 80 por ciento cuando el islam llegó al poder, la comunidad cristiana fue arrasada por la masacre, la esclavitud y la humillación bajo la ley islámica.

La persecución ha permanecido constante en los tiempos modernos. Solo unos pocos de los ejemplos recientes más serios de maltrato de minorías religiosas incluyen:

1. Desde la implementación del gobierno islámico en Sudán en 1980, millones de cristianos han sido asesinados, esclavizados, violados, torturados y secuestrados.
2. Arabia Saudita ha sancionado la pena de muerte por creer en otra fe que no sea el islam.
3. Los conversos pakistaníes al cristianismo pierden sus derechos a tener vivienda, trabajos y herencias.
4. Marruecos encarcela a cualquiera que es hallado culpable de proselitismo de su fe.
5. Kuwait prohíbe toda enseñanza acerca de religiones no islámicas.
6. Qatar prohíbe la construcción de iglesias.
7. Mauritania requiere que todos sus ciudadanos sean musulmanes. A los mauritanios se les prohíbe poseer cualquier texto sagrado de otras religiones.[3]

Algunos países gobernados por musulmanes, como por ejemplo Marruecos, tienen alguna tolerancia religiosa, pero ninguno permite la libertad de culto. La persecución oficial e institucionalizada ya hace tiempo que ha sido una mancha en las sociedades islámicas. Cuando uno piensa en el nivel de sufrimiento ocasionado y en el grado de odio y violencia expresados, estos países practican una suerte de terrorismo doméstico sobre sus propios ciudadanos. Los apologistas musulmanes tienen dificultades en defender la naturaleza pacífica de su religión, cuando sus líderes sancionan tal violencia incluso dentro de sus propias fronteras.

¿Tienen los cristianos una historia terrible sobre la libertad religiosa?

La completa desatención por la vida humana y por la libertad con frecuencia ha sido perpetrada por personas que estaban en el poder y que ondeaban el estandarte cristiano. La diferencia reside en que esos actos son injustificables desde el punto de vista de la Biblia o de cualquier enseñanza aceptada de la fe. Estos períodos violentos solo pueden considerarse como crímenes horrendos por parte de falsos maestros y creyentes ignorantes, falsos o descarriados. La mayoría identifica a las Cruzadas (1095-1291) como uno de los más sangrientos malos usos del cristianismo, si bien los musulmanes cargan con cierta responsabilidad por la brutalidad de esas guerras. El islam y el cristianismo medievales compartieron un odio común hacia los judíos, y ambos reprimieron a los disidentes con extrema crueldad. Sin embargo, si bien hay similitudes, las razones de sus tendencias violentas en la persecución han diferido en aspectos esenciales.

El islam tuvo éxito durante sus primeros cien años mediante la conquista militar. El cristianismo tuvo éxito durante sus primeros dos siglos y medio (aproximadamente 61-312) al sobrevivir a períodos intermitentes de intensa persecución. Los califas Abu Bakr y Umar afilaron sus espadas para la batalla, pero los apóstoles Pedro y Pablo prepararon sus cuerpos para golpes y martirio. Los guerreros del islam cruzaron África del norte con la esperanza de una conquista política. Los testigos de Cristo se esparcieron por el Imperio Romano esperando un despertar espiritual. Esta diferencia de punto de vista se basa en las enseñanzas de Cristo. Sus discípulos han estado dispuestos a derramar su sangre para que otros pudieran vivir mediante Él; los discípulos de Mahoma han estado dispuestos a derramar la sangre de otras personas en nombre de Alá. Tampoco muchos mártires cristianos han tenido como motivación la comprensión de que recibirían placeres sensuales en el cielo.

El cristianismo dejó este ideal centrado en Cristo bajo el reinado del emperador romano Constantino, que se convirtió al cristianismo proviniendo del paganismo en el año 312. Si bien las motivaciones políticas para su fe dejan su realidad abierta al debate, él testificó que había tenido una visión en la que una cruz flameante estaba junto a la leyenda en latín, que significaba "¡Con esta señal conquista!" Constantino atribuyó sus victorias subsiguientes en batalla a su fe cristiana. Estas victorias le aseguraron su lugar como emperador indiscutible e inmediatamente se dirigió a mantener el poder uniendo a todos sus súbditos bajo las mismas doctrinas de la iglesia. En Constantino, la espada política surgió junto con la espada espiritual, pervirtiendo al cristianismo. Esta unión no santa no se rompió hasta el 1648.

Durante estos siglos de alianza, los gobiernos compitieron con los líderes de la iglesia por el derecho a designar arzobispos, construir iglesias y radicar desacuerdos teológicos por decreto. La verdadera fe se iba debilitando mientras la iglesia ya no era un organismo basado en la participación voluntaria, sino una organización basada en la ciudadanía. Los gobernadores seculares y los papas politizados se convirtieron en la norma y los hombres de la iglesia obtuvieron grandes privilegios e importancia.

Los reformadores protestantes heredaron esta filosofía política de iglesia-estado. Gobiernos e iglesias continuaron exigiendo que todos sus ciudadanos compartieran un solo sistema religioso, y disentir era considerado una traición. Por esto los judíos siguieron sufriendo en tierras cristianas luego de la declinación de las inquisiciones católicas romanas. Los políticos estaban menos interesados en una fe pura que en el status quo de la sociedad. Existían vestigios de esta alianza en Europa luego de finalizar la Guerra de los Treinta Años en 1648, pero la filosofía estaba en ruinas. Lamentablemente, fue reemplazada por una reacción violenta secular en contra de toda religión en el mundo occidental, hasta que todos los creyentes en Dios fueron objetos de destrucción en la Revolución Francesa de la década de 1790. Una reacción democrática más positiva ante la persecución iglesia-estado transformó las colonias norteamericanas y culminó con la revolución que fundó Estados Unidos. A lo largo de muchas generaciones, los cristianos exigieron libertad de culto y lo defendieron como el modelo bíblico. Si bien llevó más de mil trescientos años, los cristianos regresaron a sus raíces de libertad religiosa.

¿Se enseña la libertad religiosa en la Biblia?

La mayoría de los cristianos cree firmemente en la libertad religiosa porque es explícitamente bíblica. El pasaje clave del Nuevo Testamento respecto de esta doctrina se halla en Mateo 13:24-30:

> Les refirió otra parábola, diciendo: El reino de los cielos es semejante a un hombre que sembró buena semilla en su campo; pero mientras dormían los hombres, vino su enemigo y sembró cizaña entre el trigo, y se fue. Y cuando salió la hierba y dio fruto, entonces apareció también la cizaña. Vinieron entonces los siervos del padre de familia y le dijeron: Señor, ¿no sembraste buena semilla en tu campo? ¿De dónde, pues, tiene cizaña? El les dijo: Un enemigo ha hecho esto. Y los siervos le dijeron: ¿Quieres, pues, que vayamos y la arranquemos? El les dijo: No, no sea que al arrancar la cizaña, arranquéis también con ella el trigo. Dejad crecer juntamente lo uno y lo otro hasta la siega; y al tiempo de la siega yo diré a los segadores: Recoged primero la cizaña, y atadla en manojos para quemarla; pero recoged el trigo en mi granero.

Posteriormente Jesús explica los personajes y la trama de la parábola. El mundo, conocido como el "reino", tendrá creyentes (trigo) y no creyentes (una maleza que se parece al trigo a veces conocida como "cizaña"). El trigo pertenece al Señor (el hombre que sembró buena semilla) y las cizañas pertenecen al diablo (su enemigo). En el fin de los tiempos (siega), los siervos querrán destruir a los hijos del diablo, pero Jesús no lo permitirá para que no se hiera también a los creyentes. Al final, vendrá la justicia por vía del juicio de Dios a través de Cristo.

Solamente Jesucristo tiene el derecho de juzgar el alma de una persona. Pudiéramos deducir de este principio que el gobierno civil no tiene derecho a "portar la espada" en asuntos teológicos

(Ro. 13:4), e incluso las autoridades de la iglesia deberían tener sumo cuidado al juzgar a los demás. Cualquiera sea su cargo de autoridad, los cristianos que intentan perseguir a otros pueden dejar hermanos y hermanas dañadas en su empresa. La historia de la iglesia cristiana está llena de masacres de cristianos por parte de cristianos que intentaban purificar la iglesia de todo error. La verdad y el error se entremezclan en todo el mundo, y Jesús recordó a sus discípulos que el trigo y la cizaña crecen juntos ya que Satanás obra en todas las sociedades. No es responsabilidad del cristiano generar violencia en contra de la falta de fe.

Otros pasajes bíblicos concuerdan. El apóstol Pablo le recordó a la iglesia en Éfeso que el cristiano solo tiene una espada: La Palabra de Dios (Ef. 6:17). El apóstol Pedro recalca el penoso sufrimiento del Señor, reconociendo que Dios no desea que nadie vaya al infierno (2 P. 3:9). ¿Por qué alguien precipitaría su juicio? De hecho, la violencia aleja a la gente de los brazos amorosos del Salvador.

En una época de relatividad y confusión, uno tiene que tener una plomada para medir lo que es correcto y lo que es incorrecto. En nuestro propio país, Estados Unidos, la constitución ha dispuesto una democracia equilibrada que se ha mantenido durante más de doscientos años. Pero las constituciones van y vienen. La Biblia es la única fuente inmutable de autoridad. Como declaró Baltasar Hubmaier (1480-1528), un defensor de la libertad religiosa, cristiano reformador: "El mayor engaño de la gente es el tipo de celo por Dios que se invierte sin las Escrituras en el interés de la salvación de almas, la honra de la iglesia, el amor a la verdad, las buenas intenciones, los usos o costumbres, los decretos episcopales y la indicación de la razón, todo lo cual ha sido suplicado desde la luz de la naturaleza. Estos son errores letales, cuando no son conducidos y dirigidos de acuerdo con las Escrituras".[4]

¿Cuál es la diferencia entre la libertad religiosa y la tolerancia?

En 1689, el parlamento inglés dio fin a un período sangriento de guerra y persecución al aprobar la Ley de la tolerancia. Este documento permitía la libertad de adoración para los protestantes en Inglaterra, Gales, Irlanda y Escocia. Si bien fue un gran avance que dio fin a una época de intenso sufrimiento para miles de disidentes, la ley aún mostraba un elevado grado de arrogancia. Se alentaba a ser miembro de las iglesias episcopales controladas por el Estado. Algunos grupos, como los católicos romanos, todavía no podían obtener alguna legitimidad. La ley también disponía deberes religiosos obligatorios que todo ciudadano debía obedecer. Por ejemplo, si bien la gente era libre de dar su diezmo a sus respectivas denominaciones, se les requería pagar un impuesto para la iglesia nacional establecida. Las iglesias disidentes eran tratadas como hijastras que tenían que registrarse con el gobierno para obtener una certificación.

El principio más importante inherente en dichas leyes de tolerancia era que la mejor y más clemente de ellas insistía en que el Estado retuviera la sabiduría para instruir a la gente en un conjunto de creencias que "debían", y en algunos casos, "tenían que" compartir. ¿Qué derecho tiene algún gobierno secular para fijar normas de aceptabilidad doctrinaria en organizaciones religiosas? Si el gobierno en verdad tiene el derecho de legislar para el alma de uno, el gobierno de facto está usurpando las prerrogativas de la deidad. La tolerancia estipula que el gobierno tiene el derecho por autoridad de controlar, certificar, otorgar permiso y sacar provecho de la religión como le parezca.

La libertad específica que el gobierno tiene el deber indisputable de proteger son los derechos de cada persona o grupo religioso del control legislativo o judicial. Ejemplos de tolerancia en el islam incluyen países como Turquía, donde la iglesia ortodoxa tiene el derecho de existir pero no de expandirse. Al patriarca ecuménico, Bartolomeo I se le niega el derecho de volver a abrir su seminario a fin de capacitar a hombres para el sacerdocio. En Brunei, la importante minoría de cristianos tiene prohibido reunirse en grupos de más de cinco personas.

Al final, la tolerancia es una táctica usada para tolerar a las personas mientras se espera su extinción gradual o su retiro de la sociedad. Por otra parte, la libertad no sostiene que todas las religiones son iguales en cuanto a la verdad, sino que asegura igualdad en el derecho a ser oído. Entonces, los miembros de la sociedad pueden elegir su fe. La tolerancia garantiza la superioridad política de una religión oficial y relega a los disidentes a la pila de los parias.

Funciona fuera del pragmatismo político o de la compleja creencia de que, puesto que es la correcta y todas las demás no, merece un tratamiento especial y privilegios.

Sin embargo, la gente que está confiada en su fe no necesita favores especiales del gobierno para respaldar sus argumentos. Le permitirán a Dios defenderse y permitirán que la verdad se posiciones por mérito propio en contra de las falsedades.

¿Por qué algunos cristianos son tratados de forma distinta a otros en los países islámicos?

En una visita a Marruecos, a un grupo de cristianos se les permitió tratar la libertad de culto con líderes de la comunidad islámica. Durante la conversación, un clérigo islámico expresó su aprobación a la libertad tan firmemente que asombró a varios de los cristianos. Un cristiano le preguntó: "¿Así que no le molesta cuando un musulmán se convierte al cristianismo?"

Él respondió: "La libertad de culto le permite a un cristiano convertirse en musulmán, no al revés".

Esta es parte de un razonamiento detrás de una doble norma en algunas sociedades islámicas. Los cristianos son más tolerados si nacieron en el cristianismo que si fueron ex musulmanes que "nacieron de nuevo" en Cristo. Ser cristiano de nacimiento es aceptable, ser cristiano por nuevo nacimiento es condenable. La gente que corre más peligro dentro de los estados islámicos es la que se ha convertido del islam a otra fe. No solo la conversión es inaceptable (*sura* 3:85), sino que se la castiga con la muerte (*jadit* 9.57). El apóstata comete lo imperdonable por asociar a Alá con un socio (*shirk*) o cambiar los elementos fundamentales de la fe por falsedad.

Tradicionalmente, el cristiano de nacimiento o *dhimmi* ("persona protegida") es un ciudadano de segunda clase que pagó impuestos adicionales para recibir protección de los gobernadores islámicos (*sura* 9:29). Un autor advirtió la humillación implícita en esta condición inferior perpetua: "La ley requería de los *dhimmis* un proceder humilde, los ojos bajos, un ritmo apurado. Tenían que dar paso a los musulmanes en la calle, permaneciendo de pie ante su presencia y manteniéndose en silencio, solo hablándoles cuando se les daba permiso... Toda crítica al *Corán* o a la ley islámica anulaba el pacto de protección. Además el *dhimmi* tenía el deber de ser agradecido, ya que fue la ley islámica la que le salvó la vida".[5] En consecuencia, el *dhimmi* siempre es vulnerable, porque en cualquier momento la tolerancia a su existencia puede cambiar a una persecución inmediata.

Debe recordarse que el islam es una fe con mentalidad de misiones que busca la sumisión final del mundo a Alá. Incluso cuando Mahoma estaba en medio de las batallas, se tomaba un tiempo para contarles a sus seguidores por qué debían proteger a un infiel: "Si uno de los asociadores te pide protección concédesela, para que oiga la Palabra de Alá" (*sura* 9:6). Muchos musulmanes creen que el propósito final de cualquier acto que proteja a un no creyente es la conversión.

¿Por qué Estados Unidos siempre está en guerra con el islam?

A partir del ataque del 11 de septiembre de 2001 al *World Trade Center* de la Ciudad de Nueva York, el presidente George W. Bush y otros dirigentes gubernamentales de Estados Unidos se han preocupado en recalcar que no le han declarado la guerra a la religión del islam. Bush fue tan lejos como para participar en la comida de celebración del fin del Ramadán para así demostrar su respeto por los musulmanes de Estados Unidos. Algunos musulmanes aún creen que el gobierno de Estados Unidos es contrario al islam. Estados Unidos parece interesado en atacar a los gobiernos islámicos y ha expresado su solidaridad con la nación de Israel. Es más, los musulmanes creen que el interés de Estados Unidos en Oriente Medio es puramente económico y de servicio propio y que a las tierras santas como Arabia Saudita se les está sacando provecho.

La perspectiva de Estados Unidos es muy distinta. Incluso antes de los ataques a la ciudad de Nueva York y al Pentágono, los ciudadanos de ese país creían que no les hacían la guerra al islam, sino que el islam les había declarado la guerra a ellos. Las tensiones de Oriente Medio casi no son nuevas para la era del petróleo. Los musulmanes culpan a la colonización occidental de los siglos XVIII y XIX de sus economías desastrosas de hoy día. El imperialismo puso el control político, social y económico en manos de los infieles que explotaban a la gente y a los recursos de Oriente Medio y África. Lo que es peor, los gobiernos ordenaron una forma modificada de gobierno islámico para crear una caricatura de gobierno democrático. Después de la Segunda Guerra Mundial, los occidentales fueron echados y las ex colonias se volvieron independientes.

A partir de la década de 1980, muchos de estos países instalaron fuertes gobiernos islámicos. La islamización que se da en todo el mundo no refleja un nuevo modelo de fanatismo, sino un renacimiento. Si bien muchos en occidente llaman extremistas a estos musulmanes, en realidad son tradicionalistas. Miran al pasado con admiración y nostalgia, esperando volver a lograr los días de gloria del islam. Debe recordarse que antes de que los colonialistas europeos tomaran control de gran parte del mundo, el islam era el colonizador. Los primeros cien años de la fe vieron una increíble expansión por Oriente Medio a Asia, África y Europa. Se necesitó a Carlos Martel para que detuviera el avance de la *yijad* y arrojara a los guerreros musulmanes a España. Allí se radicaron hasta que fueron echados casi setecientos cincuenta años más tarde. Los musulmanes también gobernaron la India durante cientos de años.

El conflicto de fines del siglo XX y principios del XXI no se trata de política sino de religión. La confrontación ideológica de la Guerra Fría es ahora teológica en la Guerra Confesional. Una cantidad de musulmanes, animados por la riqueza que produjo el petróleo, nuevamente cree que el islam puede avanzar a nuevos territorios y afirmar la ley islámica. Esta confianza ha tenido éxito en Malasia, mientras que la lucha se está expandiendo en lugares tales como Nigeria. Debe tenerse presente una similitud entre la nueva Guerra Confesional y la Guerra Fría. En cualquiera de las dos, los ciudadanos que viven dentro de los regímenes pueden desear la paz. Un partido con gran poder y un interés confesional apasionado está actuando para cambiar el curso de la historia.

¿Son los musulmanes perseguidos en sus propios países?

Ya que la ley islámica rige con puño de hierro y hay rencor mutuo entre las distintas sectas, no es inaudito que los musulmanes persigan a otros musulmanes que pasan a estar bajo su control. El ejemplo principal de dicha persecución se encuentra en Arabia Saudita. La monarquía saudita tiene poder dictatorial y un deseo por mucho tiempo de eliminar la discención dentro del islam agitado por la secta *shi'a*. A los adherentes a la secta *shi'a* se les prohíbe tener sus propias mezquitas. Deben orar en hogares privados o afuera en los bosques. El gobierno ha demolido cementerios sagrados para los *shi'a* y ha prohibido que maestros o profesores lleguen a las familias *shi'a*. Una maestra *sunni* creía con tanta vehemencia que la secta *shi'a* era falsa que le dijo a su clase de escuela primaria que los musulmanes *shi'a* adoraban a las rocas y no a Alá.[6]

Cuanto más estrictamente un país observa la ley islámica, más probable es que los musulmanes persigan a otros musulmanes. Es más probable que los grupos minoritarios sean perseguidos si se les teme como una amenaza política. Este es el motivo por el cual los cristianos no son perseguidos en Irak con la misma intensidad que lo son los musulmanes *shi'a*. Para Saddam Hussein, los relativamente pocos cristianos no eran rivales políticos. Él estaba más preocupado acerca de los que eran capaces de ocasionar una revuelta religiosa legítima.

Los musulmanes más radicales del mundo son los *wahhabis*, apoyados por los sauditas, que están intentando reformar todo el islam de acuerdo con su propia inclinación radical. Esta secta prohíbe a sus miembros usar el nombre de Mahoma en ninguna oración. Prohíben visitar una tumba musulmana en un cementerio y exigen que otros musulmanes obedezcan sus principios o se arriesguen a la violencia en una *yijad*. Una cantidad de grupos que se han separado de otros más grandes y facciones han surgido durante el último siglo, conduciendo a la observación de que el islam está atravesando su propia época de transformación, comparable en parte, con lo que sucedió en el cristianismo en el siglo XVI. En los conflictos internos está en juego el rumbo futuro de la religión. El mundo tendrá que esperar a ver qué forma finalmente adoptará el islam.

Si los cristianos son llamados a amar, ¿no es un pecado para ellos ir a la guerra?

Los cristianos siempre han luchado con el tema del pacifismo.

¿Cuándo, de serlo, es defendible que un seguidor del Príncipe de la Paz tome las armas en nombre de una nación? El teólogo Agustín (354-430) desarrolló pautas estrictas para librar una "guerra justa" en la que los cristianos pudieran participar. Las reglas de la "Teoría de la guerra justa" siguen rigiendo para muchos cristianos.

Dentro de la Reforma del siglo XVI surgió un grupo de disidentes que vehementemente se oponía a cualquier justificación de una guerra. Estos pacifistas no tomaban las armas incluso durante la violenta matanza turca que amenazó a Europa desde oriente. Michael Sattler (1495-1527), un líder de estos "anabaptistas" (el nombre se debe a que rebautizaban a adultos después de su experiencia de conversión) mantenía: "La espada es una ordenación de Dios fuera de la perfección de Cristo... Pero dentro de la perfección de Cristo solo se usa [la disciplina de la iglesia] para la advertencia y la exclusión del que ha pecado".[7]

Sattler no se oponía a que el gobierno fuera a la guerra, puesto que Dios había ordenado al gobierno que blandiera la espada (Ro. 13:4). En cambio, sostenía que los cristianos no pueden ir legítimamente a la guerra ya que son ciudadanos del reino de Dios. Sattler no reemplazó simplemente la justicia política por la virtud del amor universal. Él instituyó un juicio más estricto de disciplina de la iglesia. Para el anabaptista promedio, la disciplina ("la excomunión") era el castigo más severo que se le podía aplicar.

El colega anabaptista de Sattler, Hubmaier, no estaba de acuerdo con esta visión y contrapuso una visión más positiva del gobierno y de la participación cristiana en la guerra. Primero, los cristianos no son simplemente ciudadanos del reino por venir sino que también son moradores temporales de este mundo. Por lo tanto, deben orar por el reino perfecto por venir (Mt. 6:10), al tiempo que admiten la realidad de la situación actual. Hay dos espadas en este mundo (la espada del gobierno secular y la espada de la Palabra de Dios). Cada una tiene su lugar diferente en el gobierno de Dios, y los cristianos son llamados a participar en ambas. El gobierno es directamente ordenado por Dios y por lo tanto, digno del servicio cristiano. Consecuentemente, si un cristiano se niega a defender a los desvalidos, él a su vez será juzgado por Dios. Hubmaier declaró: "El que no quiera ayudar al gobierno a salvar a viudas, huérfanos y otros oprimidos, así como también a castigar a vándalos y tiranos, se resiste a la orden de Dios... puesto que actúa contra el mandato... de Dios, que quiere que el justo sea protegido y el malo, castigado".[8]

Hubmaier inteligiblemente dio argumentos bíblicos aunque simples para que los cristianos sigan cuando se trate de decidir sí ir o no a la guerra. Un cristiano tiene un derecho, y en realidad un deber, de luchar en la guerra, suponiendo que el gobierno es bueno y la causa virtuosa (paz y protección). Los que verdaderamente aman a Dios y a su prójimo harán lo posible por alcanzar la paz, la prosperidad y la protección en este mundo. Si el justo no participa en el gobierno, solo regirán los malos y los tiranos.

¿Son Jordania y Turquía ejemplos de moderación islámica?

Mientras hay una marea cada vez más grande del islam combativo, los defensores del islam repetidas veces proclaman las virtudes de naciones islámicas moderadas como Jordania y Turquía. Después de todo, Jordania es la patria de casi doscientos mil cristianos, el cinco por ciento de la población jordana. El monarca moderado de Jordania tuvo éxito al implementar la educación religiosa cristiana para los niños cristianos. En 1994, Jordania firmó un tratado de paz con Israel, un paso condenado por gran parte del mundo islámico. El único otro país árabe que celebró un acuerdo similar con Israel fue Egipto en 1979.

Turquía ha buscado desde hace mucho tiempo formar parte de la comunidad de naciones así como también del mundo islámico. Turquía se ha convertido en signataria de la Organización del Tratado del Atlántico Norte (OTAN) en 1949 y se alió con Estados Unidos en contra de la Unión Soviética en la crisis de misiles de 1962 y contra Irak en la Guerra del Golfo de 1991. Turquía también es autónoma al ser una democracia islámica que está dispuesta a unir alianzas con los intereses occidentales, tales como la Unión Europea. A diferencia de Jordania, Turquía no cuenta con una minoría cristiana significativa.

Para comprender cómo estos dos países surgieron como ejemplos del islam moderado, hay que observar sus distintivos históricos. Un hilo escarlata conecta a Jordania con la situación palestina en Israel, puesto que Jordania llegó a controlar regiones de lo que es ahora Israel. Si bien apoya a Estados Unidos contra Irak, Jordania aún tiene lazos estrechos con ese país, su único proveedor de energía. Además, se sabe que los miembros individuales de la familia real simpatizan con grupos islámicos militantes.[9] De hecho, el partido combativo conocido como la Hermandad Musulmana ha tomado ímpetu en Jordania. Probablemente el mejor panorama de la situación volátil existente en la actualidad en Jordania pueda verse por su ubicación geográfica. Apretada entre Israel, Siria, Arabia Saudita e Irak, el reino jordano está en una situación muy precaria. La situación dentro de sus fronteras no es mucho más sencilla.

Por otra parte, Turquía tiene un registro terrible que no siempre está dispuesta a admitir. Mientras el mundo estaba en guerra en 1915, Turquía planeó la ejecución sistemática de todos los cristianos armenios. En un día, el 24 de abril de 1915, el gobierno turco fue responsable de asesinar a seiscientos mil armenios. Dentro de los siguientes tres años, la cantidad total masacrada creció a casi dos millones. En la década de 1990, los turcos utilizaron la campaña contra los kurdos como una excusa para barrer con todas las aldeas cristianas en la región sudeste del país.

Turquía también prohibió a la minoría cristiana asirio-caldea construir nuevas iglesias y tener cargos públicos.[10] En 2002, el Partido del Bienestar basado en el islamismo tuvo una victoria arrasadora que lo condujo a ocupar cargos de liderazgo.

Si bien Jordania ha mostrado cierta moderación bajo circunstancias de prueba, Turquía tiene un régimen más violento y agresivo de lo que parece en la superficie.

¿Debe occidente otorgar libertad religiosa a los musulmanes de países donde se persiguen a los cristianos?

Algunos norteamericanos han reaccionado duramente ante la amenaza del terrorismo y a los informes de minorías oprimidas en las naciones islámicas y estarían a favor de restringir las libertades a los musulmanes en países tales como Estados Unidos. De hecho, resulta irónico que nuestro padre ayudara a la construcción de una mezquita en Columbus, Ohio, mientras sus hijos nunca podrán ayudar a fundar una iglesia en Estambul o Ankara. Esto no es justo, pero es una realidad con la cual los cristianos deben familiarizarse.

En todo el planeta, los países islámicos están avanzando hacia una forma más radical de islam político, y en su despertar, se ceden libertades a la estructura estricta de la ley islámica. Pero este no es solo el caso de las naciones musulmanas. Ex gobiernos del bloque oriental tales como Belarus aún restringen las libertades religiosas, prohibiendo reuniones privadas y requiriendo permisos para tareas evangelísticas. La iglesia ortodoxa oriental apoyada por el Estado en Belarus hizo presión respecto de la ley y está trabajando con el gobierno para obtener un acuerdo separado con el Estado.[11]

Los cristianos continuarán enfrentando opresiones, incluso cuando son heraldos de la libertad de culto para todos, en cualquier lugar del mundo que se los escuche. Una fortaleza del cristianismo es que los creyentes son llamados a una ética bíblica que busca el bien incluso de los que nos maltratan. Por lo tanto, los cristianos estadounidenses deben ser cuidadosos en cuanto a que el resentimiento y el dolor compartido con nuestros hermanos que sufren no nos aleje de este principio sagrado y nos vuelva vengativos. Los cristianos también tienen que tener presente que algunos musulmanes vienen a occidente porque han sido blanco de discriminación.

Debemos considerar que Saulo, uno de los grandes perseguidores de la iglesia, cambió milagrosamente y se convirtió en el Pablo que escribió más de un tercio del Nuevo Testamento. La libertad de Estados Unidos le permite a esta nación ser uno de los más grandes campos de misión del mundo. No podemos olvidar esto.

Notas

1. Esta y muchas otras historias pueden hallarse en persecution.org, como en otros sitios de la red informática que rastrean la persecución de los cristianos por todo el mundo, incluso voiceofthemartyrs.com (12 de mayo de 2002).
2. "The Pact of Umar" [El Pacto de Umar], en http://www.fordham.edu/halsall/source/pact-umar.html (19 de diciembre de 2002).

3. Paul Marshall, *Their Blood Cries Out* [Su sangre clama] (Dallas: Word, 1997), 17-69.
4. Baltasar Hubmaier, "On Heretics and Those Who Burn Them" [Sobre la herejía y aquellos que los quemaron], en *Balthasar Hubmaier: Theologian to the Anabaptists* [Baltasar Hubmaier: Teólogo de los anabaptistas], ed. H. Wayne Pipkin y John H. Yoder (Scottdale, Pa.: Herald, 1989), 64-65.
5. Mark Durie, "The Dhimmitude of the West" La *dhimmitud* de occidente], agosto de 2002; http://www.dhimmitude.org/archive/dhimmitude%20of%20the%20west%20aug02.html (19 de diciembre de 2002).
6. Saudi Institute, "Religious Freedom in the Kingdom of Saudi Arabia–Focus on Citizens" [La libertad religiosa en el reino de Arabia Saudita], 15 de octubre de 2001, en http://www.shianews.com/hi/articles/politics/0000151.php (19 de diciembre de 2002).
7. Michael Sattler, The Schleitheim Confession [La confesión Schleitheim], en *The Life and Thought of Michael Sattler* [La vida y el pensamiento de Michael Sattler], ed. C. Arnold Snyder (Scottdale, Pa.: Herald, 1984), 119.
8. Balthasar Hubmaier, On the Sword [En la espada], en *Pipkin and Yoder*, eds., Baltasar Hubmaier, 521.
9. Christopher Slaney, "Jordan Seeks Peace in Sea of Troubles" [Jordania busca la paz en un mar de problemas], *Middle East Times*, 19 de julio de 2002, en http://www.metimes.com/2K2/issue2002-29/reg/jordan_seeks_peace.htm, (19 de diciembre de 2002).
10. Marshall, *Their Blood Cries Out* [Su sangre clama], 50.
11. Felix Corley, "Belarus Official: Permission Required for Religious Meetings of More Than 10" [Belarus oficial: Se requiere permiso para reuniones religiosas de más de 10 personas), *Baptist Press*, 16 de diciembre de 2002, en http://bpnews.net/bpnews.asp?ID=14862 (19 de diciembre de 2002).

11

Preguntas respecto de la historia mundial

Para la mayoría de la gente de occidente, la controversia entre el islam y el resto del mundo parece un fenómeno nuevo. Sin embargo, el conflicto ha afectado radicalmente al mundo desde las primeras invasiones a los mundos mediterráneos, africanos y europeos. Es un pie de página de la historia que probablemente no existiría el cristianismo protestante tal como lo conocemos si los turcos no hubieran amenazado la región alrededor de los Alpes Austriacos la década de 1520. Enfrentados con una revuelta de campesinos en su país y con la amenaza del islam, los gobiernos católicos romanos se distrajeron de avanzar contra los protestantes hasta que tuvieron la oportunidad de establecerse. El islam y el cristianismo han interactuado desde hace mucho tiempo dentro del contexto más amplio de la historia mundial.

¿Por qué Jerusalén es tan importante para los musulmanes?

Cuando se nos ha pedido que expliquemos los acontecimientos internacionales de la actualidad en la televisión y la radio, una de las preguntas más comunes de los cristianos ha sido por qué a los musulmanes les importaba tanto Jerusalén, una ciudad que Mahoma ni siquiera visitó. Por ejemplo, para los que están fuera del islam, parecería que los musulmanes simplemente construyeron la Cúpula de la Roca en el monte del templo para negarles a los cristianos y a los judíos su propiedad tan sagrada para ellos.

Los cristianos deben comprender los reclamos islámicos respecto de la tierra de Israel si es que quieren entender el conflicto profundo y complejo que se desenvuelve en Oriente Medio. Los musulmanes creen que la tierra es sagrada y que está más allá de toda disputa. Jerusalén ha sido *al-Kuds* ("la sagrada") y *al-Kuds al-sharifa* ("la sagrada y noble") entre los musulmanes desde el período medieval.[1] Sigue siendo uno de los tres lugares sagrados del islam, junto con La Meca y Medina.

Sin embargo, el islam enseña que en Jerusalén Mahoma tuvo una *Mi'raj*, una de sus más profundas experiencias con Alá. El *sura* 17:1 cuenta acerca del viaje milagroso de Mahoma desde La Meca a Jerusalén y luego al cielo en la noche número veintisiete del mes de Rajab:

> ¡Gloria a Quien hizo viajar a Su Siervo de noche, desde la Mezquita Sagrada a la Mezquita Lejana, cuyos alrededores hemos bendecido, para mostrarle parte de Nuestros signos! Él es Quien todo lo oye, todo lo ve.

En su libro *El significado del sagrado Corán*, 'Abdullah Yusuf 'Ali brinda detalles de la tradición islámica que rodea a sus días sagrados:

> Empieza con la Visión mística de la Ascensión del Profeta Sagrado: Él fue transportado desde la Mezquita Sagrada (de La Meca) a la Mezquita Lejana (de Jerusalén) en una noche y se le mostraron algunas de las señales de Alá. La mayoría de los Comentaristas toman este Viaje Nocturno literalmente... Incluso ante la suposición de un viaje corporal milagroso, se concede que el cuerpo (de Mahoma) fue casi transformado a una fineza espiritual. La literatura del *Jadit* da detalles sobre este Viaje... El Sagrado Profeta fue primero transportado al asiento de las primeras revelaciones en Jerusalén, y luego fue llevado a través de los siete cielos al Trono Sublime, e iniciado en los misterios espirituales del alma humana que lucha en el Espacio y el Tiempo.[2]

'Ali continúa diciendo que la literatura europea medieval refleja la historia de la influencia del Viaje Nocturno, incluyendo la Divina Comedia de Dante (ca. 1300).[3] En el *Corán* se encuentran alusiones al Viaje Nocturno. El *sura* 53:1-11 proporciona una prueba islámica de la idoneidad de Mahoma para ser el último profeta:

> Vuestro compatriota ¡oh koreichitas! No está extraviado ni ha sido seducido. No habla movido por sus pasiones. El *Corán* es una revelación que le ha sido hecha. Es el terrible por su fuerza el que le ha instruido; es el vigoroso; se mantuvo en equilibrio en la esfera más elevada. Luego descendió y quedó suspendido en los aires. Estaba a la distancia de dos arcos o más cerca aún, y reveló al servidor de Alá lo que tenía que revelarle.
>
> El corazón de Mahoma no miente, él lo ha visto. ¿Haréis nacer dudas sobre lo que ha visto?[4]

El capítulo continúa describiendo la visión del cielo como un jardín. El ángel Gabriel se le apareció a Mahoma. Estos dos textos se fusionaron con el *sura* 81:19-29 para describir el Viaje Nocturno y darles a los autores del *Jadit* una base para sus agregados.

La historia de la ascensión impulsó al ejército musulmán hacia Jerusalén luego de la muerte de Mahoma. Hacia el 638, el califa Omar capturó la ciudad y Jerusalén pasó a ser parte del patrimonio. Al parecer Omar construyó una mezquita transitoria cerca de la supuesta *sakhra* (roca), y aproximadamente cincuenta años más tarde, en el 691, el califa Abd al-Malik ibn Marwan construyó una mezquita. Al-Malik o su hijo, al-Walid, construyó o renovó la gran mezquita posteriormente y llegó a ser conocida como la "Mezquita lejana o remota".

Además de estos factores, Jerusalén tiene implicaciones escatológicas para el musulmán como describimos antes.

¿Por qué Jerusalén es tan importante para los judíos?

Las dimensiones espirituales y geográficas de Jerusalén en la fe judía son tan extensas y profundas que van más allá de cualquier descripción apropiada. El centro del judaísmo resuena tanto como un símbolo del pacto de Dios, como la manifestación literal de su promesa. Desde el lugar del sacrificio de Isaac por Abraham (Gn. 22), al lugar fuerte comprado por David (2 S. 24:18-25), hasta la construcción del primer templo (1 R. 6), Jerusalén se ha vuelto el centro de la adoración colectiva. Casi todo rincón de la ciudad cobra importancia para el hombre o la mujer judíos. Jerusalén es, para el judío, la ciudad que Dios ha elegido para ellos y es simbólica del pacto de Dios.

Jerusalén es identificada con el gobierno de Dios sobre su bendita nación Sión según los profetas del Antiguo Testamento, especialmente en sus lamentaciones porque la ciudad y la nación fueran destruidas. Cuando Jeremías escribe acerca de la pérdida de la "hija de Jerusalén" en Lamentaciones 2:10-15 y de los "hijos de Sion", él habla tanto del pueblo como de la tierra. Más de dos siglos antes de Jeremías, Isaías expresaba el mismo tema cuando escribió: "Aún vendrá día cuando reposará en Nob; alzará su mano al monte de la hija de Sion, al collado de Jerusalén" (Is. 10:32).

Jerusalén también es el centro de la expectativa mesiánica. Al ascender al trono de David en Jerusalén, el Mesías establecerá el reino de Dios:

> He aquí que vienen días, dice Jehová, en que la ciudad será edificada a Jehová, desde la torre de Hananeel hasta la puerta del Angulo. Y saldrá más allá el cordel de la medida delante de él sobre el collado de Gareb, y rodeará a Goa. Y todo el valle de los cuerpos muertos y de la ceniza, y todas las llanuras hasta el arroyo de Cedrón, hasta la esquina de la puerta de los caballos al oriente, será santo a Jehová; no será arrancada ni destruida más para siempre. (Jer. 31:38-40)

Incluso el himno del movimiento nacional sionista, que en 1948 se convirtió en el himno nacional para Israel, refleja la importancia de Jerusalén para su conciencia colectiva. El himno, llamado "*ha-Tiqvah*" ("Esperanza") detalla el "ojo que mira hacia Sión", y la esperanza escatológica de un retorno a la "tierra de Sión y Jerusalén".

¿Por qué es Jerusalén tan importante para los cristianos?

La importancia de Jerusalén para el cristiano es un poco más difícil de discernir, ya que la tierra en sí tiene menos importancia en cuanto a la salvación. Por cierto, hay una relación emocional con los lugares donde Cristo enseñó y fue arrestado, azotado, crucificado, muerto, sepultado, resucitado de la tumba y ascendió al Padre. Los peregrinajes a Jerusalén se volvieron cruciales durante el período medieval como una manera de hacer penitencia y obtener el perdón en la teología de las obras practicada por Roma. Estos viajes a lugares y sitios elegidos por la madre de Constantino después de su edicto en 313 se volvieron muy fructíferos para Roma. La defensa de la tierra se tornó vital incluso antes de las Cruzadas para facilitarles el viaje a los peregrinos.

Históricamente, los protestantes no han considerado la tierra como teniendo un valor místico en la forma en que lo ven los católicos romanos. Los cristianos protestantes consideran a Jerusalén un lugar consagrado y ciertamente un viaje ayuda al creyente a colocar en contexto el estudio de las Escrituras. Ver las tierras de la Biblia puede ser una experiencia significativa. No hay concepto de "peregrinaje" a través del cual los cristianos obtienen el mérito de Dios. Algunos han querido ser bautizados en el Río Jordán, pero esta experiencia solo conlleva un significado simbólico.

Jerusalén es más importante para los cristianos por lo que la mayoría cree que sucederá allí en el futuro. Cuando Cristo ascendió a la gloria desde el Monte de los Olivos, en las afueras de Jerusalén, los ángeles allí presentes les dijeron a los discípulos: "Varones galileos, ¿por qué estáis mirando al cielo? Este mismo Jesús, que ha sido tomado de vosotros al cielo, así vendrá como le habéis visto ir al cielo" (Hch. 1:11). La mayoría de las personas toma entiende esto como que Jesús descenderá en el mismo lugar a su regreso, llamada "la Segunda Venida" en la teología cristiana. Este retorno iniciará su reinado milenario, según lo describen los profetas del Antiguo Testamento y expresa el Nuevo Testamento.

Queda la pregunta: Si el retorno de Cristo y la ascensión al trono de David es solamente su obra, y nada queda por hacerse a fin de preparar Jerusalén para recibirlo, ¿por qué los cristianos evangélicos apoyan tan fervientemente los reclamos judíos respecto de Jerusalén? Para la mayor parte de los cristianos evangélicos esto tiene más que ver con la importancia de los judíos como los que recibieron el pacto especial de Dios que con el lugar. La defensa de Israel, incluso de Jerusalén, es ordenada en las Escrituras. El pueblo de Dios debe pedir "por la paz de Jerusalén" (Sal. 122:6). Dios mismo otorga la promesa inicial de la tierra a Abraham: "Bendeciré a los que te bendijeren, y a los que te maldijeren, maldeciré; y serán benditas en ti todas las familias de la tierra" (Gn. 12:3).

La relación de Israel con la tierra es incluso central para la parte de Deuteronomio 6 llamada el *shemá* Israel. Este mandato con una importancia central para judíos y cristianos se presenta en los versículos 4 y 5: "Oye, Israel: Jehová nuestro Dios, Jehová uno es. Y amarás a Jehová tu Dios de todo tu corazón, y de toda tu alma, y con todas tus fuerzas". Esto aparece en medio de una sección sobre las promesas de la tierra hechas a Israel que figuran en Deuteronomio 6:1-19. Citamos toda la sección para demostrar el papel significativo que juega la tierra en la promesa:

> Estos, pues, son los mandamientos, estatutos y decretos que Jehová vuestro Dios mandó que os enseñase, *para que los pongáis por obra en la tierra a la cual pasáis* vosotros para tomarla; para que temas a Jehová tu Dios, guardando todos sus estatutos y sus mandamientos que yo te mando, tú, tu hijo, y el hijo de tu hijo, todos los días de tu vida, para que tus días sean prolongados. Oye, pues, oh Israel, y cuida de ponerlos por obra, para que te vaya bien en la tierra que fluye leche y miel, y os multipliquéis, como te ha dicho Jehová el Dios de tus padres.
>
> Oye, Israel: Jehová nuestro Dios, Jehová uno es. Y amarás a Jehová tu Dios de todo tu corazón, y de toda tu alma, y con todas tus fuerzas. Y estas palabras que yo te mando hoy, estarán sobre tu corazón; y las repetirás a tus hijos, y hablarás de ellas estando en tu casa, y andando por el camino, y al acostarte, y cuando te levantes. Y las atarás como una señal en tu mano, y estarán como frontales entre tus ojos; y las escribirás en los postes de tu casa, y en tus puertas.

> Cuando *Jehová tu Dios te haya introducido en la tierra que juró a tus padres Abraham, Isaac y Jacob que te daría*, en ciudades grandes y buenas que tú no edificaste, y casas llenas de todo bien, que tú no llenaste, y cisternas cavadas que tú no cavaste, viñas y olivares que no plantaste, y luego que comas y te sacies, cuídate de no olvidarte de Jehová, que te sacó de la tierra de Egipto, de casa de servidumbre. A Jehová tu Dios temerás, y a él solo servirás, y por su nombre jurarás. No andaréis en pos de dioses ajenos, de los dioses de los pueblos que están en vuestros contornos; porque el Dios celoso, Jehová tu Dios, en medio de ti está; para que no se inflame el furor de Jehová tu Dios contra ti, y te destruya de sobre la tierra. No tentaréis a Jehová vuestro Dios, como lo tentasteis en Masah. Guardad cuidadosamente los mandamientos de Jehová vuestro Dios, y sus testimonios y sus estatutos que te ha mandado. Y haz lo recto y bueno ante los ojos de Jehová, para que te vaya bien, y entres *y poseas la buena tierra que Jehová juró a tus padres*; para que él arroje a tus enemigos de delante de ti, como Jehová ha dicho.[5]

¿Es el conflicto en Jerusalén perpetuo?

Jerusalén ha sido el campo de batalla perenne por los siglos. Basados en nuestra visión de lo que enseña la Biblia acerca de la culminación de la historia, creemos que el conflicto actual ha tomado nuevas dimensiones que son exponencialmente más peligrosas. Dos cambios sustanciales han incrementado las tensiones de la región hasta un nivel atemorizante.

Primero, volvemos a advertir la aparición de la *yijadin* femenina. Mientras que los *wahhabis* sí permiten que las mujeres tengan ese papel, el hecho de que las mujeres en realidad estén emprendiendo ataques suicidas es un nuevo desarrollo. Históricamente, la guerra ha sido librada solo por hombres. Las mujeres civiles, de manera general, estaban fuera de los límites. Un motivo pudiera ser que Israel tradicionalmente ha reclutado hombres y mujeres para el servicio militar. Las mujeres suicidas también pudieran ser una reacción a la cantidad de mujeres y niños palestinos que han muerto en ataques israelíes a centros terroristas. Las mujeres civiles hace tiempo que han sido bajas de "daño colateral" en los conflictos de Oriente Medio. Sin embargo, nunca antes en los tiempos recientes, la lucha ha sido llevada a cabo por mujeres.

Desde una perspectiva terrorista, el agregar mujeres está debilitando el espíritu del enemigo. Ahora, todos los que están en la calle pasan a ser sospechosos. Una mujer embarazada que entra a un mercado puede en realidad estar cargada de explosivos y granadas de metralla.

En segundo lugar, en los tempos modernos siempre ha habido un acuerdo tácito entre las partes en guerra respecto de que algunos "lugares sagrados" están fuera de los límites. Si bien iglesias, sitios sagrados y mezquitas han sido objeto de daños debido a la guerra, rara vez han sido blancos reales. Desde 1948 los lugares sagrados de Jerusalén no han sido elegidos como centros de lucha. Esto cambió en 2002 cuando hombres armados tomaron la Iglesia de la Natividad de Belén y los soldados judíos la sitiaron. ¿Se imagina las implicaciones si los lugares sagrados son ahora "presas" de la guerra?

¿Ha contribuido el islam mucho a la historia intelectual?

Los musulmanes a veces recurren a argumentos "falsos" cuando se les enfrenta a los reclamos de Cristo. Uno es que los occidentales muestran su prejuicio cuando perciben que los musulmanes son un pueblo atrasado que necesita esclarecimiento espiritual. En realidad, el islam no es una religión de eras oscuras y condiciones tercermundistas, sino que es la fuente de algunas de las grandes ideas de occidente. Los musulmanes con frecuencia realizan preguntas relacionadas con la historia académica, para ver qué entiende el cristiano acerca de la historia cultural mundial.

Es a estas alturas que el cristiano puede extender legítimamente un canal de relación con el musulmán y comenzar a construir un puente. Podemos valorar y elogiar las contribuciones culturales y científicas extraordinarias del islam. El pensamiento cristiano y el secular les deben mucho a los musulmanes medievales que estudiaron a los filósofos griegos y a los matemáticos y científicos clásicos. Cuando Mahoma regreso de Medina, comenzó a unir la región bajo el eje del islam. Tuvo un gran éxito. Los antiguos enemigos se convirtieron en compatriotas.

Al poco tiempo, los pensadores islámicos contaron con el entorno pacífico y la libertad académica como para explorar el mundo mental. Los teólogos (*ulema*) comenzaron a buscar los escritos de Aristóteles, gran parte de los cuales se había perdido en el mundo cristiano. Una razón por la que los cristianos no habían estudiado a los pensadores clásicos era el idioma. El mundo occidental estaba unido por el latín, mientras que la mayoría de las obras de Aristóteles habían permanecido en griego. Una de las pocas contribuciones reales de las Cruzadas fue la introducción de libros musulmanes en occidente. Los estudiosos aprendieron árabe para obtener acceso a ellos y las obras de Aristóteles fueron nuevamente introducidas al continente europeo cuando se estaban iniciando las nuevas universidades. El racionalismo aristotélico y el escolasticismo transformaron el pensamiento cristiano, contribuyendo a las corrientes filosóficas que condujeron a la Reforma de la iglesia.

¿A quiénes les damos el mérito por la preservación del realismo de Aristóteles? Podría decirse que si no fuera por la comunidad académica musulmana, la importancia de Aristóteles hubiera sido grandemente ignorada y occidente sería hoy día una sociedad mucho más primitiva.

Muchos historiadores le dan mérito a la comunidad islámica por la introducción del sistema universitario en sí. Las principales universidades de Europa comenzaron sus actividades en el siglo XIII. Se establecieron universidades en Oxford, París y Bolonia aproximadamente en el 1200. Les siguieron Cambridge en aproximadamente el 1209 y Nápoles alrededor de 1224. Algunos sitúan la fecha de las escuelas de aprendizaje islámica a más de un siglo antes. Algunos de estos argumentos son disputados por los historiadores, pero existe mucha evidencia de que el mundo musulmán armó el escenario para escuelas de altos estudios en filosofía, medicina y educación.

La percepción occidental moderna de que las tierras islámicas son primitivas hasta que les llegue el evangelio carece de integridad intelectual y perjudica al verdadero testigo del evangelio. Los musulmanes aún valoran la educación y suelen ser muy cultos cuando se les da la oportunidad de obtener educación. El tema es que, independientemente de la posición, del aprendizaje, el intelecto, la historia o la riqueza, todo el pensamiento occidental como musulmán permanece en las tinieblas sin Cristo como la base de la verdad.

¿Ha contribuido el islam mucho a la filosofía?

Si bien se trata este tema en la respuesta a la pregunta anterior, el asunto de las contribuciones en cuanto a la filosofía merece una atención especial. Nuevamente, la respuesta es un sonoro sí. Solo al observar el siglo XI se puede ver la gran influencia de los filósofos musulmanes tanto en el pensamiento secular como en el sagrado.

Un gran ejemplo de la influencia musulmana en la filosofía es la interacción del pensamiento cristiano e islámico en los escritos de Tomás de Aquino. Aquino (1224-1275) es quien más influyó entre los teólogos cristianos del medioevo. Era un monje dominico, un predicador, profesor en la Universidad de París y estudiante de las filosofías del mundo. Su tesis subyacente era sencilla. Si se iba a ofrecer el cristianismo universalmente y si de hecho es una verdad universal, entonces debe participar de toda cultura, de toda filosofía y de todo sistema. Su sistema de apologética evidencial sostenía que toda persona es creada a la imagen de Dios (*imago Dei*). Si bien caída y depravada, la humanidad aún es creada para tener una relación con el Creador. Por ende, ya que toda la verdad es la verdad de Dios, entonces la filosofía, el intelecto y el conocimiento pueden atraer a las personas para que reconozcan la existencia de Dios y la culpabilidad humana ante Él.

Aristóteles proveyó la mayor parte del pensamiento fundamental para las ideas de Tomás. Él obtuvo acceso a esta corriente de filosofía aristotélica mediante los escritores musulmanes. Fueron sus consideraciones las que estimularon sus "pruebas" apologéticas para la existencia de Dios. Los filósofos musulmanes habían preservado los textos y a la vez habían interactuado esclarecedoramente con ellos. Solo debe leerse *Summa Theologica* de Aquino para ver que él está en diálogo con grandes filósofos cristianos tales como Agustín de Hipona (354-430) y Cipriano (200-258), el gran filósofo judío Moisés ben Maimónides (1135-1204) y los profundos filósofos musulmanes Averroes (1126-1198) y Avicena (980-1037).

El pensamiento occidental moderno le debe mucho al mundo musulmán, un punto que puede servir para entablar un diálogo con los intelectuales musulmanes.

¿Fueron las Cruzadas ordenadas por Dios?

Las Cruzadas tuvieron mucho que ver con la situación política y social del mundo medieval y con algunos errores teológicos. Estos eventos no tuvieron absolutamente nada que ver con la voluntad de Dios en Cristo ni con las enseñanzas de las Escrituras. Para el cristiano, estas guerras permanecen como el capítulo más oscuro de nuestra historia. El asesinato de cientos de miles de musulmanes y judíos hizo un daño irreparable a la causa de Cristo en el Oriente Medio, haciendo que nuestro testimonio se haya empequeñecido y haya sido objeto de burla durante cientos de años. Ningún cristiano pensante intenta defender ni explicar las Cruzadas, solo como algo erróneo, horriblemente pecaminoso y avergonzante. Ha hecho que los musulmanes de todo el mundo vean a los cristianos con sospecha y resentimiento, tan errónea como la animosidad demostrada hacia todos los musulmanes debido a un pequeño número de *yijadin*.

En noviembre de 1095, la iglesia de Roma enfrentaba varios serios dilemas, incluso la persecución de peregrinos cristianos por parte de los musulmanes que controlaban Palestina y Jerusalén. El mundo ortodoxo oriental también estaba amenazado por la invasión islámica, y el patriarca de Constantinopla había pedido ayuda a Roma. Una asistencia de Roma pudiera ayudar a sanar el abismo que había dividido a los cristianos orientales y occidentales en 1054. Pero ¿cómo podía reunir tal fuerza el Papa Urbano II? El control de la iglesia sobre la sociedad europea era débil. La región estaba dividida en fragmentos de pequeños gobiernos y gobernantes insignificantes, que continuamente encontraban motivos para ir a la guerra entre ellos con el objetivo de obtener tierras y un mayor dominio político. El cristianismo europeo necesitaba una causa unificadora que obligara a los gobernadores a dejar a un lado sus diferencias.

La respuesta de Urbano fue romper con una tradición de mil años de no involucramiento en guerras organizando un ejército cristiano bajo el estandarte de la cruz. Para los que fueran a la guerra, Urbano les garantizaba el perdón de sus pecados. En un párrafo simple, dentro de la versión Gesta anónima del sermón de Urbano en el Consejo de Clermont ese día fatídico, vemos la lógica de Urbano:

> Y entonces Urbano, Papa de los romanos, junto con sus arzobispos, abades y sacerdotes, partió lo más pronto posible más allá de las montañas y comenzó a dar sermones y a predicar elocuentemente, diciendo: "El que quiera salvar su alma no debe dudar humildemente en seguir el camino del Señor y si le hace falta dinero suficiente, la misericordia divina le dará lo suficiente". Luego el señor apostólico continuó: "Hermanos, debemos soportar gran sufrimiento en nombre del Cristo: Miseria, pobreza, desnudez, persecución, necesidades, enfermedad, hambre, sed y otros (males) de ese tipo, así como le dijo el Señor a sus discípulos: 'Vosotros debéis sufrir mucho en mi nombre' y 'No os avergoncéis al confesarme ante los rostros de los hombres, por cierto os doy boca y sabiduría', y finalmente: 'Grande es vuestra recompensa en el cielo' ". Y cuando su discurso ya había comenzado a conocerse en el extranjero, en todas las regiones y países de Gaul, los francos, al oír tales informes, sin dilación hicieron que se cosieran cruces en los hombros derechos, diciendo que seguían de total acuerdo las huellas de Cristo, por lo que habían sido redimidos de la mano del infierno.[6]

Así, en un sermón, el Papa Urbano II lanzó el equivalente a una *yijad* cristiana. Advierta la promesa de salvación al guerrero.[7] Para apoyar más el énfasis de Urbano, Baldric de Dol incluye este atemorizante punto en el discurso de Urbano: "Debéis estremeceros, hermanos, debéis hacerlo al ver levantar una mano violenta en contra de los cristianos; es menos malo blandir vuestras espadas contra los sarracenos (musulmanes). *Es la única guerra que es justa*, porque es caridad arriesgar vuestras vidas por vuestros hermanos".[8]

No, Dios no ordenó las Cruzadas, y muchos falsos maestros serán tenidos como responsables por su mala representación violenta y blasfema de Cristo.

¿Fueron las inquisiciones ordenadas por Dios?

En segundo lugar después del horror de las Cruzadas en segundo lugar fueron los períodos en los que Roma intentó aniquilar toda disidencia contra sus enseñanzas mediante la tortura, el encarcelamiento y el asesinato. Durante todo el período de las Cruzadas, hubo matanzas de judíos en Europa y violencia por parte de la iglesia y las autoridades del Estado contra todo intento de reformar o corregir la práctica de la iglesia. Las inquisiciones se desarrollaron como una institución en la España del siglo XV bajo las órdenes de un monje dominico español llamado Tomás de Torquemada (1388-1468). Programas organizados de arrestos, juicios, torturas, encarcelamientos y ejecuciones en el nombre de la teología pura fueron procedimientos comunes de operación contra herejes, reformadores y enemigos políticos del papa desde el siglo XI. El nombre de la inquisición nació en España, donde se la utilizó para aterrorizar a los musulmanes y a los judíos entre otros. Fue importada al resto de Europa para ayudar a tratar con los primeros protestantes que podían ser arrestados en territorios controlados por Roma.

Torquemada perfeccionó los métodos del juicio público y la tortura privada para conseguir que se retractaran miembros descarriados de la iglesia católica romana y no le daban su lealtad a Roma. Durante cientos de años, los protestantes fueron estirados, puestos en el garrote, torturados, quebrados en pedazos y asesinados de otras formas porque se negaban a revocar su separación. En la lógica de la época, Roma creía que era mejor torturar el cuerpo para que se salvara el alma, la cual estaría maldita eternamente sin la protección de la santa iglesia.

De nuevo debe pronunciarse enfáticamente que las persecuciones de medievales y durante la Reforma, bajo cualquier rótulo, no provenían de Dios, que nunca llamó a los cristianos a torturar a alguien para que "encontrara la fe". Tales usos de la espada secular siempre han sido una abominación para Dios y una afrenta a las propias definiciones de la fe. La fe debe ser personal y voluntaria, no forzada.

¿Odiaba la iglesia medieval a los musulmanes?

A partir de las respuestas anteriores, puede verse que la iglesia institucional de la época medieval aborreció, persiguió y mató a los musulmanes, y a toda otra persona que no siguiera al papa sin preguntar. Durante casi doscientos años, desde el 1096 y hasta el 1270, se lanzaron siete Cruzadas para tratar brutalmente a los musulmanes y quebrantar la posesión islámica de Jerusalén, Antioquía y Acre. Los cruzados eran asesinos tanto de judíos como de otros incrédulos al alcance de sus espadas.

Sin embargo, en medio de todo el odio venenoso que Roma vomitó contra el musulmán, no todos los estudiosos cristianos medievales consideraban el advenimiento del islam como un reto apocalíptico. Uno de ellos, Tomás de Aquino vio el racionalismo y el escolasticismo del islam como una oportunidad para enriquecer la cultura apologética y secular. Tampoco estuvo solo al denunciar las Cruzadas. Tal vez sus palabras, pronunciadas hace más de ochocientos años, también nos hagan vacilar:

> Los musulmanes y los paganos no están de acuerdo con nosotros en aceptar la autoridad de cualquier Escritura que podamos usar al refutarlos, en la forma en que podemos disputar contra los judíos apelando al Antiguo Testamento y contra la herejía por apelar al Nuevo. Estas personas no aceptan ninguno de los dos. Por esto debemos recurrir a la razón natural, a la que todos los hombres se ven obligados a asentir.[9]

¿Enfrentaron los reformadores a los musulmanes?

Los reformadores sí se enfrentaron al islam, si bien por lo general a cierta distancia. No hubo mucha discusión entre los dos grupos. Se ha advertido que, en el tiempo de Dios, los turcos salvaron a los protestantes de cierta masacre al inmiscuirse militarmente en Europa en el preciso momento en que el movimiento de reforma no podía defenderse adecuadamente.

La amenaza común también les dio a los protestantes y a los católicos por lo menos un área en la que podían hablar como uno solo por temor mutuo.

Ya que muchos no entienden exactamente qué sucedió y cuándo en la Reforma protestante, cabe advertir que cuando hablamos de "reformadores" nos estamos refiriendo a cinco movimientos que siguieron al surgimiento de Lutero en 1517 en Alemania. A los efectos de claridad, pueden enumerarse de este modo:

1. La Reforma alemana se inició con los debates entre Martín Lutero (1483-1546) y los representantes romanos, culminando en tres grandes tratados contra la iglesia en 1520. Fue excomulgado en enero de 1521. El acontecimiento más significativo de este período fue la traducción de Lutero del Nuevo Testamento al alemán entre 1522 y 1524. Felipe Melanchton (1497-1560) era el principal ayudante de Lutero y su sucesor. Melanchton nunca cejó en su sueño de sanar la brecha con la iglesia católica. Llevó de nuevo a los luteranos a una teología cercana a la del catolicismo romano.
2. La Reforma suizo-alemana comenzó en 1523 con Ulrico Zwinglio (1484-1531). Cuando Zwinglio intentó negociar la unión teológica con Lutero, pudieron ponerse de acuerdo en todos los puntos menos en el significado de la Cena del Señor. Zwinglio creía que la cena era un simple recordatorio, mientras que Lutero creía que tenía una importancia más sobrenatural. Luego de que Zwinglio fuera asesinado en la Batalla de Kappel en 1531, el movimiento fue guiado por Heinrich Bullinger (1504-1575), quien finalmente intentó fundirse con los seguidores de Juan Calvino.
3. La Reforma de los Hermanos Suizos comenzó como un grupo que se separó de Zwinglio el 21 de enero de 1525, por el significado del bautismo. Ellos creían que el bautismo era únicamente un acto recordatorio, un acto externo que mostraba un arrepentimiento y una salvación internos, de modo que el bautismo era solo para los creyentes. Rebautizaron a adultos que ya habían sido bautizados cuando niños y por eso fueron llamados "anabaptistas". Luego de que su líder

Baltasar Hubmaier (1480-1528) fue quemado en la hoguera, los anabaptistas bíblicos y ortodoxos se organizaron bajo el liderazgo de Menno Simons (1496-1559), entre otros. Los anabaptistas fueron perseguidos tanto por los protestantes como por los católicos.

4. La Reforma franco-suiza se inició en Ginebra en 1534 bajo la dirección de Guillaume Farel (1489-1565), pero fue rápidamente identificada con la publicación de la primera edición de *Institutos de la religión cristiana* por Calvino en 1536. La teología de Calvino estaba marcada por su entendimiento de la majestad de Dios y de su soberanía sobre toda esfera de la vida. Entre otros elementos distintivos, esto implicaba que los cristianos debían promover activamente las prioridades de Dios en el gobierno, para que los gobiernos influidos por este movimiento promovieran una sociedad entre la iglesia y el Estado que pudiera ser teocrática en la práctica. Luego de la muerte de Calvino en 1564, el movimiento siguió siendo desarrollado por Teodoro Beza (1519-1605) y muchos otros teólogos en Escocia, Inglaterra y los Países Bajos (Holanda).
5. La Reforma inglesa surgió por causa de los problemas matrimoniales de Enrique VIII (1491-1547) en 1534. Enrique era un ferviente creyente en la teología romana, pero quería un heredero varón y buscaba reemplazar a su esposa porque ella no le daba uno. Roma no permitió el divorcio, especialmente por esas cuestiones, y el papa tenía motivos políticos para oponerse a los ingleses. Enrique inició su propia iglesia del Estado. Dependiendo del estado actual de la política y de las inclinaciones de los gobernantes, las creencias resultantes de las iglesias de Inglaterra y Escocia se veían tironeadas. Una cantidad de líderes, algunos buenos pero más malos, guiaron a las iglesias, la única estabilidad bajo la mano firme pero mediadora de la reina Isabel I (1533-1603). Después de su muerte, las rivalidades y persecuciones bulleron hasta la Guerra Civil Inglesa de la década de 1640. Las iglesias anglicanas permanecieron a medio camino entre las ideas romanas y las protestantes.

El islam recibió a sus primeros conversos en 621, y la expulsión de Lutero de la iglesia romana se produjo en 1521. Por lo tanto, el islam tenía novecientos años de madurez cuando comenzó el movimiento protestante. Ya que el islam permanecía fuera del dominio mundial, los primeros protestantes se enteraron de la teología musulmana en el contexto del terror de que los turcos masacraran a ciudadanos de Viena. Por lo tanto, los reformadores podían ser perdonados si sus comentarios acerca del islam no eran muy perspicaces y a veces agudos.[10]

Lutero creía que los musulmanes querían "erradicar a los cristianos" y que Mahoma tenía el espíritu del anticristo. Creía casi lo mismo del papa en Roma.

Hubmaier era un poco más razonable. Escribió que "un turco o un hereje no puede vencer lo que hacemos, ni por la espada ni por el fuego, sino solo con paciencia y súplicas, por lo que pacientemente esperamos el juicio divino".[11]

Calvino escribió que Mahoma "les permitió a los hombres la libertad de castigar a sus esposas y así corrompió ese amor y esa fidelidad conyugal que une al esposo con la esposa... [Mahoma] permitió un alcance pleno a diversas lujurias, al permitir que un hombre tuviera varias esposas... [Mahoma] inventó una nueva forma de religión".[12] Agregó: "La secta de [Mahoma] era como una inundación feroz, que en su violencia destrozó aproximadamente la mitad de la iglesia",[13] y: "Hace alrededor de mil años que esos monstruos malditos se emborracharon con sus disparates".[14]

¿Se enfrentaron los primeros evangélicos estadounidenses al islam?

Si bien gran parte del furor contemporáneo entre los cristianos creyentes de la Biblia y los musulmanes se ha centrado en los enfrentamientos más recientes, los cristianos del pasado a veces consideraron al islam. Por lo general lo desacreditaban como un movimiento religioso centrado en obras, diseñado y nacido en contradicción directa con el cristianismo. Como tal, han visto tradicionalmente al islam como lo inverso de la gracia de la expiación y el señorío de Jesucristo.

Jonatán Edwards (1703-1758) era un predicador en la época de las colonias, sin embargo sus estudios y escritos fueron notablemente amplios. Él afirmó que Satanás había establecido dos grandes reinos anticristianos: El catolicismo romano y el islam, "que han sido y siguen siendo dos reinos de gran alcance y fuerza. Ambos juntos tragan... al antiguo Imperio Romano... En el libro de Apocalipsis... está la destrucción de estos que consistirá primordialmente en la victoria gloriosa de Cristo al introducir los tiempos gloriosos de la iglesia".[15]

¿Cómo consideraron los historiadores y filósofos seculares al islam?

Los que persiguen la corrección política han vertido una alabanza tardía y efusiva. De hecho, la cultura moderna parece querer retratar al islam como una religión mundial pacífica y admisible que está más allá de la crítica, mientras que los cristianos evangélicos son la fuente de todo mal. No siempre ha sido así. Como lo ilustra Ibn Warraq,[16] el coro ensordecedor de alabanzas no siempre ha sido la norma dentro de la academia.

Dos filósofos seculares del pasado no ahorraron observaciones agudas respecto de la visión musulmana del mundo. David Hume (1711-1776), quien tampoco era amigo del cristianismo, describió el *Corán* como "un desempeño salvaje y absurdo. Prestemos atención a su narración (la de Mahoma) y pronto descubriremos que inviste alabanzas en casos como la traición, la falta de humanidad, la crueldad, la venganza y el fanatismo que son totalmente incompatibles con la sociedad civilizada. Allí no parece prestarse atención a ninguna regla estable de derecho, y todo acto es culpado o alabado, solo mientras sea beneficioso o perjudicial para los verdaderos creyentes".[17] Warraq advierte que Hume se refiere a Mahoma como "el profeta ficticio".[18]

Incluso antes de Hume, el escéptico inglés Thomas Hobbes (1588-1679) se burló de Mahoma por su intento de "establecer su nueva religión, simulando tener conferencias con el Espíritu Santo en forma de paloma".[19]

Entre los historiadores, las críticas más severas provinieron de Edward Gibbon (1737-1794). Luego de leer el *Corán* para la preparación de su monumental historia mundial, Gibbon llamó al *Corán* una "rapsodia incoherente sin fin de fábula, y precepto, y declamación, que pocas veces hace surgir un sentimiento o una idea, que a veces se arrastra por el polvo y a veces se pierde entre las nubes". Tampoco dejó afuera a Mahoma de su análisis:

> El uso del fraude y la perfidia, de la crueldad y la injusticia, con frecuencia estaban subordinados a la propagación de la fe; y Mahoma ordenó o aprobó el asesinato de judíos e idólatras que se habían escapado del campo de batalla. Al repetir tales actos, el carácter de Mahoma debe haberse manchado gradualmente... De sus últimos años la ambición fue la pasión reinante, y un político sospecharía que secretamente sonrió (¡el impostor victorioso!) con el entusiasmo de su juventud y la credulidad de sus prosélitos... En su conducta privada, Mahoma cedió a los apetitos de un hombre y abusó de los argumentos de un profeta. Una revelación especial lo dispensaba de las leyes que él había impuesto a su nación; el sexo femenino, sin reservas, fue abandonado a sus deseos.[20]

Tales críticas con frecuencia dicen menos de la condición del islam que de la condición de la cultura de dónde provienen los críticos. Los problemas éticos y de gobierno dentro del islam han existido en perpetuidad, pero hemos entrado en un período donde la crítica de todo tipo de visión del mundo (salvo del cristianismo) es considerada como el equivalente a un pecado mortal. Ningún cristiano debe ser tan mordaz en su crítica del islam como lo fueron algunos de nuestros antepasados, pero no sirve de nada si toda crítica se encuentra con una cacofonía de alaridos. Los errores humanos dentro del cristianismo están ciertamente abiertos a la crítica, a la sátira y al ataque. Defendemos el derecho de toda persona de hacerlo. Sin embargo en el islam, tal crítica es considerada como herejía y blasfemia, y equivalente a traición, por lo cual el ofensor puede ser asesinado.

¿Era Hitler cristiano?

Con frecuencia los musulmanes citan figuras históricas conocidas por haber cometido hechos horrendos como "cristianos" para equilibrar los horrores cometidos por terroristas u otras personas que profesan el islam. Un personaje favorito para esta táctica ha sido Adolfo Hitler, el dictador que condujo a la Alemania nacional socialista a la pesadilla de las décadas de los 30 y 40. ¿Era Hitler cristiano, tal vez uno que actuó por alguna creencia personal de que Cristo lo llamó para destruir razas enteras?

Dos visiones mundiales se unieron en el nacional socialismo alemán, ninguna de las cuales era ni remotamente cristiana. Adolfo Hitler ansiaba regresar a una antigua mitología teutónica pagana. Le intrigaba el misticismo oculto y algunos de sus colegas eran seguidores apasionados del ocultismo y de la magia negra. El otro sistema de creencias que él siguió fue el nihilismo de Friedrich Nietzsche (1844-1900). Hitler odiaba a los cristianos serios tanto como detestaba a los judíos y a los eslavos.

Hitler creía que él podía lograr una raza evolucionada de súper humanos limpiando a la tierra de las razas que consideraba inferiores. Usó la herencia de la iglesia-estado alemana con fines políticos, así que a veces distorsionó el lenguaje cristiano. En los inicios de su llegada al poder desde los "camisas marrones", Hitler exigió que las iglesias de Alemania se aliaran con su nacionalismo alemán geopolítico. Trágicamente, muchas lo hicieron. Si ese fuera el final de la historia, se diría que los cristianos alemanes consintieron como socios silenciosos al genocidio.

Una cantidad de líderes de la iglesia dio un apoyo de corazón a la hipótesis evolucionista de "la supervivencia de los más puros" y otros fueron obligados a cumplir. Sin embargo, una gran parte de los cristianos alemanes resistió valientemente. En 1934, un grupo de sus líderes formó la iglesia "De confesión". Su declaración repudiaba públicamente todo mal uso político de Jesucristo como blasfemia. Los firmantes sabían que su posición los ponía en peligro a ellos y a sus familias. Los cristianos de la iglesia "De la confesión" eran activos en la resistencia clandestina. Muchos protestantes y católicos romanos murieron junto con los judíos en los campos de concentración o fueron encarcelados y a veces ejecutados como traidores.

Hitler es un ejemplo clásico del incrédulo al que se refirió Cristo en Mateo 7:21-23: "No todo el que me dice: Señor, Señor, entrará en el reino de los cielos, sino el que hace la voluntad de mi Padre que está en los cielos. Muchos me dirán en aquel día: Señor, Señor, ¿no profetizamos en tu nombre, y en tu nombre echamos fuera demonios, y en tu nombre hicimos muchos milagros? Y entonces les declararé: Nunca os conocí; apartaos de mí, hacedores de maldad".

Uno de los cristianos más recordados del período fue Dietrich Bonhoeffer (1906-1945). Bonhoeffer era pastor, profesor universitario y autor publicado que ya había condenado firmemente la mundanalidad del cristiano. Estaba dando conferencias en Estados Unidos cuando comenzó seriamente la represión de Hitler, pero él regresó a su patria para compartir su tiempo de crisis. Bonhoeffer llegó a creer que el nazismo era tan malo que la violencia era la única respuesta de la fe. Se unió a la resistencia y participó en un intento de asesinar a Hitler. Arrestado y condenado por traidor, Bonhoeffer fue colgado cinco días antes de que las fuerzas Aliadas llegaran a la prisión donde estaba. El testimonio de Bonhoeffer solo revela el claro rechazo a todo argumento de Hitler de que estaba actuando en nombre de Cristo.

¿Es pecaminoso para los cristianos librar una guerra o defenderse?

Bonhoeffer es un ejemplo de las batallas que han tenido los cristianos en tiempos de guerra. Con frecuencia hablamos de matar en el nombre de Alá, pero insistimos en que los cristianos son llamados a amar a los musulmanes. Así que a veces se nos pregunta en foros públicos si la nuestra es una posición pacifista. La pregunta es justa, dada nuestra creencia que Cristo nos llamó a: "Amad a vuestros enemigos, bendecid a los que os maldicen, haced bien a los que os aborrecen, y orad por los que os ultrajan y os persiguen" (Mt. 5:44) ¿Esto significa que es pecaminoso para un cristiano participar en la guerra? ¿Significa que no debemos defendernos?

No somos pacifistas en el sentido en que lo son los menonitas, en que por ejemplo rechazan por completo la participación cristiana en la defensa militar de un país. Creemos que los cristianos pueden usar las Escrituras para discernir las diferencias entre luchar por defender el país y matar caprichosamente. Trazamos una clara distinción entre la guerra justa, en la que puede luchar el pueblo de Dios, y las causas de la "guerra santa", que siempre condenamos, quienquiera que defina cuál es la excusa para la violencia "santa".

Dios nos llama a ser obedientes hacia las autoridades del gobierno secular:

> Sométase toda persona a las autoridades superiores; porque no hay autoridad sino de parte de Dios, y las que hay, por Dios han sido establecidas. De modo que quien se opone a la autoridad, a lo establecido por Dios resiste; y los que resisten, acarrean condenación para sí mismos. Porque los magistrados no están para infundir temor al que hace el bien, sino al malo. ¿Quieres, pues, no temer la autoridad? Haz lo bueno, y tendrás alabanza de ella; porque es servidor de Dios para tu bien. Pero si haces lo malo, teme; porque no en vano lleva la espada, pues es servidor de Dios, vengador para castigar al que hace lo malo. Por lo cual es necesario estarle sujetos, no solamente por razón del castigo, sino también por causa de la conciencia. (Ro. 13:1-5)

Siempre ha habido cristianos en los ejércitos nacionales, y a veces los gobiernos convocan a los cristianos a librar la guerra con soldados que son hermanos en Cristo. Esto es profundamente diferente a organizar un "ejército cristiano". Además, ha habido momentos en que cristianos tales como Bonhoeffer creyeron que la autoridad del gobierno había cruzado la línea de maldad que los cristianos ya no podían tolerar.

Puede ser difícil para un cristiano equilibrar la santidad de la vida con las exigencias del gobierno. Históricamente, la ética cristiana ha destacado la defensa de los oprimidos contra la injusticia. Agustín (354-430), en *La ciudad de Dios*, sugiere que la guerra es tanto producto del pecado como que el arma contiene la injusticia del pecado: "Seguir una guerra y extender un reino sobre naciones totalmente sometidas les parece a los hombres malos una tontería y una necesidad para los hombres buenos... Pero no cabe duda de que es una mejor (opción) tener un buen vecino en paz, que conquistar a uno malo librando la guerra".[21]

En pocas palabras, la guerra a veces es necesaria para mantener la paz. ¿Qué criterios determinan si una guerra es "justa"? D. J. Atkinson resume los criterios de guerra justa de Agustín:

1. La tradición no ofrece una justificación para todas las guerras. Hay una distinción que debe hacerse entre una "guerra justa" y el militarismo de cruzada de una "guerra santa". La meta profesada de una guerra justa es la paz a través de la reivindicación de la justicia.
2. Existen circunstancias en las que la debida autoridad del Estado puede usar la fuerza en defensa de su pueblo.
3. La guerra solo puede ser librada por la autoridad civil legítima, y debe haber una declaración formal de guerra.
4. El propósito por el que se libra la guerra debe ser justo.
5. El recurso de la guerra debe ser la última opción.
6. El motivo de la guerra debe ser justo.
7. Debe haber esperanzas razonables de éxito.
8. La buena consecuencia a esperar de ir a la guerra debe superar las maldades incurridas.
9. La guerra debe librarse de tal modo que solo pueda usarse la mínima fuerza necesaria para lograr los objetivos.[22]

¿Pueden lograrse tales objetivos? ¿Puede la guerra en realidad ser librada dentro de estas justificaciones específicas? La defensa de los oprimidos con el objetivo de su autodeterminación es una meta correcta, incluso si es necesario librar una guerra para facilitar su libertad. Asimismo, a no ser que se estén violando obviamente los criterios, el cristiano que es ciudadano de un país en guerra puede luchar dentro de los criterios de Romanos 13. Bajo esta justificación, un soldado puede luchar con una conciencia limpia. En el terreno de lo ideal, el cristiano experimenta los horrores de la guerra para que otros puedan vivir en paz y libertad.

Notas

1. Algunos estudiosos creen que Jerusalén fue en realidad el primer lugar hacia el cual los musulmanes fueron dirigidos a orar, en lugar

de La Meca. El título árabe es designado *'ula al-qiblatheyn* ("la primera de las dos direcciones de la oración"). Sin embargo, hay pocas pruebas de esto.

2. Abdullah Yusuf 'Ali, *The Meaning of the Holy Qur'an* [El significado del sagrado *Corán*] (Brentwood, Md.: Amana, 1992), 671.
3. *Ibíd.*
4. La visión del *sura* 53 incluye las alusiones controvertidas a tres de los ídolos previos a la limpieza en la Kaaba. Vea 53:19-20.
5. Las cursivas fueron añadidas por los autores.
6. Rosalind M. Hill, *Gesta francorum et aliorum Hierosolymitanorum: The Deeds of the Franks* [Gesta francorum et aliorum Hierosolymitanorum: Los hechos de los francos] (Londres: Penguin, 1962), 141.
7. Las cursivas fueron añadidas por los autores.
8. A. C. Krey, *The First Crusade: The Accounts of Eye-Witnesses and Participants* [La primera Cruzada. Los relatos de testigos oculares y participantes] (Princeton, N.J.: Princeton University Press, 1921), 33-36. Krey tradujo de *Recueil des historiens des croisades, Historiens occidentaux*, 5 vols. (París: Biblioteque, 1844-95), IV.Occ.IV. Las cursivas fueron añadidas por los autores.
9. Citado en Anthony Kenny, *Aquinas* [Aquino] (Nueva York: Hill & Wang, 1980), 6. Vea también Timothy Renick, *Aquinas for Armchair Theologians* [Aquino para los aprendices de teólogos] (Louisville: Westminster John Knox, 2002), 12.
10. Tomado del Dr. Peter Hammond, *The Challenge of Islam According to the Reformers* [El reto del islam de acuerdo con los reformadores], frontline.org.za.
11. Sobre los herejes y los que los quemaron.
12. Comentario sobre el libro del profeta Daniel.
13. Comentario sobre segunda a los tesalonicenses.
14. Sermones sobre Timoteo y Tito.
15. Jonatán Edwards, "A History of the Work of Redemption" [Una historia de la obra de redención], en frontline.org.za.
16. Ibn Warraq, *Why I Am Not a Muslim* [Por qué no soy musulmán] (Amherst, N.Y.: Prometheus, 1995), 10.
17. David Hume, Of the Standard of Taste [Sobre la norma del gusto], 3.450, según cita en Warraq, *Why I Am Not a Muslim* [Por qué no soy musulmán], 10.

18. Warraq, *Why I Am Not a Muslim* [Por qué no soy musulmán], 10.
19. *Ibíd.*
20. Edward Gibbon, Decline and Fall of the Roman Empire [Declinación y caída del Imperio Romano] (1776-88), 5:240ss, citado en Warraq, *Why I Am Not a Muslim* [Por qué no soy musulmán], 10.
21. Agustín, *The City of God* [La ciudad de Dios], trad., Marcus Dods (Nueva York: Christian Literature Company, 1887), 72-74.
22. D. J. Atkinson, "Just War Criteria" [Criterios de la guerra justa] en R. K. Harrison, ed. general, *Encyclopedia of Biblical and Christian Ethics* [Enciclopedia de éticas cristianas y bíblicas] (Nashville: Thomas Nelson, 1992), 215-16.

12

PREGUNTAS RESPECTO DE LA CONTROVERSIA Y LA *YIJAD*

ESTA ÚLTIMA SECCIÓN MUESTRA UNA variedad de asuntos con un tema en común: Todos son algo controvertidos por naturaleza. Estas cuestiones son parte del diálogo cristiano-musulmán, pero no encajan fácilmente en las otras categorías alrededor de las cuales hemos organizado este libro. Todas han sido formuladas en múltiples ocasiones, y todas merecen atención.

¿Significa *yijad* "lucha personal"?

La palabra *yijad* ha pasado a formar parte del dialecto cultural actual. Se la usa como sustantivo para referirse a un partido o movimiento que está activamente participando en una guerra —declarada o no declarada oficialmente— contra los que se han percibido como posible amenaza para el islam. Un término relacionado, *yijadin*, significa "guerreros santos", y los enfrentamientos militares contra estos guerreros han cambiado dramáticamente la forma en que occidente aborda el conflicto militar. La estrategia militar mundial ha luchado por responder a esta táctica de "correr y ocultarse" del ejército. A no ser que se pueda aislar una fuerza en una región geográfica, como en Afganistán, por lo general no hay un campo de batalla discernible. Este ejército no usa uniformes, declara solo lealtad periférica o ninguna lealtad a un único país, cruza las líneas raciales y étnicas y está unido únicamente por un odio en común.

Generalmente ese odio está dirigido hacia una vaga percepción de hordas cristianas infieles, cuya identidad puede cambiarse según surja la necesidad.

Los *yijadin* utilizan la retórica de un libro considerado sagrado por más de mil millones de personas, pero con frecuencia entre sus enemigos se encuentra cualquier persona que respete dicho libro pero que no se alce en armas contra ellos. Prefieren la muerte a rendirse, puesto que creen que la muerte les otorga una dicha eterna, una felicidad que no tienen en este mundo. No negociarán. La *yijad* como es practicada a principios del siglo XXI no es como la guerra o la conquista practicada por el islam en el pasado.

Debido a que este fenómeno es nuevo, el término utilizado para esta lucha, *yijad*, es un poco difícil de especificar. Como hemos enumerado en nuestro libro *Desenmascaremos el islam*, el *Corán* y el *Jadit* están llenos de referencias a la "guerra santa" (*yijad*) y los protocolos que deben observarse. En general, estos pasajes se refieren al conflicto militar. Sin embargo, el término *yijad* se usa en un contexto interno personal para significar "lucha personal". Ian Richard Netton ha advertido que "todos los musulmanes están obligados a librar una *yijad* espiritual en el sentido de luchar contra el pecado y las inclinaciones pecaminosas dentro de sí mismos: Este es el otro sentido principal de la *yijad*".[1] ¿Por qué enfatizamos esto? Encontramos muchos cristianos ansiosos que tiemblan por temor a sus vidas cada vez que se han puesto en contacto con musulmanes, ya sea en la tienda, en el lugar de trabajo o en los centros comerciales minoristas. Estas personas han estado verdaderamente aterrorizadas por los informes continuos de ataques suicidas y otros ataques terroristas, con su constante invocación a la causa de Alá. Ven a cada musulmán como un asesino en potencia, lo que es injusto y flagrantemente falso.

El musulmán promedio sigue la *yijad* solo en el sentido de la lucha personal. Francamente, la mayoría está tan aterrorizada por la violencia sectaria como lo están los no musulmanes. Los que viven en occidente están personalmente atrapados en la reacción violenta de los que están enojados por la obra de los extremistas. Los que viven en sociedades islámicas están ansiosos porque los musulmanes radicales de otras sectas o alas más extremas puedan elegir atacar sus países.

Además, los que se niegan a tomar las armas en la *fatwa*, el llamado a llevar adelante una *yijad* violenta, son objeto de burla como negligentes y descarriados por parte de los *yijadin* combatientes. Ellos también están confundidos, porque nunca antes han estado expuestos a esta forma violenta y abierta de *yijad*. Los extremistas sostienen que los que se niegan a tomar pistolas y explosivos son de hecho cobardes y no tienen una fidelidad genuina hacia el islam.

Los cristianos con los que se encuentran aminorarán o aumentarán estos sentimientos, dependiendo de si el cristiano refleja el amor de Cristo o sus propios prejuicios. Cuando los seguidores de Cristo expresan odio, falta de confianza o incluso incomodidad, el evangelio no se oirá ni se evaluará sinceramente. Los musulmanes ni siquiera estarán conscientes de ello. Dios no ha llamado a sus seguidores a odiar al musulmán, por más aborrecibles y violentos que puedan ser algunos musulmanes. Los cristianos ceden el "derecho" al odio y la venganza cuando Dios perdona sus pecados y les otorga misericordia eterna en Cristo. Las personas perdonadas debemos amar y mostrar misericordia, como lo ha hecho Cristo con nosotros.

Hay implicaciones importantes en este amor. Los cristianos pueden aliviar la condición difícil de los musulmanes pacíficos quienes se han acostumbrado a la calumnia y a la ira. Los musulmanes no están acostumbrados a recibir amor incondicional y aceptación que son fruto únicamente de la orden dada por Cristo. Más allá del propietario musulmán del negocio al cruzar la calle, los cristianos son llamados a orar activamente por la salvación de los que nos odian activamente y nos hacen la guerra. Mientras Osama bin Laden y los líderes de talibanes estén vivos, ellos pueden volverse a la verdad para salvación eterna en Jesucristo.

¿Han rechazado los grupos musulmanes la *yijad* violenta?

Grupos musulmanes tales como los *kharijitas* y los *ibadis* creen tan intensamente en la *yijad* que la consideran el sexto pilar del islam. Otros, sin embargo, han repudiado pública y privadamente la *yijad* como guerra. En particular, las sectas *sufi* tales como los *qadiriya* y los *chishtiya* indios han prohibido la doctrina de la guerra de su teología islámica. El problema es que muchos musulmanes *sunni* y *shiitas* no aceptan a los *sufi* como verdaderos musulmanes. Los *sufi* mismos son blancos vulnerables de persecución violenta. Por ello, cualquier musulmán importante que hable abiertamente de la paz corre el peligro de ser asesinado. Los extremistas perciben que tal blasfemo ha hecho concesiones por la exposición a occidente.

La mayoría de los musulmanes que viven en occidente ha renunciado a la *yijad*. Puede que ellos o sus padres hayan huido de la pobreza y la violencia. Ansían tener buenos trabajos y vivir en paz. Lamentablemente, los campos de conflicto mundial ilustran que la gran mayoría de los líderes islámicos no comparten sus sentimientos.

¿Pelean algunos cristianos ahora una guerra tipo *yijad*?

Si bien no con tanta frecuencia como durante épocas pasadas, la violencia sigue siendo perpetrada en el nombre de Cristo. Los que pudieran practicar alguna versión personal de la *yijad* son una vergüenza para los genuinos seguidores de Cristo.

En una entrevista televisada, nos preguntó un anunciador importante: "¿No hay supuestos cristianos que han tomado las armas por la causa de su religión y han matado en el nombre de su Dios?" La respuesta es que sí los hay, pero existen diferencias entre los cristianos y los musulmanes, especialmente a la luz del conflicto actual.

Cuando algún supuesto cristiano aberrante promueve o instiga la violencia en el "nombre de Jesús", un coro de otros cristianos de inmediato condenan las acciones y solicitan que los hombres armados depongan sus armas. Hay una declaración pública unánime respecto de que tales acciones son profanas. Es impensable que otros cristianos abandonaran sus hogares, dejarían sus trabajos y correrían al lado del "guerrero" para ayudarlo contra el enemigo. La efusión de la condena nunca sucede en la comunidad islámica. ¿Dónde están las voces musulmanas llamando a todos los musulmanes a deponer sus armas y detener la matanza? ¿Cuántos musulmanes desaprueban los actos de los talibanes y testifican que los terroristas suicidas en Jerusalén no están sirviendo a la voluntad y el placer de Alá? Lamentablemente, mientras muchos apologistas musulmanes no aprueben los actos de los días recientes, tampoco estarán dispuestos a condenar dichos actos.

El 11 de diciembre de 2002, *Associated Press* informó que 461 mujeres pakistaníes habían sido asesinadas durante el año en supuestos "asesinatos por honor". La historia comprende detalles atemorizadores:

> El cuerpo principal de los derechos humanos de Pakistán dijo... que al menos 461 mujeres fueron asesinadas por miembros de sus familias en los así llamados "asesinatos por honor" este año... En tales asesinatos, las mujeres son matadas para proteger el "honor de la familia" por comportamiento inmoral, que va desde sexo fuera del matrimonio, citas, hablar con hombres, ser violadas o hasta cocinar mal... Según las cifras de la comisión, de las 162 mujeres asesinadas en el estado de Punjab, 67 fueron matadas por sus hermanos, 49 por sus esposos... (y) en siete casos, siete hijos mataron a sus madres.[2]

¿Dónde está la desaprobación de parte de los musulmanes que encuentran estos hechos deplorables? Matar a una mujer por ser víctima de una violación es algo espantoso, sin embargo, extrañamente no ha habido una conmoción de los musulmanes occidentales en contra de estos actos. En cambio, los musulmanes occidentales suelen excusarlos como diferencias culturales. En Estados Unidos, una vez alguien adoptó una posición como esa en contra de la esclavitud, y en retrospectiva esa visión parece vergonzosa. Sin embargo, trágicamente, nadie alza la voz para detener el asesinato injustificado de estas mujeres indefensas.

¿Quién es "el pueblo del Libro"?

En árabe, el término *ahl al-kitab* se usa con cierta frecuencia en el *Corán*. Traducido como "Pueblo del Libro", la frase aparece en *suras* tales como el 2:101: "Cuando el apóstol fue a su lado de parte de Alá, confirmando sus libros sagrados, una parte de los que han recibido las Escrituras se echaron a la espalda el libro de Alá, como si no lo conociesen".[3] ¿Este "Pueblo del Libro" tiene la verdad de Dios y por ende son creyentes "secretos" de Alá, algo así como la "teoría del cristiano anónimo de Karl Rahner (1904-1984)? No, son los judíos y cristianos los que han abandonado la verdad de Alá y distorsionaron la verdad contenida dentro de sus propios escritos, según el islam. 'Ali comenta sobre el versículo antes mencionado con una posición muy interesante:

> Creo que por "el Libro de Alá", acá se quiere significar, no el *Corán*, sino el Libro que se le entregó al Pueblo del Libro, las Revelaciones anteriores. El argumento es que el mensaje de Mahoma era similar a las Revelaciones que ya habían recibido, y si hubieran mirado sus libros honesta y sinceramente, hubieran encontrado pruebas en ellos que les mostrarían que el nuevo Mensaje era verdadero y que provenía de Alá. Pero ellos ignoraron sus propios Libros o los torcieron o los distorsionaron de acuerdo con sus propias fantasías. Lo que es peor, siguieron algo que en realidad era falso y malicioso e inspirado por el maligno. Tal fue la creencia en la magia y la brujería.[4]

Netton en *El diccionario popular del islam* expone sobre el concepto de *ahl al-kitab*:

> El nombre inicialmente referido a los judíos y a los cristianos cuyas escrituras como la Torá y el Evangelio se completaron en la creencia musulmana por la revelación islámica del *Corán*. El término fue posteriormente ampliado para abarcar a adherentes de otras religiones como el zoroastrismo. Las diferencias sobre el mismo tema entre el *Corán* y por ejemplo, los Evangelios tienen su base en la doctrina de la corrupción (*tahrif*) según la cual se cree que los cristianos corrompieron o distorsionaron el texto original del Evangelio. Las referencias del *Corán* al "Pueblo del Libro" son una mezcla de lo amistoso y lo

> hostil. En los inicios de la historia islámica el "Pueblo del Libro" tenía una condición protegida, siempre que pagaran un impuesto (a la protección), (llamado) *jizya*.[5]

Esta es una referencia a la creencia islámica que judíos y cristianos habían recibido originariamente la verdad de Alá pero arruinaron el mensaje. Como se puede observar en el *sura* 2:83: "Y cuando concertamos un pacto con los hijos de Israel: '¡No sirváis sino a Alá! ¡Sed buenos con vuestros padres y parientes, con los huérfanos y pobres, hablad bien a todos, haced la azalá dad el azaque!' Luego, os desviasteis, exceptuados unos pocos, y os alejasteis".

¿Esto significa que el islam enseña que judíos y cristianos que se adhieren a su fe llegarán al cielo? Al parecer no. Los niveles quinto y sexto del infierno (*al-Hutama* y *Laza*, respectivamente) han sido diseñados de forma específica para judíos y cristianos que no se vuelvan a Alá.[6]

El término "Pueblo del Libro" conlleva solo una dispensación especial en el diálogo islámico con cristianos y judíos. Les permite decir a los musulmanes: "Por supuesto que adoramos al mismo Dios", cuando en realidad quieren decir que todo el "Pueblo del Libro" religioso adora a Alá. "Originalmente, fuisteis llamados para adorarlo, pero abandonasteis la verdad de Alá. A no ser que aceptéis a Alá, os arrepintáis y hagan buenas obras, terminarán en el infierno".

¿Qué papel juegan los musulmanes negros en el mundo del islam?

En Estados Unidos la condición del movimiento negro musulmán dentro del alcance más amplio del islam siempre ha sido confusa. Este es un movimiento nacional, principalmente centrado en Estados Unidos, que se originó en el movimiento "Porcentaje cinco" a principios del siglo XX. Como se describe con cierto detalle en nuestro libro *Desenmascaremos el islam*, el movimiento cambió significativamente cuando sus líderes adoptaron el islam como su religión de preferencia. Nadie parece tener un recuento confiable de la cantidad de adherentes, pero hay cientos de miles, si no millones, de musulmanes negros.

¿Cómo ven a este movimiento los musulmanes del mundo? Azad y Amina, autores musulmanes, escriben:

> Luego de la Segunda Guerra Mundial, surgió un movimiento islámico entre los negros en Estados Unidos; los miembros se llamaban a sí mismos la Nación de islam, pero popularmente eran conocidos como musulmanes negros. Si bien adoptaron algunas prácticas sociales islámicas, el grupo era en gran parte un movimiento negro separatista y de protesta social. Su líder, Elijah Muhammed, que sostenía ser un profeta inspirado, interpretó la doctrina de la resurrección en un sentido no ortodoxo como el renacimiento de los pueblos oprimidos ("muertos"). El líder popular y vocero Malcolm X (el-Hajj Malik el-Shabazz) rompió con Elijah Muhammed y adoptó posiciones islámicas más ortodoxas. Fue asesinado... En 1975, el grupo adoptó el nuevo nombre de (la) Comunidad mundial de islam en occidente y abandonó oficialmente sus metas separatistas. El nombre fue cambiado de nuevo a fines de la década de 1970, a Misión musulmana norteamericana (*AMM*, en inglés).[7]

La Nación de islam todavía existe, si bien ha habido cambios en la creencia. Sus líderes básicamente buscan la concientización pública cuando presentan temas sociales y políticos. La *AMM* ha logrado cierta credibilidad dentro de la rama *suni* del islam y continúa creciendo rápidamente.

¿Por qué la Nación del islam está presente en los centros urbanos de Estados Unidos?

Según nuestra opinión, la Nación del Islam (*NOI*, en inglés) tiene mucho éxito en los centros urbanos porque la iglesia cristiana ortodoxa ha ignorado la cultura afro-americana urbana. No siempre fue así. Las iglesias negras alguna vez saturaron a sus comunidades con un mensaje de evangelio bíblico y cuidado espiritual. Pero por una variedad de razones, gran parte de esta fuerte herencia evangélica casi ha desaparecido. Por cierto, algunas iglesias notablemente exitosas llegan a áreas tales como Manhattan y Brooklyn en la ciudad de Nueva York. Pero los ministerios de la iglesia fuertes y activos son demasiado pocos como para hacer algo más que un círculo en la laguna de la desesperación y la desesperanza.

Hemos mencionado la vida y el martirio del teólogo Dietrich Bonhoeffer antes. Él vio la falta de eficacia de los cristianos para discipular a Alemania. El cristianismo, decía Bonhoeffer, fracasa cuando ofrece una "gracia barata" que no exige una disciplina real. Los cristianos fervientemente se jactan del favor inmerecido del Dios y de la oferta gratuita de la salvación. Parece que se están predicando obras de justicia para exigir una vida justa en la familia y una responsabilidad en la comunidad secular y religiosa.

Durante la década de 1990, un exitoso movimiento de hombres de entre los evangélicos produjo más discipulado sincero dentro de la iglesia. Este movimiento trató la falta de liderazgo espiritual por parte de los hombres en el hogar y los pecados de la impureza sexual y el racismo. Pero el renacimiento de los Cumplidores de promesas (*Promise Keepers*) fue más un éxito estimulante entre la clase media suburbana que en áreas de profunda pobreza urbana. Dio calor a los corazones de muchos cristianos fríos, pero no llegó a muchos incrédulos.

Por otra parte, el *NOI* ha enfrentado activamente las heridas abiertas infectadas de la vida en la ciudad: drogas, violencia y la falta de modelos masculinos morales. Tal vez los cristianos tienen tanto miedo de ofender a los hombres que languidecen en este lodazal que los trata como a niños que nunca pueden llegar a crecer. La gracia barata parece amorosa cuando es meramente una falta de respeto paternalista. El respeto exige que las nuevas criaturas actúen como nuevas (2 Co. 5:17). El verdadero amor no cierra los ojos ante las vidas que se están destruyendo a sí mismas y a sus familias con la droga y el delito.

Esta crítica puede parecer dura para las iglesias que están realizando grandes obras en medio de la desgracia. Se sienten solas y abrumadas por la responsabilidad de ministrar a los que sufren en la oscuridad. Vierten energía en ayudar a esposas golpeadas, niños desnutridos y familias desplazadas, con frecuencia con pocos recursos. También hay otras instituciones que alguna vez ofrecieron una mano en el nombre de la verdad de Dios, pero a lo largo del camino perdieron su base en el evangelio. Se han convertido en organizaciones sociales que ayudan a sanar los síntomas, pero nunca sugieren una cura.

Mientras tanto, el *NOI* marcha con firmeza en estos centros urbanos y les dice a los hombres que están en pecado que Alá está juzgándolos y destruyéndolos. Irán al infierno, a no ser que se levanten, consigan trabajo, actúen con dignidad, regresen a sus familias, dejen las drogas y el delito y se vuelvan miembros responsables de la comunidad. Tener el respeto para retar al pecador con la condenación da respeto propio. Los hombres y las mujeres pueden formar parte de algo más grande que ellos mismos. Ya que el islam es la religión más centrada en las obras, cada obra, desde encontrar un empleo decente hasta hacerse responsable de los hijos, ayuda a poner en equilibrio las balanzas. En la ciudad y en las cárceles, el *NOI* está teniendo mucho éxito porque los cristianos se han mantenido en silencio. No es que el *NOI* ofrezca más de lo que ofrece el cristianismo a los pobres y angustiados. En cambio, ofrecen algo.

La oferta de la salvación, como ya se ha dicho, es gratuita, pero no es barata. Le costó a Jesucristo su vida, que es de infinito valor. El señorío de Cristo exige más que una fe informal de domingo.

¿Significa algo el número 19 en la teología islámica?

En la Marcha de un millón de hombres en Washington D.C., una campaña para promover el liderazgo masculino en la sociedad afroamericana, el activista musulmán negro Louis Farrakan dio un detallado discurso acerca de cómo los números brindarían un importante significado a los musulmanes negros. ¿Qué quiso decir exactamente por su constante mención y la repetición del número 19 en ese discurso? Si bien no podemos estar seguros del significado o del motivo, hay un pequeño movimiento basado en la numerología dentro de la comunidad islámica. La secta *hurufis* hoy día es muy pequeña, pero mantiene vivo un misticismo basado en la numerología. Los *hurufis* pertenecen a los shiitas *ithna-ashariyya*. Según Azad y Amina:

> Muchos relatos, leyendas y dichos tradicionales musulmanes están construidos sobre el valor místico de los números, tales

> como la repetición triple o de siete veces de un determinado rito. Esto se explica en gran medida por ejemplos de la vida de una persona santa o pía, con frecuencia el Profeta mismo, que solía repetir... fórmula(s)... tantas veces. El número "40", hallado en el *Corán*... como la longitud de un período de arrepentimiento, sufrimiento, preparación y constancia, juega el mismo papel en el islam donde está relacionado... A cada número, así como también a cada día de la semana, se le atribuyen cualidades especiales por medio de la autoridad de declaraciones tanto supuestas como reales del Profeta... A la importancia dada a las letras del alfabeto árabe se le asignaron valores numéricos: La letra *alif* (valor numérico 1), la primera letra del alfabeto, se convierte en un símbolo de la singularidad y unidad de Alá; la *b* (valor numérico dos), la primera letra del *Corán*, representa para muchos místicos el poder creativo por el cual todo llegó a existir.[8]

Es interesante señalar que Azad y Amina creen que la repetición supuesta del número 19 en el *Corán* es la prueba de que el islam conquistará el mundo porque:

1. Hay 114 capítulos en el *Corán*, y 114 es 19 multiplicado por 6.
2. El primer versículo del *Corán*, conocido como el "*Bismillah*", tiene diecinueve letras árabes.
3. La primera palabra del primer versículo, *bism*, aparece exactamente diecinueve veces en el *Corán*. Además, la segunda palabra de este versículo, Alá, se halla exactamente 2698 veces en el *Corán*. Este número es 19 multiplicado por 142.[9]

Los autores continúan realizando dichos cálculos en todo el *Corán* y llegan a la conclusión de que 19 es la estructura del *Corán*.[10] Creen que tal precisión numérica demuestra la naturaleza sobrenatural del *Corán*. "Ahora que todos sabemos que el sagrado *Corán* provino directamente de Alá y es protegido por él, se puede decir con seguridad que todo en el sagrado *Corán* es cierto, y que el islam conquistará a todas las demás religiones y que el poder estadounidense declinará".[11]

¿Quiénes son las suicidas femeninas?

En *Desenmascaremos el islam*[12] escudriñamos el *Jadit* para encontrar los protocolos de la *yijad*. Una estipulación clara era que las mujeres no debían luchar en la *yijad*. Mahoma dijo: "El *hajj* (peregrinaje a La Meca) de una mujer es su *yijad*". Sin embargo en el invierno de 2001, mujeres suicidas comenzaron a llevar a cabo su martirio en Jerusalén. ¿Esto augura un cambio en la violencia musulmana? Lo que esto significa es que esos ataques los llevaron a cabo miembros de la secta *wahhabi* del islam, que permite que las mujeres sean *yijadin*. Los *wahhabi* fueron iniciados por un suni llamado ibn Taymiya (muerto en 1328). Los *wahhabis* se diseminaron desde Arabia hasta la India bajo el liderazgo de Sayd Ahmed. Algunos "mártires" del Pentágono y del World Trade Center provenían de este grupo. Los *wahhabis* permiten que las mujeres sean mártires, con una profunda distinción. Los mártires varones esperan a reclinarse en divanes en el nivel más elevado del paraíso y ser servidos por setenta vírgenes. Para que una mujer sea servida por setenta hombres, esto parecería más molesto que atractivo. Así que los *wahhabis* desarrollaron la doctrina de "compatriota en el paraíso". Cuando la mujer muere en un ataque suicida, ella puede elegir a cualquiera que desee para que la acompañe al paraíso. Generalmente las mujeres mencionan a compatriotas cuya salvación desean auspiciar antes de llevar a cabo el acto en sí.

Entonces, el martirio femenino es un acto de expiación de sacrificio amoroso. La mujer escoge hijos, hermanos o seres queridos descarriados cuyo nivel de justicia al parecer no pasaría la prueba de las balanzas a su favor. Entonces ella muere para darles su justicia. Ella muere por otros. Este es un acto notable de sacrificio propio, sin embargo, entristece a los que reconocen su futilidad. El papel de sacrificio por los pecados de los demás ha sido adoptado por Jesucristo. Su muerte es la única expiación suficiente para quien quiera que clame el nombre del Señor (Ro. 10:13).

¿Son odiados los turcos tanto por los musulmanes como por los cristianos?

Los autores son de ascendencia turca. Nuestro libro anterior, *Desenmascaremos el islam*, narra nuestra experiencia como inmigrantes turcos y musulmanes convertidos en creyentes de Jesucristo. En muchos programas de televisión, audiciones de radio y entrevistas para periódicos, hemos presentado nuestros testimonios, con frecuencia con reacciones tremendas de parte de los musulmanes. En una ocasión, Ergun regresó a su oficina de la universidad de un compromiso para hablar y escuchó un mensaje telefónico largo y bastante gráfico: "Sucios turcos, no son ni siquiera musulmanes. Son una vergüenza para nosotros y llenarán el infierno".

¿Eran válidas las acusaciones? Algunos musulmanes sienten un amargo resentimiento hacia los musulmanes turcos. Turquía enfureció a los musulmanes del mundo después de la Primera Guerra Mundial cuando Mustafa Kemal Atatürk (1881-1938) abolió el califato. Los musulmanes observaron la una vez monolítica voz del islam silenciada por un hombre que consideraban un renegado. Muchos musulmanes creen que tienen un rencor válido contra Turquía.

Esto no quiere decir que Turquía haya sido un estado pacífico. Nuestra orgullosa gente debe vivir con la vergüenza de que hayamos asesinado a millones de cristianos armenios, kurdos y cosacos. Sin embargo, estamos en desacuerdo con la acusación de que el pueblo turco es de alguna manera inferior en su fe islámica. Turquía tiene decenas de millones de files musulmanes, que asisten a la mezquita devotamente. Hasta que aceptamos a Cristo como Salvador, nosotros nos contábamos entre ellos.

¿Tenía Aishah en realidad seis años de edad cuando se casó con Mahoma?

Según nos referimos anteriormente, surgió un furor internacional en el verano de 2002 cuando un pastor eminente de Estados Unidos, hablando en la Asamblea General de los Bautista del Sur, se refirió al casamiento de Mahoma con Aishah, cuando él tenía más de cincuenta años y ella, solo seis. El juicio emitido por el disertante de que Mahoma había actuado de una manera en ahora se consideraría como pedofilia, generó una explosión de furia de los medios de comunicación y del público. Consideramos al disertante como un amado amigo y en realidad, realizamos un comentario similar cuando hablamos en su iglesia, que es una de las más grandes del país. Él había revisado la información que nosotros primero le suministramos, cuando inadvertidamente dio rienda suelta a la ira tanto de musulmanes como de cristianos.

Que conste, su declaración estaba basada en los hechos. Sahih al-Bukhari *Jadit* 7.62.64 registra clara y llanamente el matrimonio narrado por la misma Aishah: "Aishah narró que el Profeta se casó con ella cuando ella tenía seis años, y que consumó su matrimonio cuando tenía nueve años de edad, y luego ella permaneció con él durante nueve años (hasta la muerte de Mahoma)". El versículo siguiente (65) repite el testimonio: "Aishah narró: que el Profeta se casó con ella cuando ella tenía seis años y que consumó su matrimonio cuando ella tenía nueve años de edad. Hisham dijo: He sido informado de que Aishah permaneció con el Profeta durante nueve años".

Estos hechos nunca habían sido motivo de debate. Luego del debate, algunos estudiosos protestaron que esto no quería decir que Mahoma fuera un pedófilo, porque la "mentalidad occidental no puede comprender la cultura de Arabia en ese período. Esa era la cultura de la época".

Tal vez era una acción más aceptable para la época. Sin embargo, esto es muy distinto a decir que el disertante no está en lo cierto. Él simplemente estaba citando el *Jadit*, una fuente que los musulmanes respetan y que es sin duda verdadera.

¿No cree la mayoría de los eruditos islámicos que en realidad ella era una adolescente?

Algunos musulmanes modernos no están de acuerdo con las fechas de la edad de Aishah respecto de su casamiento y vuelven a interpretar los términos utilizados. Por ejemplo, qué significa que el matrimonio fue "consumado". Para ser justos incluimos cuatro argumentos:

1. Variaciones en los textos del *Ajadit*: Tres textos del *Jadit* señalan tres edades diferentes. Una informa que ella tenía seis años cuando se casó con Mahoma y nueve años cuando consumaron el matrimonio. Sahil al-Muslim dice que ella tenía siete años cuando se casó y nueve cuando se consumó el matrimonio. Neil-Al-awtar (6.120) sitúa a Aishah en la

adolescencia, si bien esta fuente del *Jadit* presenta menos confiabilidad.

2. La enseñanza del *Corán*. El *sura* 4:6 dice que una niña joven no puede casarse hasta alcanzar la pubertad. Se sostiene que Mahoma no violaría una enseñanza clave del *Corán* casándose con alguien demasiado joven. Sin embargo, en otros asuntos, Mahoma creía que Alá le había dado una dispensación especial. Por ejemplo, se casó con trece mujeres, lo que ciertamente excedía el límite para la cantidad de esposas, lo que también lo establece el *sura* 4.
3. Madurez cultural. En algunas culturas, las mujeres jóvenes suelen madurar con mayor rapidez y alcanzar la pubertad a una edad más temprana. Nuevamente, este es un punto válido, si bien pocas culturas sancionan el matrimonio de una niña de seis años de edad.
4. Terminología: Un estudioso sostuvo que los términos empleados significaban cosas diferentes en la época de Mahoma. "Casarse" simplemente significaría ser prometido en un contrato parental. "Consumar" se referiría a la cohabitación pero no necesariamente a mantener relaciones sexuales. Pocos estudiosos islámicos, si es que hubo alguno, han sostenido esta posición.

Hasta 2002, los musulmanes en occidente nunca fueron convocados para defender la moralidad personal de Mahoma. En otras sociedades musulmanas, el tema ya se ha olvidado y los musulmanes suelen descartar el problema como un asunto de ignorancia occidental. No obstante es curioso que en el mismo verano de 2002, Irán oficialmente cambió la edad en la que una jovencita podía casarse sin el permiso de sus padres, de nueve a trece años de edad.

¿Estas discusiones no enmarcan un discurso de odio?

Lo que dijo nuestro amigo no fue la única tempestad generada por cristianos críticos del islam en 2002. Varios líderes cristianos fueron acusados de pronunciar un "discurso de odio" y de "islamofobia". La crítica cristiana al islam no es nueva. Quizá los cristianos son convocados a hablar del tema con mayor frecuencia desde que el terrorismo islámico se convirtió en primera plana en Estados Unidos y otros países occidentales. En el pasado, se ha registrado que algunos cristianos hicieron declaraciones verdaderamente reaccionarias sin mayores repercusiones. Hemos observado declaraciones de otras épocas que solicitaban que los gobiernos deportaran a todos los musulmanes o aun algo peor.

¿Cuándo los comentarios negativos y las críticas en el contexto del debate se convierte en "discursos de odio", descorteses e inapropiados? En una cultura que se enorgullece de no ser prejuiciosa, toda declaración de absolutos se ha vuelto un gran delito. Los evangélicos que toman en serio y testifican los absolutos de las Escrituras pueden esperar que se les trate con rudeza como "incitadores de prejuicios".

Creemos que hay cosas que los cristianos nunca debieran decir como representantes de Cristo. El verdadero "discurso de odio" no tiene respeto por los demás o por la verdad. Busca disminuir los derechos personales del otro sobre la base de la animosidad personal. Nosotros no odiamos a nadie. Por el contrario, creemos que Jesucristo es el único Señor, Redentor y Rey y amamos al musulmán lo suficiente como para querer que encuentren la paz con Dios que nosotros encontramos. Los cristianos son llamados a participar de la cultura y llegar al musulmán con el evangelio. Antes que alguien esté preparado para recibir a Jesús como Salvador y Dios, debe primero reconocer que necesita lo que Jesús ofrece. Esto significa que debe darse cuenta de que el sistema sobre el cual está basando su vida es insuficiente y no es verdadero en lo que cuenta.

Este no es un "discurso de odio". La gente que habla con un corazón de odio se regocija al ver a otra persona vencida, asesinada y enviada al infierno. Los cristianos pueden hablar duramente. A veces alguien que habla en público puede decir algo que debiera parafrasearse o no decirse. Pero los cristianos se regocijan en decir que: "Cristo es el Señor. Él murió por ti. Ve a Él y recibe la vida eterna".

¿Van los musulmanes buenos al infierno?

Una pregunta sencilla y una de las que se formulan con mayor frecuencia. Aunque ya hemos tratado este tema en detalle en la sección 9, es tan esencial que la incluimos aquí también. La respuesta es que los buenos bautistas van al infierno. Ni su bondad, ni su afiliación denominacional, ni su condición de miembro dentro de un cuerpo religioso merecen la salvación. Solo entregándonos a Jesucristo como Señor en arrepentimiento y fe se salva el individuo. No estamos intentando ganar musulmanes para la Convención de Bautistas del Sur, estamos intentando ganarlos para Cristo. Solo Él puede salvar.

¿Estados Unidos ha reaccionado exageradamente ante los ataques, cuando este tipo de cosas ha ocurrido antes?

Occidente ha perseverado en el pasado a través de problemas globales que aparecieron tan grandes como el conflicto con islam. Lamentablemente, nos hemos convertido en una nación menos paciente. En nuestra cultura contemporánea, nos hemos convertido en una nación de soluciones convenientes, para nuestro gran peligro. Ahora queremos nuestra comida rápidamente, soluciones rápidas y hasta que nos cambien el aceite del auto rápidamente. Estamos frente a nuestros microondas, golpeando el piso con impaciencia con nuestros pies, mientras el microondas prepara la comida en dos minutos. Podemos enviar correo a todo el mundo en microsegundos por Internet. Podemos pagar facturas en pocos instantes. Queremos que nuestras guerras terminen tan pronto como resolvemos nuestras necesidades de comunicación.

En septiembre de 2002, los medios de comunicación intentaron conmemorar las tragedias del World Trade Center. Los programas de televisión, los momentos de silencio y los panegíricos en los periódicos estuvieron por todas partes. El dilema era: La guerra contra el terrorismo no ha llegado a su fin. ¿Por qué Estados Unidos no intentó conmemorar la tragedia de Pearl Harbor en 1942, un año después del bombardeo? Porque estábamos en medio de un esfuerzo de guerra. Estábamos ocupados sacrificándonos, luchando para garantizar nuestra libertad. Nuestro país tuvo una visión a largo plazo del conflicto, que nuestra cultura actual detesta. Trágicamente, queremos "arreglos rápidos" y esto aminorará nuestra resolución y nuestras posibilidades de victoria.

¿Sobrevivirá occidente esta prueba severa?

Desde que Estados Unidos sintió en carne propia un importante ataque terrorista, hemos encontrado a gente temerosa en nuestras disertaciones que preguntan ansiosamente si nos estamos encaminando a un gran desastre. Por lo general, al finalizar una sesión de "preguntas y respuestas", alguien se levanta de su asiento indeciso y pregunta si pueden vencer las dificultades oriente-occidente. Sí, creemos que el mundo libre sobrevivirá, con una condición: Debemos volver a nuestro ideal de diversidad integrada.

Nosotros somos ciudadanos estadounidenses inmigrantes. Como millones antes que nosotros, nuestra familia llegó a establecerse en el paisaje estadounidense. Una de las distinciones brillantes de Estados Unidos ha sido su tendencia al crisol de razas, un entretejido de colores que combinan e hilos de diversa fuerza de tensión, unidos como una hermosa tela. Los historiadores sostienen que la cultura de Estados Unidos siempre ha sido algo fragmentada étnicamente, y que el tapiz es más un ideal o un mito que una realidad. Pero el hecho de que la mayoría de las culturas inmigrantes haya venido con la idea de fundirse finalmente en un "sueño americano" de libertad y prosperidad ha definido a nuestra sociedad.

Sin embargo, desde hace poco, Estados Unidos ha mostrado una menor mentalidad de tapiz que la mentalidad de una colcha de retazos, una colección de parches separados por hilos que los conectan, que se estiran y se rompen con facilidad. Ningún retazo de la colcha se relaciona con los demás. Ahora al parecer preferimos ser una confederación de subgrupos, agendas e intereses especiales.

Si la cultura distintiva de Estados Unidos va a sobrevivir como influencia mundial, debe regresar a su ideal de tapiz (diversidad integrada). Debemos desear estar amalgamados en esta gran cultura revuelta de libertad. Para lograrlo, nosotros, los que inmigramos a Estados Unidos y Canadá hacemos un pedido: Dejen de discriminarnos. Somos inmigrantes y somos norteamericanos. Muchos de nuestros vecinos norteamericanos vinieron a estas costas hace siglos. Otros vecinos son recién llegados como nosotros, y esperamos que nuestros descendientes formen parte de la cultura occidental durante muchas generaciones por venir.

Así que no somos turco-norteamericanos, medio orientales-norteamericanos, cristianos-norteamericanos o inmigrantes-norteamericanos. Somos norteamericanos. Eso es todo. Ningún país retendrá sus libertades históricas si aceptamos una mentalidad de retazos. Oramos que nuestros lectores dejen de distinguirse entre sí como afroamericanos, hispanonorteamericanos o asiáticos norteamericanos. Si está entretejido en la tela del tapiz de Estados Unidos, completo con su herencia racial y cultural, entonces usted es un estadounidense con ciudadanía de Estados Unidos de América. El mismo principio se aplica si es canadiense, irlandés, australiano o sudafricano. Si está leyendo esto de una traducción, se aplican los mismos principios si es mejicano, alemán o venezolano. Es precisamente la variedad lo que trae belleza a la identidad nacional. La única forma en que podemos soportar el ataque de un enemigo resentido es si permanecemos juntos, contando con la fortaleza uno del otro y tomando decisiones en comunidad.

¿Cómo puedo ganar a mi amigo musulmán para Cristo?

Los musulmanes se sorprenderían al enterarse de cuán preocupados están sus amigos cristianos por ellos, y de cuán fervientemente los cristianos quieren llegar a ellos con nuestro regalo más importante. La cuestión de cómo brindar testimonio a un amigo musulmán se formula con mayor frecuencia que cualquier otra.

La pregunta nos alegra pero también nos entristece, porque no existen respuestas sencillas. Siglos de diferencia cultural, mala información y desconfianza se interponen entre el cristianismo y el islam. Lleva mucho más tiempo ganarse la confianza de un musulmán y mucho más convencerlo de su necesidad de Cristo. Lleva tiempo y paciencia y un diálogo abierto para paliar los temas que este libro ha abordado. Los cristianos deben estar preparados para esperar mucho tiempo, quizás años, para un corazón sinceramente abierto. Mientras tanto, su amigo musulmán está observando continuamente para ver si en realidad usted está interesado en ellos y respeta sus sentimientos, o si tiene usted intereses ocultos.

No verá a un musulmán volverse a Cristo luego de que le golpee la cabeza con una Biblia familiar de quince kilos que tiene una imagen tridimensional de Jesús en la portada. Los musulmanes son inteligentes y cautos. Tendrán preguntas.

Más allá de ser paciente y no superficial, hay algunas cosas que deben hacerse y otras que no deben hacerse al testificar de su fe a un musulmán:

1. Como amigos, los cristianos deben reflejar cuidadosamente las distinciones de género. A no ser que los musulmanes demuestren que las distinciones de géneros no son un problema, un hombre debe evitar hablarle de forma directa a una mujer musulmana, incluso como vecinos a través de la cerca del patio trasero. Las mujeres deben ser cuidadosas de no ofender las sensibilidades de los hombres en la misma forma. Cuando se trate de hablar de Cristo, definitivamente los hombres deben hacerlo solo con hombres, y las mujeres solo con mujeres. Los musulmanes suelen ver la comunicación entre los géneros como ofensiva. Los hombres musulmanes pueden confundir las intenciones de una mujer cristiana que se acerca a ellos. Hay excepciones a esta regla en la comunidad musulmana, pero los cristianos nunca deben suponer automáticamente que tienen el privilegio de una conversación abierta con una persona del sexo opuesto.
2. Sea gentil de espíritu. Se deben evitar las discusiones sobre asuntos geopolíticos. Sea pronto para escuchar la perspectiva árabe y lento para comenzar una acalorada defensa de las políticas de Estados Unidos o de Israel. Recuerde que usted no ha sido salvado por afiliación nacional, usted es salvo porque es cristiano.
3. Sea un amigo genuino. Para construir puentes en la vida de un musulmán, uno debe estar dispuesto a dedicar tiempo juntos y participar en actividades de disfrute en la que la religión no es un espectro continuo de conflicto potencial. Luego, cuando llegue el momento adecuado para tratar temas religiosos, vendrá en el contexto de la confianza y la sinceridad. Eso refleja la forma en que Cristo trató con la gente con la que Él se encontraba.
4. Compre y lea el *Corán* con un interés abierto por el mundo y la perspectiva de su amigo musulmán. Los musulmanes

no están interesados en dialogar con alguien que nunca se ha tomado el tiempo para interactuar con el libro que ellos consideran la fuente de la vida y la esperanza. Esta es la única forma de sugerir legítimamente que podrían leer y tratar su fuente fundamental.

5. Invítelos a la iglesia a eventos no amenazadores. Muchos musulmanes nunca han estado en un edificio cristiano donde se celebra el culto, mucho menos en un culto de la iglesia. Puede que tengan algunas ideas acerca de lo que sucede allí que a usted le parecerían extrañas. La familia musulmana que gusta de la música disfrutaría que la invitaran a un concierto bien ejecutado. Alguien al que le guste el teatro apreciará que lo inviten a una obra bien hecha. Las iglesias a veces auspician exposiciones de arte u otros eventos especiales que encajan en los intereses de su amigo musulmán, una vez que usted sepa cuáles son esos intereses.
6. Cuando surja el tema de Cristo, concéntrese en la misericordia y la gracia extendidas en la obra consumada de Cristo. No se distraiga con asuntos laterales. Esto, después de todo, es el centro del cristianismo para cualquiera que quiere saber cómo somos. Destaque que las buenas obras son fútiles ante un Dios al que le importa la santidad. Jesús ha hecho todo lo necesario para nuestra salvación, y toda justicia con la que contribuyamos importa poco. Recuerde que Jesús ascendió al cielo a un trono, no porque Él estuviera cansado, sino porque su obra de salvación estaba completa.

La mayoría de los musulmanes no cuenta con personas cristianas que se ocupen y se preocupen por ella, a los que ellos puedan llamar un "amigo cercano". Como toda la persona, ansían que alguien los quiera y puede que usted sea esa persona. Ojalá Dios le dé la oportunidad de testificar de la obra de nuestro Salvador con un mundo perdido y agonizante, que incluye a los musulmanes. Cristo es más que un profeta. Él es Profeta, Sacerdote y Rey.

Notas

1. Ian Richard Netton, *A Popular Dictionary of Islam* [Un diccionario popular del islam] (Chicago: NTC, 1992), 136.

2. *Associated Press*, 11 de diciembre de 2002.
3. Abdullah Yusuf 'Ali, *The Meaning of the Holy Qur'an* [El significado del sagrado *Corán*] (Brentwood, Md.: Amana, 1992). Todas las citas de esta sección han sido tomadas de esta traducción islámica aprobada.
4. *Ibíd.*, 102.
5. Netton, *The Meaning of the Holy Qur'an* [El significado del sagrado *Corán*], 22-23.
6. Vea la sección de escatología para mayor información sobre los siete niveles islámicos del infierno.
7. Mohamed Azad y Bibi Amina, *Islam Will Conquer All Other Religions and American Power Will Diminish* [El islam conquistará a todas las demás religiones y el poder estadounidense disminuirá] (Brooklyn: Bell Six, 2001), 40.
8. *Ibíd.*, 87.
9. *Ibíd.*, 107
10. *Ibíd.*, 116.
11. *Ibíd.*, 125.
12. Ergun Mehmet Caner y Emir Fethi Caner, *Unveiling Islam* [Desenmascaremos el islam] (Grand Rapids: Kregel, 2002). Este libro se encuentra publicado en castellano por Editorial Portavoz.

Nos comprometemos a orar por nuestros amigos musulmanes, que lleguen a conocer a Jesucristo quien es...

Más que un mensajero... Él es el Mesías.

Más que un siervo... Él es el Salvador.

Más que el mensaje de Dios... Él es Dios.

Más que el nacido de una virgen... Él fue crucificado, sepultado y resucitado.

Más que el que aparentó morir... Él conquistó la muerte y ascendió a los cielos.

Más que un profeta... Él es el Profeta, el Sacerdote y el Rey.